상상의 불교학

릴케에서 탄허까지

최 재 목 지음

지식과교양

머리말

나는 그 동안 이런저런 글들을 써왔다. 유교 뿐만이 아니라 불교에 대해서도 여러 편의 논문을 발표하였다. 돌이켜보니 이들은 각기 다른 듯하나 관통하는 논리가 있음을 알 수 있다. 그것은 하나의 불교가 아니라 여럿의 불교가 있었고, 각기 다른 지역과 사람들에 의해 불교는 끊임없이 상상되며 창출되어 왔다는 점이다. 여기서 거론되는 릴케, 원효, 탄허, 효당 모두 각각의 이해와 상상력 속에서 불교는 논의되고 있었다.

그래서 나는 '불교란 무엇인가?' 이런 물음이, 결국 누가, 어디서 불교라는 것을 어떻게 상상하고 서술해왔던가로 바꿀 수 있는 것이리라 생각했다.

이 책에 실린 글은 다음의 여섯 편이다.

1. 릴케와 붓다 -동서양의 만남에 대한 시론
2. 노자와 붓다의 사상, 무엇이 같고 다른가-〈초간본노자〉와 '초기 불교'를 통해서

이들 몇 편은 모두 불교학계의 논의 문맥에서 벗어난, 필자 나름의 시도들이다.

독립된 각각의 논의들이 지향하는 것은 각 지역(서양 혹은 동양)의 에토스, 마인드에 따라 서로 다른 불교를 모색하고 있었다는 점이다. 따라서 불교가 하나라는 것은 상상이다. 그 지역 혹은 그 지역을 살고 있는 인간의 언어와 사유가 불교를 구축하고 있었다. 특히 한국에서는 탄허에게는 예언, 민족주의, 신비주의 '풍류도적 방법'이, 효당에게서는 풍류, 화랑과 같은 한국적 에토스가 연계되어 있었듯이 일본이나 중국에서 발견하는 사유 패턴과 좀 다른 개성적인 것이다. 더욱이 건달 개념이 한반도 지역에서 가진 바이브레이션도 중국, 일본에서 볼 수 없는 독특한 것이라 생각한다. 마치 중국적 사유 내에서 불교가 도가철학과 같은 듯 달랐던 것처럼, 그러나 그것이 '도불(道佛)' 혹은 '유불도(儒佛道)'라는 말로 압축되었듯이 인지적 변환과 유동성의 폭-관용 속에서 논의되고 소통하고 있었다.

지역과 언어가 다르고, 사람이 바뀌면 생각도 사유 유형도 달라진다. 그것은 자연스런 것이며 당연한 것이다. 또한 이것은 해석의 가능성이며, 인간의 가능성이다. 그래서 이 책의 제목을 '상상의 불교학'으로 정했다. 릴케에서 탄허까지 이루어진 상상력 속에서 불교가 영위

되었음을 보여주려는 것이다.

　개인적인 연구사에서 본다면 나는 앞으로 지금까지와 다른 작업을 추진하기 위해 일단 지금까지 해 온 작업을 일단락 짓고자 한다. 미숙하고 엉성한 점에 대해 학계의 선배, 동료들의 비판을 바란다.
　출판사정이 어려움에도 상업성이 없는 이 책을 출간해준 〈지식과교양〉에 감사드립니다.

2017년 9월 15일
대구 시지동 목이재에서
최재목 적다

차례

상상의 불교학

− 릴케에서 탄허까지

1장

릴케가 본 붓다

동양과 서양의 문화적 '만남'의 의미에 대한 시론

1. 들어가는 말

이 글은, 독일 시인 라이너 마리아 릴케(Rainer Maria Rilke. 1875-1926)가 자신의 글쓰기를 진전시키는 과정에 만난 프랑스 조각가 오귀스트 로댕(Auguste Rodin. 1840-1917)의 작업장의 정원에 놓인 불상(佛像)에 촉발되어 쓰여진 그의 '붓다(Buddha. Gautama Siddhartha)' 시 세 편을 중심으로, 동양과 서양의 문화적 '만남'의 의미를 논한 하나의 시론(試論)이다.

1930년대 중반 박용철이 한글 번역을 통해 한국에 릴케 문학을 본격적으로 소개된 이래[1], 한국 전쟁의 비극을 경험한 다음 김춘수 · 전

---

[1] 김재혁, 『릴케와 한국의 시인들』, (고려대학교 출판부, 2011), 6쪽 및 이재선, 「한국 현대시와 릴케 - 그 영향관계를 중심으로」, 이유영 · 김학동 · 이재선, 『한독문학비교연구 1 - 1920년대까지 독일문학의 영향을 중심으로 -』, (삼영사, 1976), 360쪽

봉건·박양균 등의 시인들을 통해 우리사회의 시대적 불안을 배경으로 릴케 시가 확산되는 등[2) 국내에 릴케에 대한 많은 문학적 성취나 연구 성과가 있어 왔다.[3) 그러나 그런 가운데 아쉽게도 '릴케가 남긴 붓다 관련 시편'이나 '릴케의 붓다관'을 전문적으로 논의·분석한 경우는 없었다.

물론 독일문학에서 동양사상의 영향을 지적하는 가운데 릴케 문학에 미친 동양 사상을 다각도로 언급하고 있다. 예컨대 김윤섭은 「Rainer Maria Rilke문학과 도교사상(道敎思想)」/「Rilke의 단편소설에 仙道思想」[4)에서 릴케의 문학에 보이는 도교(노자-장자)의 흔적을 추적한다. 이 논의 속에서 인도 철학적 요소도 함께 논하지만 도교사상에 비하여 불교적 요소를 비중 있게 지적하지는 못하고 있다. 아울러 김윤섭은 릴케가 어느 정도의 동양서적을 읽고 있었는지를 명확하게 제시하지 못한다. 릴케의 작품을 '도가사상과 견주어 풀이' 혹은 '접목'하는 방식에 머문다.[5) 아울러 진상범은 『독일문학과 동양의 만남』에서 독일문학자 괴테, 되블린, 헤세가 동양사상(佛敎, 道家, 陰陽, 易

참조.
2) 김재혁, 『릴케와 한국의 시인들』, (고려대학교 출판부, 2011), 7쪽 참조.
3) 이에 대해서는 김재혁, 『릴케와 한국의 시인들』, (고려대학교 출판부, 2011); 김윤섭, 「Rainer Maria Rilke문학과 도교사상(道敎思想)」/「Rilke의 단편소설에 仙道思想」, 『독일문학과 동양사상-동서문학 비교론-』, (예림기획, 1998); 진상범, 『독일문학과 동양의 만남』, (한국학술정보(주), 2011); 차봉희 엮음, 『한국의 독일문학 수용 100년』1·2, (한신대학교 출판부, 2001)을 참조.
4) 김윤섭, 「Rainer Maria Rilke문학과 도교사상(道敎思想)」/「Rilke의 단편소설에 仙道思想」, 『독일문학과 동양사상-동서문학 비교론-』, (예림기획, 1998) 참조. 다만 김윤섭은 도가와 도교를 엄격하게 구분하고 있지 않다.
5) 김윤섭, 「Rainer Maria Rilke문학과 도교사상(道敎思想)」/「Rilke의 단편소설에 仙道思想」, 『독일문학과 동양사상-동서문학 비교론-』, (예림기획, 1998), 349쪽, 4쪽 참조.

理)을 어떻게 수용했는가를 '비교문학적 관점' 특히 '수용'이라는 측면에서 밝히고 있다.[6] 나아가 한국과 릴케 시에 대해서 비교적 상세하게 다루고 있는 김재혁의 『릴케와 한국의 시인들』에서도 불교를 포함한 동양사상 관련 연급은 제외되어 있다.

일단 이 논문에서는 이러한 연구의 맥락을 염두에 두되, 독일문학 연구의 맥락에서가 아니라 보다 근본적으로 '상호문화철학'이라는 관점에서 논의를 진행하고자 한다.

필자는 그동안 릴케가 쓴 '붓다'에 대한 시를 읽었던 적이 있긴 했으나, 본격적으로 '릴케와 붓다'에 대해 본격적으로 관심을 가진 것은 명법스님의 『미술관에 간 붓다』[7]를 읽고 나서였다. '릴케가 본 붓다, 릴케가 생각한 붓다란 과연 무엇이었을까?'라는 화두를 가지고 릴케의 붓다 관련 시를 읽고 있던 차, 마침 부산대 철학과의 주광순교수가 주관하는 상호문화철학회에서 상호문화철학 관련 발표를 의뢰받게 되었다. 그래서 필자는 릴케가 본 붓다라는 문제를 '동양과 서양의 만남'이라는 차원에서 정리하여 발표하였는데[8] 이 논문은 그 결과물로서, 동양과 서양의 문화적 '만남'의 의미에 대한 시론이자 '상호문화철학(相互文化哲學, Interkulturelle Philosophie)' 논의의 일환이 된다.[9]

---

6) 진상범, 『독일문학과 동양의 만남』, (한국학술정보(주), 2011).

7) 명법스님, 『미술관에 간 붓다』, (나무를 심는 사람들, 2013).

8) 참고로 이 세미나는 2017년 4월 8일(토) 오후 2시-5시40분, 부산대학교 인문관 307호에서 『상호문화철학과 한국』이란 주제로 열렸다. 이 세미나에서 발표된 논문은 다음과 같다: 박홍규 교수(영남대), 「상호문화 철학에 대한 제언」/논평 김영기 교수(경북대); 주광순 교수(부산대), 「신채호와 상호문화 철학」/논평 김화경 교수(경기대) ; 최재목 교수(영남대), 「릴케가 본 붓다」/논평 김창수 교수(영남대).

9) 상호문화철학이란 개념은 아직 학계에서 생소하며, 최근 연구가 시작된 분야이다. 이에 대해서는 클라우디아 비커만 외 지음, 『상호문화 철학의 논리와 실천』, 김정현

상호문화를 이야기하는 것은 문화 '사이'(間)와 '맞물림-어울림'(際. inter)과 그 연관 · 위계 · 위상, 아울러 그것의 정당성 및 윤리성 · 철학성에 대한 논의로 귀착된다. 특히 동서간의 문화는 '충돌'-'충격'-'반응'-'대응'-'도전' 등등처럼 폭력적이거나 위계적 형식을 가지면서 만남을 지속해 왔다. 보편을 기념하고 보편을 지향하는 역사는 폴 코언의 말대로 '지적 제국주의'(intellectual imperialism)[10]의 행태로서, 그 예로 '케잌을 자르기도 하고 선택도 하며, 노예와 그의 좋은 모습을 손에 넣고 심지어는 그 좋은 상(像)의 설계 감독까지도 하는'[11] 오만과 같은 것이었다. 서구의 오래된 전통인 '지적 제국주의'의 프레임은 미녀(서구)가 야수(중국/동양)를 천년의 잠에서 깨워준다는, 병

엮음,주광순 외 옮김, (시와진실, 2010); 주광순, 『대문화시대의 상호문화철학』, (부산대학교출판부, 2017); 박홍규, 「상호문화 철학에 대한 제언」, 『퇴계학논집』20집, 영남퇴계학연구원, 2017.6을 참조. 이 가운데 주광순의 저서가 상호문화철학을 체계적으로 정리하고 있다.

박홍규는 앞의 「상호문화 철학에 대한 제언」에서 '상호문화철학'개념의 성립에 대해 이렇게 정리하고 있다. "6년 전 〈상호문화 철학의 논리와 실천〉을 처음 읽었을 때, 오래 전에 일본문헌을 통해 '간문화 철학(間文化哲學)'이나 '국제문화 철학'이라는 번역어로 만났던 Interkulturelle Philosophie를 '상호문화 철학'으로 옮긴 것이 신선하다는 느낌을 받았다. 적어도 한국어로서는 '간문화 철학'이라는 번역어가 이상했고, 그 철학이 여러 문화 '간'의 관계에만 주목하는 것이 아니라 문화 상호간의 적극적인 교류나 융합을 중시한다는 취지를 살리기에는 문제가 있다고 느껴졌기 때문이었다. 적어도 나에게는 종래 '간문화 철학'이라는 말보다는 '국제문화 철학'이라는 말이 조금은 더 나아보였지만, 이제 '상호문화 철학'이라는 말이 굳어지고 있으므로 더 이상 용어의 시비는 불필요하다고 생각된다."(541쪽) 다시 말해서, 독일어 'Interkulturelle Philosophie'가 일본문헌에서는 '간문화 철학'/'국제문화 철학'이라는 말로 번역되었으나, 한국에서는 '상호문화 철학'으로 굳어지고 있다는 점을 지적하고 있다.

10) Paul A. Cohen, Discovering History in China : American Historical Writing on the Recent Chinese Past, New York : Columbia University Press, 1984, p. 87.

11) 폴 A. 코헨, 『미국의 중국 근대사 연구』장의식 外 옮김, (고려원, 1995), 150쪽.

주고 약주는 식의, 중국 나아가서 동아시아를 멋대로 칼질해대고 주
무르는 '시점'의 그물망 속에 갇혀있었다.[12] 이런 문제점 지적은 박홍
규 교수(영남대)가 번역한 에드워드 사이드의 『오리엔탈리즘』(교보
문고, 1995)에 집약되어 있다. 서양이 보편사를 동양에 전면적으로 덮
어쓰기 하던 행위는 '정복'적 방법이며, 야만적, 반지성적으로 일종의
이론생태의 '홀로코스트' 행위라 할 수 있다. 이것은 비단 서양→동양
만이 아니라 그 반대일 수 있으며, 동양→동양일 수도 있다. 미국의 정
치철학자 프레드 달마이어(Fred Dallmayr)가 『오리엔탈리즘을 넘어
서(Beyond Orientalism)』(1996)에서, "유럽의 아메리카 정복은 남북
아메리카를 통틀어 7천만 명의 인디언 원주민들을 학살과 기아와 질
병으로 인한 죽음으로 몰고 간" "인류 역사상 가장 참혹한 제노사이드
(genocide, 대량학살)의 역사"였음을 지적하였듯이[13], 문화의 만남은
흔히 '나(자아)의 확대로 인해 타아의 정복-학살'로 이어지는 잘못된
만남이 됨을 우리는 역사 속에서 경험해왔다.

　보통 문화의 만남은 전쟁과 정복을 통한 경우처럼 폭력적인 것도
있고, 개인의 지적 예술적인 만남처럼 내면적 평화적인 경우도 있다.
이 글에서 다루는 것은 후자 쪽이다. 그러나 후자의 경우라 하더라도
문화의 만남이 반드시 평화적·평등적이라 단정 지을 수는 없다. 어느
형태로든 - 심리적이든 지성적이든 - 갈등과 대립은 존재하기 마련이
다. 본론에서 이야기 하겠지만, 릴케가 설령 동양사상에 관심이 있었다

12) 이 점은 최재목, 「중국철학의 새로운 '방법론'에 대한 번민과 모색- 나성교수의 〈창
조의 변증법: 중국철학을 중심으로〉에 대한 논평 -」, 김상환 외 편, 『동서의 학문과
창조』, (이학사, 2016), 143-162쪽을 참조.
13) Fred Dallmayr, Beyond Orientalism:Essays on Cross-Cultural Encounter, New
York: Sate University of New York Press, 1996, pp.1-2, p.225.

하더라도 그것은 '동양사상 자체'라기보다는 그 자신의 '문제의식'을 풀어가는 과정 속에 필요했던 일종의 문제해소용 매개체이었다.

　이 논문에서는 주로 로댕과의 만남을 통해 릴케 자신의 글쓰기가 촉발되었고, 그 과정에 접한 불상과 그로 인한 붓다 시를 중심으로 논의할 것이다. 논의의 전개는, 먼저 「로댕의 정원에 놓인 '불상'과 릴케의 붓다 시」를, 이어서 「릴케의 글쓰기와 에크프라시스」를, 마지막으로 「릴케 '부처' 시의 상호문화적 의미」의 순서가 될 것이다.

2. 로댕의 정원에 놓인 '불상'과 릴케의 붓다 시

1) 릴케와 로댕

　기존의 언어로는 더 이상 아름다운 것이나 신성한 것을 표현할 수 없다고 생각한 릴케는 언어에 대한 위기의식을 느끼고 새로운 언어탐구로 나아간다.

　1902년부터 파리에서 조각가 로댕에게 예술작품의 조형적 형상화 방법을 배웠다는 사실은 릴케의 시작에 새로운 전기점을 가져다준다. 파리시대의 대표적 시집인, 두 권으로 된 『신 시집(Neue Gedichte)』(1907-1908)은 그의 초기 인상주의적 · 주관주의적 정감시(情感詩)에서 완전히 벗어나 직관적 관조의 힘을 통해 대상과 사건의 '객관적 본질'을 파악하여 형상화 하려는 성숙기 릴케의 대표작이다. '사물시(事物詩. Dinggedichte. thing-poems)'라 부르는 이 새로운 유형의 시는 자신의 감정 및 언어능력을 객관적 사물의 본질 속으로 투입시키

는 기법이다.[14)]

『신시집』에서 보듯이, 릴케는 로댕 밑에서 조각가처럼 사물을 관찰·이해한 후에 사물의 진짜 모습을 붙잡는 방법을 배워 그것을 언어로 실천한다. 그래서 물상적-조각적이라 평가받는다.[15)] 다시 말해서 이 시기에는 사물을 '바라보는' 방식에 관심을 기울이며, 본 것을 새로운 언어로 표현하려고 시도한다. 그것은 '사물들의 노랫소리를 듣는' 데서 시작하며, '즉물적(卽物的)으로 말하기로의 발전'(1907년 10월 9일, 아내 클라라에게 보낸 편지)이었다. 그의 사물 '보는 법'을 발전하게 하는 주요한 인물과의 만남은 로댕과 세잔이었다.[16)] 특히 로댕과의 만남은 '그(릴케)의 내면에서 끊임없이 떠오르는 불안과 고통을 잠재우는 진통제 역할을 하기에 충분'[17)]할 정도로 그의 시적 글쓰기 작업에 대단히 중요한 계기를 마련한다. 여기서, 보는 법의 심화인 '즉물적으로 말하기'는 『신시집』과 로댕에게 헌정한 『신시집 별권』에 나타난 사물시로서 결정(結晶)한, 것이다. '대상인 사물(사람, 동물, 건물, 분수, 조각 등 눈에 보이는 것. 해후, 이별, 죽음 등 눈에 보이지 않는 것 포함)의 진수를 관찰하고, 사물 속에서 자기 자신을 보며, 사물과 자신의 구별이 없어지는 그 체험을 절묘한 비유로 구상화'하는

14) 지명렬, 『독일문학사조사』, (서울대학교 출판부, 1993), 410쪽 참조.
15) 조철제, 『(증보개정판)독일문학사』, (경북대학교출판부, 1990), 267쪽 참조.
16) 장미영은 해설에서 "릴케에게 로댕은 미켈란젤로, 이바노브, 톨스토이, 보들레르의 계보에, 그리고 후에는 세잔과 반 고흐에 이르는 전통에 서게 된다."[릴케, 『보르프스베데·로댕론』(릴케전집·10), 장미영 옮김, (책세상, 2000), 330쪽]고 보았다.
17) 김재혁, 「릴케와 로댕의 만남과 예술」[릴케 글·로댕 그림, 『황홀한 순간』, 김재혁 옮김·해설, ((주)생각의 나무, 2002), 119쪽.]

것이다. 그래서 '언어는 간결해지고 서정성은 현저히 후퇴한다'[18].

릴케는 시적 언어를 다른 매체인 조각과 그림에서 발견하고 '전율'
한 바 있다. 그것은 「두이노의 비가」(제3 비가)에서 말한 것처럼, '자
신 내면의 황야' '내면의 원시림'을 발견하고 자신만의 '신선한 언어'
로 표현하도록 하는 큰 자극이었다. 바라 본 것을 표현하는 방법은 로
댕의 망치나 세잔의 물감(색채) 같은 도구 즉 새로운 언어의 탐구였
다.[19] 자신 내면의 '원시림'-'황야'는 마음의 '야생'으로서, '침묵'으로
있는, 언어화 되지 않은 내면이다. 바로 동양의 '미발심체(未發心體:
아직 발동하지 않은 있는 그대로의 본래 마음 상태)' 속으로 걸어 들
어서는 일이다. 이런 로댕의 언어적 눈뜸은 일단 로댕을 만나고 부터
이다. 릴케는 독일의 한 출판사로부터 프랑스 조각가 오귀스트 로댕
의 전기를 써달라는 청탁을 받고 1902년 파리로 간다. 그는 로댕 곁에
서 조각 작업을 지켜보면서 그의 작업 방식에 매료되었다. 릴케의 로
댕 체험은 『로댕론』(1903년 출간, 1907년 3판부터 로댕에 대한 강연
내용 추가)에 잘 드러나 있다.

릴케는 로댕을 '무궁무진한 스승'이라고 불렀다. 그는 1901년에 결
혼한 여류 조각가 클라라 베스트호프를 통해 로댕을 알게 되었고,
1902년 9월 2일 릴케는 처음으로 로댕을 만났고, 1903년에는 로댕에
관한 책을 펴냈다. 그리고 1905년에는 뫼동에 와 함께 있어 달라는 로
댕의 초청을 받아들였다. 1906년 사소한 오해 때문에 로댕과 릴케는
갈라섰다. 1년 뒤 로댕은 자기가 먼저 화해를 할 처지에 있다는 것을

---

18) 조철제, 『(증보개정판)독일문학사』, (경북대학교출판부, 1990), 267쪽.
19) 이리나 프로벤 엮음, 『릴케의 프로방스 여행』, 황승환 옮김, (문학판, 2015), 224-
227쪽, 239쪽(황승환의 해설) 참조.

깨달았고, 릴케가 로댕을 비롱관으로 초대하자 선뜻 응한다.[20] 어쨌든 로댕은, '예술가는 작업을 통해서만 진정한 삶을 보여줄 수 있다는 것'[21]을 릴케에게 깨우쳐준 진정한 예술가이자 스승이었다.

2) 불상—붓다에 대한 릴케의 시 세 편

명법스님이 지은 『미술관에 간 붓다』를 읽을 기회가 있었다. 제1부 〈미소에 이끌리다〉 장의 제1절 〈붓다의 미소〉 첫 대목에 '릴케의 붓다'가 서술되어 있다: "1902년 한 여름 청년 릴케는 로댕에 대한 논문 집필을 의뢰받고 파리에 도착한다. 로댕의 비서로 일하면서 그에게서 사물을 깊이 관찰하고 규명하는 법을 배운다. 로댕의 정원에서 릴케는 특이한 조각품 하나를 만난다. 바로 불상이다. 불교에 대한 릴케의 생각이 어땠는지 알 수 없지만, 그는 원래의 종교적 맥락에서 분리되어 조각가의 정원에 하나의 조각 작품으로 놓인 불상에서 어렴풋이 남아있는 초월적인 성스러움을 이렇게 읽어낸다."[22] 이렇게 말하고 나서, 명법은 다음의 시를 인용한다.

붓다

멀리서 이미 이방의 겁먹은 순례자는

20) 엘렌 피네, 『로댕』, 이희재 옮김, (1996, 시공사), 111-112쪽 참조.
21) 릴케, 『보르프스베데 · 로댕론』(릴케전집 · 10), 장미영 옮김, (책세상, 2000)에 실린 장미영의 「해설」(330쪽 참조)
22) 명법스님, 『미술관에 간 붓다』, (나무를 심는 사람들, 2013), 21-22쪽.

그에게서 금빛이 방울져 떨어지는 것을 느낀다.
마치 회심에 찬 부자들이
은밀한 것을 쌓아올린 것처럼.

그러나 가까이 다가갈수록
고상한 그의 눈썹에 마음이 혼란스러워진다.
그것은 부자들의 술잔도
여인들의 귀걸이도 아니기에.

그 누가 말해줄 수 있으랴,
얼마나 많은 것을 녹여
꽃받침 위에 앉은 이 형상을 만들었는지.

황금빛 형상보다 더 고요하고
더 차분한 누런빛으로
자신을 쓰다듬듯
주위 공간을 어루만지는 이 형상을.[23]

　관심 있게 이 시를 읽고 나는 릴케가 불상 혹은 붓다에 대해 어떤 사색을 했는지 더 알고 싶어졌다. 그래서 책 세상에서 나온, 김재혁 옮김의 『릴케전집』2(책세상, 2000)를 읽었다. 여기에는 「두이노의 비가」외 여러 시편이 들어 있다. 『미술관에 간 붓다』에 실린 '붓다'라는 시는 1907년에 나온 김재혁 옮김의 「신시집 제1권」에 실려 있는데, 위의

---

23) 명법스님, 『미술관에 간 붓다』, (나무를 심는 사람들, 2013), 22-23쪽.

인용된 것과 대체로 같으나 약간씩 차이가 있기에 여기에 다시 실어 둔다.(아래 시 제목의 일련번호는 인용자가 구별을 위해 임의적으로 붙인 것임)

① 부처

이미 멀리서부터 두려운 이국의 순례자는 느낀다.
그에게서 황금빛이 방울져 떨어지는 것을,
뉘우칠 것 많은 부자들이
그들의 비밀로 잔뜩 쌓아올린 듯:

그러나 좀더 가까이 다가갈수록 순례자는
그 눈썹의 숭고함 앞에 정신을 잃는다.
거기 있는 것들이 부자들의 술잔도 아니요
그들 부인들의 귀고리도 아닌 까닭이다.

이 꽃받침 위에다 이 형상을 세우기 위해
무엇을 녹여서 부었는지
도대체 그 누가 말할 수 있으랴:

황금빛 형상보다 더 말없고 더
조용한 노란빛이다, 그리고 주위로
자신을 쓰다듬듯 공간을 어루만지며.[24]

---

24) 릴케, 『형상시집 외』(릴케전집2), 김재혁 옮김, (책세상, 2000), 214-215쪽.

시 속에서 '그 눈썹의 숭고함 앞에 정신을 잃는다.'라든가, '황금빛
형상보다 더 말없고 더/조용한 노란빛이다, 그리고 주위로/자신을 쓰
다듬듯 공간을 어루만지며.'라는 대목에서는 릴케가 '초월적인 성스러
움' 같은 것을 일단 느꼈음직도 하다.

참고로 초기불교(상좌부불교, 부파불교)에서 막 후기불교(대승불
교)로 넘어가기 전 태동한 대중부는 대중적 진보주의를 표방하여 뒷
날 대승불교의 기초가 되었다. 이들 사상에서는 새로운 불타관(佛
陀觀)을 엿볼 수가 있는데, 그들은 당시 힌두교의 신애(信愛. bhakti.
유일신에 대한 절대적 신앙) 운동의 영향으로 부처를 역사적 존재
를 넘어선 초월적 신앙의 대상으로 간주하게 된다. 여기서 삼십이상
(三十二相) 팔십종호(八十種好)와 같은 불타의 신체적 특징과 같은
신비스러운 힘을 가진 붓다상이 탄생한다. 이처럼 불상의 신비성(=초
월적인 성스러움)은 석존 사후에 시대적 추이에 따라 만들어진 것이
며 부처 생존 당시부터 존재했던 것은 아니다.

김재혁은 이 시가 "로댕의 작품 〈부처〉상에서 자극을 받은 듯하
다."[25]고 주를 달고 있다. 그런데, 필자는 지금 단계로서는, 로댕의 작
품 〈부처〉상'을 확인하지 못했기에 로댕의 작업실이나 그 근처의 불
상이 아닐까 추정할 뿐이다.[26]

명법은 이렇게 말한다: "시인은 묻는다. 이 불상에 무엇이 녹아들어
있는지. 묵묵하고 차분한 빛으로 주위 공간을 어루만지는 이 고귀한
형상은 무엇으로 만들어졌는지. 비단 물질을 묻는 것이 아니리라. 그

---

25) 릴케, 『형상시집 외』(릴케전집2), 김재혁 옮김, (책세상, 2000), 359쪽.
26) 이 대목을 논증할 자료가 아직 미비하며, 기존 연구서나 해설서에서도 마찬가지
    이다.

에게는 불상이 예경의 대상이 아니지만 그 속에서 다른 예술 작품에서 볼 수 없는, 찬연하게 빛나는 그 무엇을 보았던 것이다." 이렇게 말하고 나서, 명법은 다음 절에서 '고통의 종교, 그리고 미소' 이야기를 하고 있다. 명법이 "그에게는 불상이 예경의 대상이 아니지만 그 속에서 다른 예술 작품에서 볼 수 없는, 찬연하게 빛나는 그 무엇을 보았던 것"이라고 말했을 때, '찬연하게 빛나는 그 무엇'은 과연 '미소'였을까? 필자는 이런 의문이 생겨서 릴케의 다른 시에서 불상은 어떻게 형상화되어 있을까를 좀 더 살펴보고 싶어졌다. 명법은 "불교에 대한 릴케의 생각이 어땠는지 알 수 없지만, 그는 원래의 종교적 맥락에서 분리되어 조각가의 정원에 하나의 조각 작품으로 놓인 불상에서 어렴풋이 남아있는 초월적인 성스러움을 이렇게 읽어낸다."고 단언하였다. 그런데 필자는 다시 이 대목에 대해서도 '과연 릴케는 '초월적 성스러움'을 느꼈던 것일까?' 라고 되묻게 되었다.

우선 릴케의 『신시집 제1권』(1907)에 '부처'(김재혁, 179쪽)라는 시가 한 편 더 있어 인용하기로 한다.

② 부처

그는 엿듣고 있는 듯하다. 고요를: 먼곳을……
우리는 멈추어 서보지만 그 소리 들리지 않는다.
그는 별이다. 우리 눈에는 보이지 않는
다른 큰 별들이 그를 둘러싸고 있다.

오 그는 일체이다. 정말이지, 우리는 그가 우리에게

눈길 주기를 기다리는 걸까? 그럴 필요를 그가 느낄까?
우리가 여기서 그 앞에 무릎을 꿇는다 해도
그는 침잠한 채 짐승처럼 게으름을 피우리라.

그 까닭은 우리를 그의 발 앞에 무릎 꿇게 하는 것이
그의 안에서 수백만 년 전부터 돌고 있기 때문이다.
그는 우리가 겪는 일 따위는 잊어버리고
우리 인간을 멀리하는 법을 알고 있다.[27]

　역자 김재혁은 이 시에 대해 아래와 같이 주석을 달고 있다. 그대로
인용하면 아래와 같다.

　"로댕의 정원에 있는 부처상에서 소재를 얻은 듯함. 1905년 9월 20
일자 릴케의 편지 참조. "창문 아래쪽으로는 자갈길이 작은 언덕을 향
해 나 있고, 그 언덕에는 한 부처 상이 거의 광적인 침묵 속에 서 있지
요. 조용한 억제 속에 낮과 밤의 모든 하늘 아래서 이루 말할 수 없이 완
결된 태도를 보이면서." 비슷한 내용이 1905년 9월 15일자 편지에서도
발견된다. 여기서는 부처상이 로댕과 연결되고 있다. "그분은 나를 왕
관을 쓴 동양의 신처럼 맞아주었어요. 숭고한 내적 안정 속에서 약간
만 움직여서……." 부처는 우주와 합일된 존재로 인간의 상실감을 대비
적으로 드러낸다. 또한 로댕과 관련시켜 이 시를 거장(로댕)과 제자(릴
케)의 관계로도 읽을 수 있다."[28]

---

27) 릴케, 『형상시집 외』(릴케전집2), 김재혁 옮김, (책세상, 2000), 179쪽.
28) 릴케, 『형상시집 외』(릴케전집2), 김재혁 옮김, (책세상, 2000), 351쪽.

김재혁이 '부처상이 로댕과 연결되고 있다'는 내용의 편지('1905년
9월 15일자)는 '릴케가 아내에게 쓴 편지'를 말한다. 여기에는, "로댕
은 커다란 개처럼 나를 맞이하면서 궁금증 서린 눈빛으로 나에게 아
는 척을 하더군. 말은 없었지만 만족스러운 표정이었소. 여인의 미소
와 아이처럼 무언가를 움켜쥐려는 몸짓으로 로댕은 옥좌에 앉은 동방
의 신처럼 느긋하고 여유롭게 움직였다오."[29]라고 되어있다.

그런데, 이런 내용들만으로는 '로댕의 정원에 있는 부처상'이, 앞서
말한 대로 '로댕의 작품 「부처상」'인지는 알 수 없다. 더구나 로댕의 작
품에 과연 「부처상」이 있는지도 알 수 없다.[30]

이어서 릴케의 「신시집 제2권」(1908)에는 '후광 속의 부처'가 있다.

③ 후광 속의 부처

모든 중심 중의 중심, 핵심 중의 핵심,
제 몸을 꼭 닫고 단맛을 더해가는 편도(광배: 인용자)
모든 별들에 이르기까지의 이 모든 세계,
그것은 그대의 과육: 반갑구나.

보라, 그대 몸에 붙은 것이 이제 아무 것도 없음을 그대는 느낀다;
그대의 껍질은 무한 속에 있고

---

29) 엘렌 피네, 『로댕』, 이희재 옮김, (1996, 시공사), 112쪽에서 재인용.
30) 로댕의 조각 '불상'이 있는지, 로댕의 정원에 있었던 '불상'이 어떤 것인지 등은 현
   재 단계로서는 알 수 없으며 추후 조사가 필요하다.

그곳엔 힘찬 과즙이 우글대고 있다.
그리고 밖에서 비치는 빛살이 과즙을 돕는다.

저 위 높은 곳에서는 그대의 태양들이 충만하게
빛살을 뿌리면서 빙빙 돌고 있기 때문이다.
하지만 그대의 내면에서는 벌써
태양들을 견뎌내는 일이 시작되었다.[31]

김재혁은 '그대의 내면에서는 벌써/태양들을 견뎌내는 일이 시작되
었다.'에 대해 "태양의 방향을 바꾸어 놓는 것 자체가 그 반대되는 중
심을 만들어 내야 하는 위험성을 내포하기 때문이다. 여기서는 부처
가 세상의 중심이 되고 있다."[32]라고 주를 단다.

릴케의 위 시, '모든 중심 중의 중심, 핵심 중의 핵심,/제 몸을 꼭 닫
고 단맛을 더해가는 편도/모든 별들에 이르기까지의 이 모든 세계,/그
것은 그대의 과육: 반갑구나.'라는 표현에서, '과육'은 불상을 은유한
것이고, '편도'[33]는 광배를 말한 것이지만 전혀 '초월적 성스러움'을 묘
사한 것으로 느껴지지 않는다. 성스러움이라기보다는 차라리 '에로티
시즘'마저 느끼게 된다.

필자는 처음 릴케의 부처 시를 접할 때는, 명법의 말대로, 릴케가 실

---

31) 릴케, 『형상시집 외』(릴케전집2), 김재혁 옮김, (책세상, 2000), 347쪽.
32) 릴케, 『형상시집 외』(릴케전집2), 김재혁 옮김, (책세상, 2000), 387쪽.
33) 편도(扁桃): 장미과에 딸린 갈잎 큰키나무. 복숭아나무와 비슷한 데 높이 6m 가
    량이고 잎은 복숭아 잎보다 좀 작고 뾰족한 모양에 톱니가 있음. 이른 봄에 담홍색
    다섯잎꽃이 꽃받침 없이 두 개씩 가지에 붙어 핌. 핵과(核果)는 길이 4~5cm이고
    복숭아와 비슷하나 물기가 적어서 익으면 껍질이 말라 터지어 씨가 드러남.

제로 불상을 보면서 '초월적 성스러움'을 느꼈다는 생각을 했었다. 그 뒤 우연히 시인 정현종이 쓴 "세상의 영예로운 것에로의 변용-젊은 시인에게 보내는 편지-"[34]을 읽게 되었다. 정현종의 글을 읽으면서 명법의 말을 제고하게 되었다.

정현종은 1904년에 쓴 릴케의 편지 가운데 "실은 자기 최상의 말 앞에서는 스스로를 걸어 잠그고 고독 속으로 걸어 들어가야 해요. 말은 신선해져야 하니까요. 그게 세계의 비밀입니다."라는 말을 인용하고 나서, 이렇게 풀이한다. 즉 '자기 최상의 말'은 '아직 발설되지 않은 말'이며, '신선해져야 하니까'의 '신선'은 '아직 발설되지 않은 말'이라 한다. '아직 발설되지 않은 말'을 정현종은 '과일이 나무에서 따는 순간 썩기 시작하고 물고기를 잡아 올리는 순간 상하기 시작하듯이 말도 발설이 되는 순간 낡아가기 시작한다'고 설명한다[35]. 불교 용어로 '개구즉착(開口卽錯)'이라 보고, '말이 신선하려면 고독이라는 오크통과 침묵이라는 효모가 필요하다'[36]고 분명히 한다. 사실 릴케는 사랑마저도 '사랑은 오랜 세월 삶 속으로 깊숙이 지속되는 고독이며, 그것은 사랑하는 사람을 위한, 승화되고 심화된 홀로 됨입니다'[37]라고 하여, 고독의 문맥에서 파악한다. 그 뿐인가. 「두이노의 비가」에서, 그는 아름다움마저도 '아름다움이란 우리가 간신히 견디어내는 무서움의 시작

---

34) 정현종, 「세상의 영예로운 것에로의 변용-젊은 시인에게 보내는 편지-」, 『유심』 VOL.82, (유심, 2015.2).

35) 정현종, 「세상의 영예로운 것에로의 변용-젊은 시인에게 보내는 편지-」, 『유심』 VOL.82, (유심, 2015.2), 3-4쪽.

36) 정현종, 「세상의 영예로운 것에로의 변용-젊은 시인에게 보내는 편지-」, 『유심』 VOL.82, (유심, 2015.2), 4쪽.

37) 릴케, 「젊은 시인에게 보내는 편지」(1904.5.14), 『릴케의 편지』, 안문영 옮김, (지식을 만드는 사람들, 2014), 47쪽.

일 뿐'(〈제1 비가〉 중)[38]이라 하여 무서움의 문맥에서 보는 것이라든 지, '사람들은 살기 위해서 여기로 몰려드는데, 나는 오히려 사람들이 여기서 죽을 것 같다는 생각이 든다.'(『말테의 수기』 첫 구절)[39]처럼, 삶을 뒤집어서 죽음에서 보는 것처럼 말이다. 이런 뒤틀린 언어적 프 레임은 말라르메가 '적선'이란 시에서 '내 터무니 없는 말을 한다 생 각지 말게./大地는 굶어 죽는 자에게 늙어빠져서야 열리는 법./나는 또 하나의 적선을 증오하며 그대가 날 잊길 바란다네.'[40]처럼, 삶-죽 음, 적선-비적선을 끌어당겨서 생성-해체를 동시에 진행시키는 알레 고리의 기법을 활용한다. 신선한 언어, 순수한 자신의 언어를 얻는 방 법들이다. 릴케는 어떤 대상을 냉정하게, 솔직한 시선으로 바라보려 한다. 그것은 물질성과 정신성, 존재와 부재, 생성과 분해-해체-소멸 을 동시에 보려는 의도에서이다. 이러한 그의 관점은, 1907년 10월 19 일 릴케가 아내 클라라(Clara)에게 보낸 편지에서 '예를 들면 분해되 고 있는 시체처럼 혐오스럽고 구역질나는 것들에서조차 시인은 있는 그대로의 것을 보아야 합니다. 그것이 시의 의무이고 본분입니다. 시 인은 있는 그대로의 것에서 어떤 것을 거부하거나 선택해서는 안 됩 니다'라고 말한 것처럼, 해체와 분해를 통해 대상의 정신성을 포착하 려는 시선을 갖는다. 여기서 '긴장감'을 느끼게 된다. 이 긴장감은 '신 선함'이며, '자기 최상의 말 앞에서' '스스로를 걸어 잠그고 고독 속으 로 걸어 들어가'는 방법이다. 동양철학의 문맥에서 말하자면 '남들이 보지 않는 곳'(不睹), '남들이 듣지 않는 때'(不聞)의 '홀로됨=독(獨)'

---

38) 릴케, 『형상시집 외』(릴케전집2), 김재혁 옮김, (책세상, 2000), 443쪽.
39) 릴케, 『말테의 수기』, 문현미 옮김, (민음사, 2013), 9쪽.
40) 스테판 말라르메, 「적선」, 『시집』, 황현산 옮김, (문학과 지성사, 2005), 73쪽.

의 공간(『中庸』)으로 들어서는 일이며, 진실한 자신 내면의 발견(誠於中)(『大學』)이다. 자신의 내면, 그 침묵 즉 '희노애락이 아직 드러나지 않은 마음의 고요한 상태＝침묵(喜怒哀樂之未發)' 속으로 뚜벅뚜벅 걸어드는 일이다. 거기서 생각하는 일이다.

　이제 내게 충고를 허락했기에, 나는 당신에게 그 모든 일을 그만두라고 부탁하겠습니다. 당신은 시선을 밖으로 돌리고 있습니다. 그러나 무엇보다도 지금은 그렇게 해서는 안 됩니다. 아무도 당신에게 충고하거나 당신을 도와줄 수 없습니다. 그 누구도 말입니다. 오직 한 가지 방법이 있을 뿐입니다. 당신의 내면으로 들어가십시오. 당신에게 글을 쓰도록 명령하는 근거를 탐구하십시오. 그 근거가 당신의 마음 속 가장 깊은 곳에 뿌리를 내리고 있는지 살펴보십시오.[41]

　이런 릴케의 방법은 예컨대 보들레르의 '고독' 지향, '명상의 독방'에 '혼자 있기'[42]와 닮았다. 보들레르는 그의 산문시집 『파리의 우울』 가운데 「새벽 1시에」에서 말한다. 「마침내! 혼자가 되었군! …몇 시간 동안 휴식까지는 아니라도 우리는 고요를 갖게 되리라. 마침내! 인

---

41) 릴케, 「젊은 시인에게 보내는 편지」(1903.2.17), 『릴케의 편지』, 안문영 옮김, (지식을 만드는 사람들, 2014), 8-9쪽.
42) 보들레르는 『파리의 우울』의 '고독'이라는 글 속에서
　"혼자 있을 줄 모르는 이 큰 불행!" 라 브뤼예르는 어디에선가 이렇게 말했다. 틀림없이 자신을 혼자 감당할 수 없는 것이 두려워 대중 속에 자신을 잊으려고 달려가는 모든 사람들에게 수치심을 주기 위한 말이다.
　"우리의 불행은 거의 모두가 자신의 방에 남아 있을 수 없는 데서 온다."라고 또 하나의 현인 파스칼은 말했다. 그는 이 말을 하며 명상의 독방 속에서 모든 미치광이들을 떠올렸으리라 생각한다.
　[보들레르, 『파리의 우울』, 윤영애 옮김, (민음사, 2014), 147쪽]

면(人面)의 폭력은 사라지고, 이제 나를 괴롭히는 건 나 자신 뿐이리라.」 말은 또 이어진다. 「마침내! 그러니까 이제 나는 어둠의 늪 속에서 휴식할 수 있게 되었다! 먼저 자물쇠를 이중으로 잠그자. 이렇게 자물쇠를 잠가두면, 나의 고독은 더욱 깊어지고, 지금 나를 외부로부터 격리시키는 바리케이드가 더욱 단단해지는 것 같다.」 그리고 더 이어진다: 「한 극장 지배인에게…(왜일까?) 내가 기꺼이 저지른 다른 비행들은 부인하였다. 하나는 허풍의 범죄. 다른 하나는 인간 존중의 범죄이다.」[43] 인간을 만나고, 얼굴을 맞대며 사는 것의 어려움을 말하는 대목이다. 보들레르는 자발적 고독을 원했다. 그릇 속에 그릇이, 또 여러 그릇 속 묻혀들어 간 겹겹이상자, 인형 속에 인형이 5겹 6겹으로 숨어든 목제 러시아 인형 마트료쉬카처럼, 자물쇠로 문을 걸어 잠그고, 보이지 않는 몇 겹의 바리케이트를 치면서, 자신의 내면과 고독 속으로 걸어 들어가는 길은 어쩌면 '독립적이고 개별적이며 독자적인 삶을 살고 싶다는 충동'[44] 혹은 '자기로 살아가는 평화'[45]를 지향하는 일이기도 하다.

릴케의 침묵은 가장 '나-자기다움'을 찾아들어가는 '태도'와 '시선'에 관련된 일종의 '방법적' 문제였다. 예컨대 릴케는 '가장 깊은 심실(心室)'-'핏속'을 지나다니고 있지만 '우리는 그것이 무엇이었는지 알지 못하는' 슬픔과 같은 감정들은 우리 안에 들어와 있는 '미지의 것'으로 본다. 이것은 정적(靜寂) 한가운데 자리한 '아무도 모르는 새로

---

43) 보들레르, 「새벽 1시에」, 『파리의 우울』, 윤영애 옮김, (민음사, 2014), 63-64쪽
44) 앤서니 스토, 『고독의 위로』, 이순영 옮김, (책읽는 수요일, 2011), 19쪽.
45) 앤서니 스토, 『고독의 위로』, 이순영 옮김, (책읽는 수요일, 2011), 36쪽.

운 것'이라 한다.[46] 릴케가 『두이노의 비가』를 완성한 뒤 쓴 한 편지에서 그의 작업을 가능케 해준 스위스 뮈조 성관(城館)에 대해 '성에 의해 비호된 고독의 깨지지 않은 커다란 덩어리'라고 적은 것처럼[47] 그것은 정적이 감도는 튼튼한 내면적-심리적 공간이다. 물론 여기에는 자신만이 언어가 다양한, 복잡한 타자들의 지적-심미적-예술적 대화를 통해 숙성되는 곳이다.

불교에서 한번의 '날숨(呼)과 들숨(吸)'의 사이(呼吸之間)에 생사가 있다 하고, '발을 떼고 딛는 그 한 걸음 걷는' 사이(一步之間)에 갈래갈래 흩어져 놓쳐버리는 마음이 있듯[48] 삶은 A와 B 사이(間)-차이-다름으로 연속된다. 그 차이-다름의 '사이'는 대단한 긴장감이 도는 것이지만 실제는 고요함이 자리해 있다. 이 고요는 A→B→C→D→E 식의 지속과 변화-전환을 이어가는, 긴장을 가진 고요이다. 생명과 희망이 유지되는 장소이다. 이에 대해 가다머는 독일계 유대인 시인 파울 첼란(Paul Celan, Paul Antschel, 1920-1970)의 시편 해석을 하는 가운데, 호흡의 '사이'에서 '차이'와 '희망'을 발견한다 : '숨이 이어질 때, 숨을 새로 쉬는(호흡하는) 때의 거의 귀에 들릴락 말락 하는 순간에 퍼지는 고요함과 같은 것이다. 이것은 '호흡의 전환점'이 의미하는 것, 곧 숨을 들이 쉴 때와 내 뿜는 사이의 소리 없음(고요함), 움직임

---

46) 릴케, 「젊은 시인에게 보내는 편지」(1904.8.12), 『릴케의 편지』, 안문영 옮김, (지식을 만드는 사람들, 2014), 56쪽.
47) 김재혁, 『릴케와 한국의 시인들』, (고려대학교 출판부, 2011), 206쪽 참조.
48) 이황, 「마음을 보존하고 성찰함(存省)」, 『퇴계선생언행록』, 홍승균·이윤희 옮김/이원강교열, (퇴계학연구원, 2007), 34쪽, 341쪽: "嘗曰, 人之持心最難, 嘗自驗之, 一步之間, 心在一步, 亦難(사람은 마음가짐이 가장 어렵다. 일찍이 스스로 경험하여 보았는데, 한 걸음을 걷는 사이에 마음이 그 한걸음 사이에 보존되어 있기도 어렵다)."

없는 간극의 체험이다. 꼭히 말한다면, 첼란은 숨 이어짐 곧 호흡 역전의 순간을, 움직임 없는 침묵의 상태만이 아니라 모든 역전이나 역전에 암시된, 억제된 어떤 종류의 희망과도 연결시키고 있는 것이다.[49] 가다머는 '호흡의 전환점'에서 보이는 '사이'에는 예컨대 첼란의 시편이 보여주는 '시인-독자-청취자가 동등하게 살고 있는' 것을 발견하고, 그 대목을 해석학적 순환이 가능한 '장(場)' 즉 '지적 경합적 대화'(agonistic dialogue)의 장소로 본다.[50] '아곤'이란 원래 고대 그리스에서 행해진 투기(鬪技)를 가리킨다. 넓게는 사회나 정치 등의 분야에서 보이는 경쟁을 의미한다. 고요한 그러나 팽팽한 긴장이 감도는, 동등의 차원에서 지평의 융합이 일어나는 곳이 투기하듯 경쟁-긴장감을 가진 지적-문화적 대화의 공간인 '사이'이다. 의미와 무의미, 자아와 타자가 교류하는(내가 남이고 남이 나가 될 수 있는) '무간(無間)'이라는 광대한 희망을 가진 '사이'이다.

릴케가 말하는 '가장 깊은 심실(心室)'-'핏속'은, 고독-침묵을 통해서 얻어내는 내면적 '지적 경합적 대화'의 장소라 볼 수 있다. 물론 이것은 생활세계가 아니라 예술적 심미적 지평이다. 동양적으로 말하면 미발의 심체(心體)에서 신선함을 만나는 일이다. 이것은 묘하게도 릴케가 「두이노의 비가」에서 "그는 사랑했다./그는 자신의 내면의 것을 사랑했다, 내면의 황야를,/그의 내면에 있는 원시림을 사랑했다, 그곳에 그의 마음은 말없이 쓰러진/거대한 나무들 틈에 푸른 싹처럼 서 있

---

49) Fred Dallmayr, Beyond Orientalism:Essays on Cross-Cultural Encounter, New York: Sate University of New York Press, 1996, p. 43.

50) Fred Dallmayr, Beyond Orientalism:Essays on Cross-Cultural Encounter, New York: Sate University of New York Press, 1996, pp. 43-44.

었다. 사랑했다"(〈제3 비가〉 중)[51]라고 말할 때의, '자신 내면의 황야'
'내면의 원시림'의 발견에 해당한다. 마음은 그 거대한 풍광 속에 '푸
른 싹'처럼 돋아나는 것이었다. 이 '푸른 싹'은, 마치 『장자』라는 책에
서 '어디에도 있지 않는 곳의 광야에다 심어둔 나무 한 그루(樹之於
無何有之鄕·廣莫之野)'[52]와 같이, 이 세상 어디에도 없고 오직 릴케
의 마음 속, 언어로서만 자라는 나무이다. 말을 바꾸면 언어 속에서만
존재하는 꽃[53] '마음속에 품은 꽃이 마치 번갯불에 드러나듯 이따금
그의 내면의 눈에 보이곤 하는, 마음을 통해서 볼 수 있는' 노발리스
의 '푸른 꽃'[54]이다. 혹은 『장자(莊子)』에서 말하는, 오로지 '내면 깊숙
한 곳에 감춰져 빛나는 빛'인 보광(葆光)이다.[55] 이런 풍광을 『중용(中
庸)』에서는 '봐도 보이지 않게, 숨어있는 것 같으나 이미 뚜렷이 드러
나 보이고 있는 것'(莫見乎隱), '들어도 들리지 않고, 만져도 만지키지
않는 것 같으나 이미 분명히 들리고 만지키고 있는 것(莫顯乎微)'이라
말했다.

　여기서 잠시 「신시집 제1권」(1907)에 실린 '표범'[56]을 보기로 하자.
이 시에는 '파리 식물원에서'라는 부제가 붙어 있다. 이것은 상상의 작

51) 릴케, 『릴케전집2/형상시집 외』, 김재혁 옮김, (책세상, 2000), 454쪽.
52) 『莊子』「逍遙遊」
53) 이 쯤 되면 말라르메가 말하는 꽃이 떠오른다. 즉 말라르메는 '꽃!'이라고 말하면,
　꽃이라는 대상물은 사라지고, 순수한 관념으로서의 꽃이 떠오른다 했다. 이 때의
　'꽃'은 세상 어디에도 찾을 수 없는, 세상에 보여진 어떤 꽃과도 다른 꽃이다. 언어
　에만 있는 '그 어떤 꽃다발에도 없는 꽃'이다. 장 마르크 드루엥, 『철학자들의 식물
　도감』, 김성희 옮김, (알마, 2011), 131쪽 참조.
54) 노발리스, 『푸른 꽃』, 김재혁 옮김, (민음사, 2009)의 해설[김재혁, '푸른 꽃을 찾
　아: 노발리스의 삶과 문학'], 274-5쪽.
55) 『莊子』「齊物論」
56) 릴케, 『형상시집 외』(릴케전집2), 김재혁 옮김, (책세상, 2000), 188-9쪽.

품이 아니고 파리의 식물원에서 실제 표범을 보고 그의 시선이 표범
의 겉과 속을 훑으면서(눈동자→사지→심장) 붙들어낸 이미지를 언
어로 표현한 것이다. '후광 속의 부처'(③)나 앞의 '부처'(①) 같은 기
법적 차원의 작품으로 보인다.

표범
파리 식물원에서

스치는 창살에 지쳐 그의 눈길은
이젠 아무것도 붙잡을 수 없다.
그에겐 마치 수천의 창살만이 있고
그 뒤엔 아무런 세계도 없는 듯하다.

아주 조그만 원을 만들며 움직이는,
사뿐한 듯 힘찬 발걸음의 부드러운 행보는
커다란 의지가 마비되어 서 있는
중심을 따라 도는 힘의 무도(舞蹈)와 같다.

가끔씩 눈동자의 장막이 소리 없이
걷히면 형상 하나 그리로 들어가,
사지(四肢)의 긴장된 고요를 뚫고 들어가
심장에 가서는 존재하기를 그친다.[57]

---

57) 릴케, 『형상시집 외』(릴케전집2), 김재혁 옮김, (책세상, 2000), 188-9쪽.

릴케는 파리 동물원의 표범을 시로 형상화하기 위해 표범처럼 날렵한 시선으로, 그러나 느리면서도 찬찬히, 겉에서 속으로 예리하게 관찰해 들어가며 표범이란 생명체의 본질을 포착하고자 한다. 표범이라는 대상의 내면에 숨은 본질을 포착하기 위해 그는 표범의 눈동자, 사지, 심장으로 칼 같은 시선을 넣어 쑤셔 후빈다. '가끔씩 눈동자의 장막이 소리 없이/걷히면 형상 하나 그리로 들어가,/사지(四肢)의 긴장된 고요를 뚫고 들어가/심장에 가서는 존재하기를 그친다.'에서처럼, 시선이 대상 속 깊이 '들어가서' 결국 심장 같은 본질에 닿아서는 '그친다'. 하나의 표적에 주목하고, 그것에 긴장하며 정조준하여, 정확하게 그 본질적 이미지 하나='형상 하나'를 붙들어서, 그것을 대상의 핵심에까지 밀고 들어간다. 이 '형상 하나'는 릴케의 시선=눈으로 포착한 대상을 지배하는 법칙=규율 같은 것이라 할만하다. 릴케의 시는 이런 사물의 겉과 본질을 일관된 법칙으로 파악하고 그것을 시적 언어로 절제하여 표현한다. 그 핵심부='심장'은 고요하다. 어쩌면 이 지점은 '마음 속 가장 깊은 곳에 뿌리를 내리고 있는'(「젊은 시인에게 보내는 편지」(1903.2.17) 자신의 언어가 대상의 본질과 만나는 상호융합(=지평 융합)의 자리이다.

이렇게 릴케가 표범이라는 생명 개체를 시화(詩化)하는 문제는 조형물 붓다상을 시화하는 문제와 동일하다. 형상을 시로 표현하는 에크프라시스적 기법은, 생각을 조각상으로 만들어내는 로댕의 작업처럼, 릴케라는 한 인간의 '독특한 시선 → 글쓰기'로서 완성된다.

그렇다면 릴케에게 붓다상은 일단 - 종교적 감동이나 감응을 촉발하는 매개체라기보다는 - 그가 로댕이나 세잔을 통해서 촉발된 세계와 사물들을 바라보는 새로운 시선 훈련의 촉매제였다. 그리고 그러한 시선에 의해 포착된 대상의 본질='형상'은 릴케 자신의 깊은 내면에서 길어 올린 '신선한 언어'로 표현되었다. 표범-붓다상 등등은 릴케 자신의 개성적 글쓰기의 계기로서 큰 역할을 했다고 하겠지만, 대상 그 자체에 대한 – 그것이 생명에 대한 것이건 초월적 존재에 대한 것이건 – 경외감은 훨씬 저조한 것이라 볼 수 있다(글쓰기)경외감).

릴케는, 모든 면에서 스승으로 존경한 로댕의 정원에서 발견한 붓다상을 두고 여러 가지 생각이 있었을 것으로 추정한다. 다시 말하면 (1) 로댕이 왜 이 붓다상을 이곳에 가져다 놓았을까, (2) 붓다상에 대해 로댕이 어떤 것을 보려고 했을까를 자문(自問)했을 것이다. 그리고 본인도 스승 로댕이 보았던 '바로 그것'을 놓치지 않으려고 애썼을 것이다. 그렇다면, 유한한 인간으로서 막연한 종교적 경외감에 젖어 이른바 '초월적 성스러움'을 흐릿하게나마 느꼈을 가능성은 완전히 부정하거나 배제할 수는 없겠으나 그것이 결코 그의 신선한 글쓰기 훈련 이상은 아니었다고 생각한다.

3. 릴케의 글쓰기와 에크프라시스

문화교류에서 간과할 수 없는 것 중의 하나가 '영유(領有)'의 개념이다. '영유'란 영어로는 'appropriation'이며 전유(專有)함, 사용(私用)함의 뜻을 갖는데, 공공적, 일반적인 것을 '자기 것'(=私有的, 특수적인 것)으로 만드는 것을 말한다.[58]

---

58) 최재목, 「'東'의 誕生 – 水雲 崔濟愚의 '東學'과 凡父 金鼎卨의 '東方學' –」, 『陽明

문화의 영유는 그 변형·변용 이전에 수용(受用)·향수(享受)만으로도 인정된다. 수용과 향수라는 행위 속에 이미 문화적 '공감장치-공감판'(=교감-소통)이 들어있다는 말이다. 그것은 외국어가 자국어 체계에 들어옴으로써 가능해진다.[59] 문화는 자국어 내에서 '기존의 것'을 토대로 '인지적 유동성-혼성'을 통하여 수용되며, 그것은 일단 언어를 통한 것이다. 이 언어적 행위 속에서 이미지와 결합 혹은 전이(transition) 혹은 재해석되는 등등의 '떨림'(바이브레이션) 과정이 있다. 그림-모양 등의 시각적 대상을 글로 표현하는 '에크프라시스'(ekphrasis)에서 경계의 허물어짐까지 수반된다. 그림이 들리거나

學』26, (한국양명학회, 2010.8).

59) 예컨대 이한섭 교수(고려대)가 800여종의 자료(1880~1945; 주요 신문, 잡지, 문학작품, 종교서적, 교과서, 사전류 등)조사하여 편찬한 『일본어에서 온 우리말 사전』(고려대학교 출판부, 2014)을 보면, 여기에 실린 단어가 3,634개이다. 이 단어들은 일본어에서 들어온 어휘 가운데 8할 이상이 한자어인데[한자어 2,990(82.28%), 고유어 269(7.40%), 외래어 226(6.22%), 혼종어 146(4.01%), 기타3(0.08%)], "한자어는 표기 면에서 우리나라 사람들에게 익숙하고 또 한자 표기를 우리 한자음으로 읽으면 어느 나라 말인지 구별되지 않았기 때문에 다른 어종에 비하여 받아들이는데 저항감이 적었을 것"(〈해설〉부분, 19쪽)이라 본다. 이것은 '기존의 것'을 토대로, '인지적 전이-유동성-혼성'을 통하여, 어휘들이 수용되고 있음을 말해준다. 아울러 이한섭 교수는 외국어를 자국어로 받아들일 때, '외국어를 자국어 음으로 받아들이는 방법'과 '현지 발음에 가깝게 받아들이는 방법'이라는 원리가 작동하는데, 3,634 단어 중에 우리말 발음이 대부분['한국어 발음'3,287(90.45%), '일본어 발음'338(9.30%), '한국어+일본어 발음'6, 기타3]이지만, 우리말 발음도 우리말 한자음으로 읽히는 것이 전체 한자어 2,990개 중에 99.23%라고 한다.[이한섭, 『일본어에서 온 우리말 사전』, (고려대학교 출판부, 2014)의 〈해설〉부분, 20쪽]. 이것 또한 '기존의 것'을 토대로, '인지적 유동성-혼성'을 통하여, 어휘들이 수용되고 있음을 증명한다. 이한섭 교수는 "일본어에서 들어온 어휘들은 대부분 개화기 이후의 불편한 한일관계의 산물인 것이 사실"이나 "지금은 거의 우리말 어휘 속에 녹아들어 나름대로 그 역할을 다하고 있"음을 지적한다.(이한섭, 같은 책, 같은 곳)

글로 쓰여지고, 음악이나 시가 그림으로 그려지면서 새로운 창조로 이어진다.

'에크프라시스'는 언어-사상의 가족유사성을 동원하면서 지평융합을 얻어낸다. 가족유사성은 역시 '친밀감'에 기댄다. 그래서 '지적 경합적 대화'(agonistic dialogue)의 장(場)은 강한 어조가 아니라 여리고 약하게, 느슨하고 말랑말랑하여, 따스하고 부드럽게 인지적 전이-유동성-혼성이 가능해진다. 예컨대, 칼 야스퍼스가 '목조미륵반가사유상'을 접하고서 한 말을 들어보자.

> 나는 지금까지 철학자로서 인간 존재의 최고로 완성된 모습을 표현한 여러 모델의 조각들을 접해왔습니다. 고대 그리스의 신상, 로마 시대의 뛰어난 조각, 기독교적 사랑을 표현한 조각들도 봤습니다. 그러나 이러한 조각들에게는 아직 완전히 초극되지 않은 어딘지 지상적인 감정과 인간적인 자취가 남아 있었습니다. 이성과 미의 이데아를 표현한 고대 그리스의 신상도 로마시대 종교적인 조각도 인간 실존의 저 깊은 곳까지 도달한 절대자의 모습을 나타낸 것은 아니었습니다.
>
> 그런데 지금 이 미륵반가상에는 그야말로 극도로 완성된 인간 실존의 최고 이념이 남김없이 표현돼 있음을 봅니다. 그것은 지상의 시간과 속박을 넘어서 달관한 인간 실존의 가장 깨끗하고, 가장 원만하고, 가장 영원한 모습의 상징이라고 생각합니다.
>
> 나는 오늘날까지 몇 십 년 간 철학자로 살아오면서 이 불상만큼 인간 실존의 진실로 평화로운 모습을 구현한 예술품을 본 적이 없었습니다. 이 불상은 우리들 인간이 가질 수 있는 영원한 평화의 이상을 실로 남김없이 최고도로 표현하고 있습니다.

위 인용은 일본 교토 코류지(廣隆寺)의 '목조미륵반가사유상'(木造彌勒半跏思惟像. 7기 전반 경)을, 칼 야스퍼스(Karl Jaspers, 1883-1969)가 1945년 가을, 2차대전이 끝난 직후 일본에 왔을 때 보고서 남긴 찬사이다. 이것은 시노하라 세이에이(篠原正瑛, 1912 - 2001, 철학자)의 『패전의 저편에 있는 것(敗戰の彼岸にあるもの)』(弘文堂, 1949)에 실려 있는 구절이다. 유홍준은 그의 책, 『나의 문화유산 답사기 : 일본편 3 교토의 역사』 속에 이것을 인용하고 있다.[60]

'목조미륵반가사유상'은 한반도에서 건너간 불상인데, 야스퍼스는 이 미륵반가상에는 그야말로 '극도로 완성된 인간 실존의 최고 이념이 남김없이 표현돼 있음'을 본다. 그것은 '지상의 시간과 속박을 넘어서 달관한 인간 실존의 가장 깨끗하고, 가장 원만하고, 가장 영원한 모습의 상징'이라 표현한다. 과연 그가 느꼈던 '극도로 완성된 인간 실존의 최고 이념'이나 '달관한 인간 실존의 가장 깨끗하고, 가장 원만하고, 가장 영원한 모습'은 과연 무엇이었을까? 지금 여기서 그것을 확정할 수는 없다. 그러나 적어도 그의 독법에서 등장하는 인간이해는 그의 사유에 기반을 둔, 그의 '시선'을 붙들어 맨 언어일 수밖에 없다. 그 언어는 하나의 기호로서 나와 야스퍼스 사이를 유동한다.

구체적인 내용은 잘 알 수 없지만, 야스퍼스는 당시 일본의 젊은 철학자 노다 마타오(野田又夫. 1910-2004)에게 왕양명에 대한 깊은 감동을 다음과 같이 말한 바도 있다. "나는 나치의 탄압 하에서 침묵할 수밖에 없을 때 성경이나 동양의 철학을 읽고 인간성이 이어지고 있

---

60) 유홍준, 『나의 문화유산 답사기 : 일본편 3 교토의 역사』, (창비, 2014), 27-28쪽에서 재인용.

음을 찾을 수 있었다…왕양명이라는 사람이 있는데, 그 사람한테는
얻어맞았다. 왕양명은 중국의 고대 이후 형이상학자로서 최후의 사람
이 아닌가?……왕양명 이후의 철학은 중국적인 실증주의(고증학: 옮
긴이 주)가 되어버렸는데 유가에서 혁명적인 활력을 강하게 보여 주
었던 학파는 왕양명 학파다."[61] 이러한 야스퍼스의 말 속에서 가장 눈
에 띄는 것은 역시 '혁명적인 활력'이라는 단어이다. 야스퍼스가 이해
한 '양명학'의 '혁명적인 활력'이란 간단히 말하면, 특히 일본의 근대
를 재발견하는 '일본 양명학'의 하나의 경향성을 말하는 것이다.[62] 다
소 일본 양명학에 오리엔테이션된 야스퍼스의 규정은 일본 양명학에
서 보여준 낭만주의적 경향성을 어느 정도 염두에 둔 것이지만, 어쨌
든 양명학-일본양명학-야스퍼스 철학 사이를 유동하는 매개체는 바
로 사유를 담은 그의 언어였다. 그의 언어 속에서 '동양의 철학'과 만
나고 있었다. 불교가 중국의 한문체계에 기대어 전개되었듯이, 야스
퍼스의 동양철학 이해 또한 '인간 실존'-'평화'-'영원' 또는 '형이상

---

61) 野田又夫, 『自由思想の歷史』, (河出書房, 1957), 176쪽 참조.
62) 예를 들어, 1837년에 문인, 민중과 함께 봉기하는 소위 "오시오 헤이하치로의 난"
    으로 유명한 오시오 헤이하치로(大塩八平郎:호는 中齋, 헤이하치로는 통칭,1793-
    1837), 1877년 서남 전쟁을 일으켰으나 실패하고 자결한 사이고 · 타카모리(西鄉
    隆盛:호는 南洲, 1827-1877), 일반적으로 메이지 유신의 정신적 지도자 · 이론자
    로 알려져 있지만, 1859년 老中 암살계획에 대해 상세히 자술하고 자신을 "사형"
    시키는 것이 타당하다고 주장하여 그것이 좋은 이이 나오스케(井伊直弼노)의 역
    습을 당해 만29세에 참형당한 요시다 쇼인(1830-1859년), 「혁명의 철학으로서
    의 양명학」(1970)를 남기고, 1970년 11월 25일, 타테노카이(楯會)의 회장으로서
    자위대 이치가야의 주둔지에서 쿠데타를 촉구하고 실패, 할복자살을 행한 미시마
    유키오(三島由紀夫: '三島'는 필명, 본명은 平岡公威, 1925-1970)라는 인물이 모
    두 양명학자였던 것에서 보면 실로 일본 양명학은 '행동적' · '혁명적'경향이 인정
    될 것이다.(최재목, 「心學の東アジア的展開」, 『日本思想史講座3-近世』, (ペリカ
    ン社, 2012) 참조]

학'-'혁명적 활력'이라는 그 자신의 사유와 언어적 표현방식에 의존해
있었다.

문화는 아비투스(habitus)-기질(氣質)-카르마(karma, 業)에 기반
하여, 그것을 넘어서서 지평의 융합(Horizontverschmelzung, fusion
of horizons)을 향하지만, 상호문화를 위해서는 '스스로의 문화를 타
자의 문화에 의존하여 살려가는' 자성(自性)의 연기(緣起)라는 관점
에 서서 무자성(無自性)=슌냐타(Śūnyatā 空)을 실현하는 철학을 가질
필요가 있다. 달마이어도 슌냐타의 관점에서 지평의 융합을 시도하
고자 한다.[63] 그는 책의 마지막에 마무리 말을 대신하여 『노자』(왕필
본)47장을 축약하여 인용하고 있다: There is no need to run outside/
For better seeing,/Nor to peer from a window. Rather abide/At the
heart of your being.[64] 그 내용을 요약하면 이렇다: 더 잘 보려고, 일부
러 문밖으로 나올 필요가 없네./더 잘 보려고 일부러 창밖을 볼 필요
가 없네./마음 깊은 곳을 응시하고 있으면, 저절로 세상이 보이기 시
작하네.[65]

이런 관점-시점의 전환은, 릴케의 글쓰기-사물보기의 방법과도 흡
사하다. 릴케도 그 현실에 부재하는 '마지막 어휘'(final vocabulary)를
찾아 나섰다. 그 앞에만 서면 아찔하게 '정신적 경련'(mental cramp)
을 일으키는 한이 있다 하더라도, 그는 고독과 침묵 속으로 작정하고

---

63) Fred Dallmayr, Beyond Orientalism:Essays on Cross-Cultural Encounter, New
    York: Sate University of New York Press, 1996, pp. 175-199, pp. 201-222.
64) Fred Dallmayr, Beyond Orientalism:Essays on Cross-Cultural Encounter, New
    York: Sate University of New York Press, 1996, p.222.
65) 원문은 이렇다: 不出戶, 知天下, 不窺牖, 見天道. 其出彌遠, 其知彌少. 是以聖人不
    行而知, 不見而名, 不爲而成[『老子』(王弼本)47장].

떠나려 했다. 그것은 그가 의도했던, 자신에 내재된, 한 번도 발견되지 않은 '신선한 자신의 언어'를 발견하는 일처럼 '자신-내면으로' 깊이 들어서는 일이었다. 그 언어는 밖에 있지 않고 내 안쪽에 있다. 예컨대 그가 '석상의 노래'(「형상시집」1902, 1906)에서, 「(전략)/나는 돌에서 풀려나 생명, 생명으로/(중략)/돌은 너무나 말이 없습니다./나는 생명을 꿈꿉니다, 생명이란 멋진 거니까요./(후략)」라고 하여 '돌에서 풀려나 생명'을 얻는 로댕의 조각품을 연상케 한다. 그냥 '말없는 돌'이 조각가의 손길에 의해 '생명'을 얻듯, 릴케는 불상을 통해서, 자신 내면의 '원시림'-'황야'; 마음의 '야생'; '침묵'속에 언어화 되지 않은 '미발심체(未發心體)'를 '언어적 표현'을 통해 그것(불상)이 '생명력'을 얻는 데에 초점을 맞추었다고 본다.

릴케의 '붓다'라는 시는 '초월적 성스러움'에서가 아니라 '신선한' '자기 최상의 말'을 얻기 위한 작업이었다. 그것은, 외부로 향하지 않고 오로지 '스스로를 걸어 잠그고 고독 속으로 걸어 들어가'는 행위였으며, 그것은 '생명을 얻는' 작업이니 '세계의 비밀'을 푸는 일이었다.

돌	→	생명
불상	→	생명
	↑	
(침묵)	언어	

세계=언어라는 입장에서는, 언어로 생명을 창조하는 일은 세계를 창조하는 일이다.

릴케는 스스로가 가고 싶은 세계의 비밀을 풀고 있었다. 그런 성스러움을 통해서 자신의 언어 속에서 만나고 있었다. 그 성스러움은 세상 어디에도 찾을 수 없는 그 만의 언어로 된 성스러움이었다. '생명과 희망이 유지되는 장소'로서, 〈호흡과 호흡의 '사이(전환점)'처럼, 의미와 무의미, 자아와 타자가 교류하는(내가 남이고 남이 나가 될 수 있는) '무간(無間)'의 터〉는, 릴케에게서 '언어'였다. 그런 언어적 행위를 통해서 붓다-릴케 혹은 동양-서양의 '지적 경합적 대화'가 펼쳐지고 있었다.

4. 나오는 말

이상에서 필자는 릴케가 자신의 글쓰기를 진척시키는 과정에 만난, 프랑스 조각가 로댕의 작업장의 정원에 놓인 불상에 촉발되어 쓰여진, 그의 시 '붓다' 세 편을 중심으로 동양과 서양의 문화적 '만남'의 의미에 대하여 논의해 보았다.

릴케에게 붓다상은 종교적 감동이나 감응을 촉발하는 매개체라기보다는 그가 로댕 등을 통해서 촉발된 세계와 사물들을 바라보는 새로운 시선 훈련의 방법이었다. 그리고 그러한 새로운 시선에 의해 포착된 대상의 본질='형상'은 릴케 자신의 깊은 내면에서 길어 올린 '신선한 언어'로 표현되었다. 표범, 불상 등은 릴케 자신의 개성적 글쓰기의 계기로서 큰 역할을 했다고 하겠으나 대상 그 자체에 대한 경외감은 저조하였다. 다시 말해서 릴케에게서 불상은 종교적인 의미에서 이해되지 않았다. 즉 불교도들이 일반적으로 느끼는 초월적 성스러움이 아니라 단지 그의 언어적 표현=글쓰기의 대상으로서 불상을 보고 있었다. 릴케는 자신의 '최상의' '아직 발설되지 않은' '신선한' 언어를

만나고자 했다. 언어로 표현되기 이전의 그 무엇은 '침묵에 기댄' 물상
이다. 마치 '침묵'으로 봉인된 '그리스 신전'이 언어를 만나 표현되어
세상에 존재를 드러내듯이 릴케는 그런 언어=글쓰기를 찾고 있었다.

릴케에게서 불상은 종교적인 의미에서 이해되지 않았으며 불교도
들이 일반적으로 느끼는 초월적 성스러움을 느낀 것이 아니었다. 단
지 그의 언어적 표현, 글쓰기 의 대상으로서 또는 방법으로서 불상을
보고 있었던 것이다. 그것은 '자신 내면의 원시림' '내면의 야생'이란
'침묵'으로 있는, 언어화 되지 않은 스스로의 내면을 만나는 일이었다.
자신의 미발심체에 살아있는 신선한 언어를 붙들어 내는 작업이었다.
릴케는 자신의 '최상의 말', '아직 발설되지 않은 말', '신선한 말'을 만
나고자 했다. 이처럼 릴케의 사유는 전적으로 글쓰기=언어에 기대고
있었다. 언어로 표현되기 이전의 그 무엇은 언어로 포획되기 전의 '침
묵에 기댄' 물상이다. 마치 '그리스 신전의 원주의 열(列)들은 마치 침
묵을 따라 서 있는 경계선들 같다.'[66]고 할 경우의 침묵으로 봉인된
'그리스 신전'과도 같다. 릴케는 침묵으로 봉인된, 그의 침묵 속에 있
는 언어를 표현할 기법을 찾고 있었다.

결국 논의를 통해서 알 수 있는 것은 다음과 같은 사실이다. 즉 문화
와 사유의 만남은 '언어'를 매개로 이루어지며, 이 만남마저도 인지적
혼성-전이- 유동성 속에서 자신-자신의 경험체계를 이해하거나 정
리해간다. 따라서 문화의 만남은 작은 나(에고)를 버리면서 '새로운
큰 나를 찾아가는 과정'이다. 문화에서 '만남'이란 보편화 과정이 아니
라 나다움을 찾는 지극히 미시적인 진지한 과정이다. 아울러 남을 나

---

66) 막스 피카르트, 『침묵의 세계』, 최승자 옮김, (까치, 2013), 185쪽.

속에 받아들이면서 상호적 '차이'를 인식하고 존중하는 과정에 참여
하는 일이다.

2장

노자와 붓다의 사상, 무엇이 같고 다른가?

〈초간본 노자〉와 〈초기불교〉를 통해서

1. 들어가는 말
- 노자와 붓다의 역사적 만남 -

이 글에서는 〈노자와 붓다, 무엇이 같고 다른가〉의 문제를 초간본
노자와 초기불교를 중심으로 논의해보려고 한다.

인도에서 태어난 붓다와 중국에서 태어난 노자[1]는 대략 기원전 6세
기경에 태어났다. 태어난 시기가 야스퍼스가 말하는 이른바 차축시대
(車軸時代. die Achsenzeit. Axial Age)[2]로 비슷하다. 이렇게 태어난 시

---

1) 노자에 대해서는 여러 설이 있으나 『사기』 「열전」(「노자열전」)에 따르면, 노자(老
   子)는 초(楚) 나라 고현(苦縣) 즉 하남성(河南省) 남부의 녹읍현(鹿邑縣) 사람으로
   성은 이(李),이름은 이(耳), 자(字)는 담(聃). 주(周)(=東周)나라 도서관장으로 근
   무했다고 함.
2) 칼 야스퍼스(1883-1969)가 『역사의 시원과 목적에 관해서(Vom Ursprungund
   Zielder Geschichte)』(1949년)에서 인류 문화가 정상에 도달한 시기를 '차축시대

기가 비슷하다는 것 외에, 노자와 붓다 사이에 사상적 종교적 연관성을 따지던 일들이 벌어지기도 한다. 중국 종교사에서 불교와 도교 사이에 진검승부가 벌어지던 당(唐)나라 때(7세기 무렵)의 일이다. 즉 당나라는 선비족 계열의 귀족 이연 (李淵)이 세우고 지배한 왕조였기에 도덕경(道德經)을 지은 노자(老子)가 이씨(李氏) - 이름은 이(耳), 자(字)는 담(聃)[3] - 이므로 정권 차원에서 도교에 대한 지원이 전폭적으로 이루어진다. 이것은 곧 불교 차별로 이어졌다. 이 때 불교를 이론적으로 누르기 위해 노자화호설(老子化胡說)이 대두된다. 노자가 오랑캐 땅인 인도에 건너가 석가모니로 다시 태어나 오랑캐들을 가르쳤다는 설이다. 물론 불교 측에서 가만히 있지 않았다. 이에 대항하기 위해 '삼성화현설'(三聖化現說)'을 주장하게 된다. 붓다가 중국으로 3인의 제자, 즉 유동보살(儒童菩薩)[4], 광정보살(光淨菩薩), 마하가섭(摩訶迦葉)을 파견하여 각각 공자, 안회, 노자로 태어나게 하였다는 주장이다. 당나라 왕실은 당연히 '노자화호설'의 편을 들게 된다.

어쨌든 중국사상사에서 본다면, 오경웅(吳經熊)이 쓴 『선(禪)의 황금시대』에서, 중국에서 새로 태어난 불교인 '비범한' 아이인 선(禪)이 아버지인 불교보다도 어머니인 도가사상을 더 닮았다고 표현하였듯이[5], 불교와 도가사상은 떼려야 뗄 수 없는 관계이다. 장자와 선종의

(車軸時代)'(Achsenzeit)라고 불렀다
3) 귀가 크고 넓고 축 늘어진 모양. 귀가 크다는 것은 귓구멍이 넓다는 뜻으로 세상의 '소리를 잘 듣는다'는 것, 다시 말해서 '보기'보다 '듣기'에 능한 것을 말해준다.
4) 석가모니의 전생에서 보살일 때의 명칭. 공자를 불교에 귀의한 사람으로 부르는 이름.
5) 「선(禪)은 심오한 도가의 통찰력에다 그것과 비슷한 불교의 통찰, 거기에 진리를 전파하려는 사도적 정열을 지닌 불교의 추진력이 가세해 생겨난, 말하자면 도가사상이 최고로 활짝 피어난 모습이라고 할 수 있다. 불교를 아버지라고 한다면 도가

발상은 서로 닿아 있다. 양쪽이 모두 '인간 내면-정신의 자유'와 '언어에 대한 회의와 부정'으로 향하는 점이 통한다. 중국 송대 도원(道源)이 지은 『경덕전등록(景德傳燈錄)』[6]에서 말하는 '부모미생이전(父母未生以前)의 너(汝)'라는 발상도 『장자』에서 나왔다.[7]

불교가 중국에 들어올 때 노장사상의 개념을 근거로 불교가 번역되는, 이른바 격의불교(格義佛敎)는 불교와 도가사상의 친밀성을 잘 보여주는 것이다. 격의(格義)란 말은 『高僧傳』[8]에 나오는데, 격의에서 '義'는 '말의 뜻'을, '格'은 '의배(擬配)', '추량(推量)'(=재다, 헤아리다)으로 '비슷하게 짝짓다, 빗대다' · '비슷한 말-개념(=유사어)에 기대/빗대/비겨서 번역하다'는 것이다. 이렇게 격의의 형태로 중국에서 도가와 불교 사이의 가족유사성을 발견해낸 것은 일단 비슷한 뜻을 가진 다른 말과 개념을 헤아려 무엇이든 '중국식'으로 대치변용하는 오래된 전통적 방법론이라 할만하다.[9]

이 글에서는 붓다와 노자 사이의 동이점에 주목하기로 한다. 먼저 논의방법에 대해 이야기를 한 다음, 붓다와 노자의 사유방식의 공통

사상이야말로 이 비범한 아이의 어머니다. 그리고 이 아이는 아버지보다 어머니를 더 많이 닮았다는 사실을 숨길 수 없다."(吳經熊, 『禪의 황금시대』, 류시화 옮김, (경서원, 1993), 35쪽.)

6) 과거칠불(過去七佛)에서 석가모니불을 거쳐 달마(達磨)에 이르는 인도 선종(禪宗)의 조사(祖師)들과, 달마 이후 법안(法眼)의 법제자들에 이르기까지의 중국의 전등법계(傳燈法系)를 밝힌 책.

7) 冉求問於仲尼曰, 未有天地可知邪, 仲尼曰, 可, 古猶今也,...未有天地可知邪, ...無古無今, 無始無終, 未有子孫而有子孫, 可乎(『莊子』, 「外篇」, 「知北遊」)(밑줄은 인용자)

8) 梁나라 6세기 중엽에 혜교(慧皎)가 지은 것으로, 양나라 때 나온 책이라는 의미에서 양고승전 또는 그냥 양전이라고 부르기도 한다.

9) 몇 가지 예를 보면 다음과 같다: 空-無/涅槃-無爲/眞如-本無/菩提-道/無我-非身/戒-禮.

점과 차이점을 살펴보게 될 것이다.

2. 무엇을 어떻게 논의할 것인가

1) 불교와 도가사상 관련 연구의 문제점

현재 한국에서 〈불교와 도가사상〉을 비교한 예는 그다지 많지 않다. 우선 『老子 그 불교적 이해』[10]란 책이 있는데, 이 책은 감산 덕청의 노자 풀이이므로 일단 제외한다. 다음으로 가장 대표적인 연구서로서 김항배의 『불교와 도가사상』이 있다. 이 책에서 그는 말한다.

> 나는 불교와 도가 사상 사이에 깊은 연관성이 있다고 생각한다. 첫째는 우주와 인생의 실상을 통찰하려는 사유 경향에서 일치하고, 둘째는 인식 방법론상에 공통점이 있으며, 셋째는 모든 대립과 투쟁을 종식시키고 모든 생물들의 大和諧와 大平和를 지향한다는 점에 유사성이 있고, 넷째는 어떤 권위나 도그마에도 맹목적으로 복종하기를 거부하고 모든 생명들로 하여금 참 자유를 諧得케 하려는 이상에서 일치한다. 이 밖에도 여러 측면에서 불교와 도가 사상을 대비해 볼 수 있겠지만, 큰 줄거리는 여기에서 벗어나지 않을 것이다.
>
> 좀 더 말해보자면, 동서를 막론하고 형이상학은 그 체계의 일관성에 침착하거나 아니면 추상적 개념에 집착하여 생생한 현실 또는 생활과는 괴리된 경우가 많다. 예를 들면, Idea · Eidos · Substance 또는 理 ·

---

10) 憨山德淸, 『老子 그 불교적 이해』송찬우 옮김, (1990, 세계사)

氣 등이 그렇다. 노자의 '道' 또한 그 외적 형식에서 보면 하나의 형이상
학적인 것임에 틀림이 없다.

(중략)

불교는 하나의 형이상학적 철학 체계를 수립하려는 목적에서 나
타난 사상이 아니다. 고대 인도에는 불교 이전에 이미 고도의 형이상
학적 사변 철학 체계가 있었다. 예를 들면, 우파니샤드 철학의 梵我
一如 사상은 개체의 본질인 아트만(Atman)과 우주의 본질인 브라만
(Brahman)이 서로 일치한다는 것을 주된 내용으로 하고 있다. 하지만
불타(釋尊)는 諸行無常 · 諸法無我 · 涅槃寂靜[또는 一切皆苦]을 三法
印이라 하여 초기 교설의 골격으로 삼는다. 그런데 여기서 '諸法無我'
를 단지 '我'의 존재에 대한 부정이라고만 보아서는 안 된다. 불타가 부
정하려고 한 것은 추리 또는 사변에 의해서 설정된 '我'로서, 이것은 진
정한 '我'가 아니라는 것이다. 우리는 흔히 이성의 형이상학적 요청에
의해서 생각해낸 개념을 실체화 하여 그 실체에 의해서 다시 이성의 정
확성을 보장받으려고 한다. 여기에 독단의 소지가 있음은 이미 철학사
를 통해서 우리가 익히 알고 있는 바이다. 불타와 노자는 다함께 이런
비판 정신에서 출발하고 있다.[11]

불교와 도가사상에서 유사점을 보이는 것은 다음 다섯 가지 점이라
본다: ① 우주와 인생의 실상을 통찰하려는 사유 경향, ② 인식 방법
론, ③ 모든 대립과 투쟁을 종식시키고 모든 생물들의 大和諧와 大平
和를 지향, ④ 어떤 권위나 도그마에도 맹목적으로 복종하기를 거부
하고 모든 생명들로 하여금 참 자유를 諧得케 하려는 이상, ⑤ 진정한

---

11) 김항배, 〈불교와 도가사상〉, (동국대학교출판부, 1999), 〈지은이의 말〉 가운데서.

나[我]를 찾으려는 비판정신.

그런데, 애당초 이 논의는 불교 전체와 도가사상 전체를 대상으로 하고 있어 논의의 범위가 너무 넓고 또한 다초점 렌즈처럼 결론을 얻기가 어렵다. 더욱이 불교의 전개, 도가의 전개가 방대하고 사상적 내용도 편차를 보이기에 어느 시점에서 무엇을 어떻게 논의하는가에 따라 결론도 매우 다를 수 있다는 위험성을 안고 있다.

2) 불교의 전개와 『아함경(阿含經)』

일반적으로 불교는 초기불교와 후기불교로 나눌 수 있다. 초기불교에는 '근본불교 → 원시불교 → 부파불교(아비달마불교): 소승불교'가, 후기불교에는 '대승불교'가 속한다. 따라서 초기불교는 붓다와 그의 직제자(直弟子)들의 가르침이다. 붓다의 생생한 가르침은 아가마(Āgama)=『아함경(阿含經)』[동남아시아 상좌부 불교에서는 팔리어로 된 『니카야(nikāya)』 즉 『경전(經典)』]에 전해진다. 팔리어본의 『니카야』는 한역본 『아함경』에 해당하는 거의 비슷한 내용의 경전이다.

부파불교는 석가모니 입멸 이후 여러 부파로 분열된 시대의 불교이다. 부파불교에서는 아비달마 즉 존재(법)의 해석-분석을 본령으로 하여 석가모니의 가르침(교설)에 대한 이론적 정비를 하여 불교의 철학적 사색을 정밀하게 한다. 동남 아시아에서는 이 가운데 상좌부 계통을 잇는 불교가 전개진다.

기원전후로 일어난 신불교로서의 대승불교는 문학적으로 탁월한 경전을 많이 탄생시키며 공(空)의 철학, 유식철학을 전개한다. 이렇게 하여 불교는 중국, 한국, 일본, 티벳에도 전파되며 각 지역의 에토스-

마인드와 만나 독자적인 사색과 전개를 보이기도 한다.

　기원후 7-8세기 이후 인도에는 대승불교를 이어가면서 이를 비판적으로 초극하려 하며 성불(成佛)의 방법에서 독자적인 주장을 내세우는 밀교가 융성하게 된다. 나란다사를 비롯한 불교연구의 중심이 된 각지에서 밀교화가 진행되었다. 이처럼 불교를 일의적으로 규정하기란 어렵다.

　『아함경』이나 『율장』의 불전(佛傳)에서 석가모니 가르침에 대한 기술은 다양하다. 기록-서술한 자의 '해석' 즉 '잡음'(雜音)이 관여하고 있기 때문이다. 『화엄경』 등 대승불교에서는 석가모니의 깨달음에 대한 새로운 표현이 부여된다. 이처럼 석가모니의 깨달음의 해석에 대해서 불교 내부에서는 다양한 모습을 보인다. '석가모니의 깨달음이 이것이다'라고 '믿는 것'이 불교의 각 '종파'의 전개라고 할 수 있을 것이다.[12]

3) 노자의 텍스트들

　붓다의 사상 전개가 다기하듯이, 노자의 사상 또한 일의적으로 전개되지는 않는다. 다시 말하면 ① 『초간본노자(楚簡本老子)』 → ②

---

12) 그러나 대승불교라면 적어도 깨달음의 내용에는 我空, 法空이라는 내용이 포함되어야 한다. 깨달음은 一切法皆空을 여실하게 드러내는 것이다. 그것은, 세속의 언어, 제도, 무의식 등의 구속의 일체 즉 일상의 자아와 세계를 철저하게 해체해가는 것이다. 空性의 깨달음에서만이 영원히 인간을 구제할 수 있는 주체가 성립하는 것이다. 眞空妙用이다. 그 주체는 어떤 의미에서도 무조건, 무차별의 悲用(一點 無緣의 大悲)에서 작동하는 것이다. 대승불교의 주체인 보살은 그런 감동의 드라마를 서사해내는 인간상이다[竹村牧男, 『覺りと空』, (講談社, 1992), 7-8쪽, 272쪽 참조].

『백서본노자(帛書本老子)』→ ③『왕필본노자(王弼本老子)』→ ④현행본 노자 식으로 진행되는 과정이 있고 아래처럼 그 세부 내용도 조금씩 다르다.[13]

①『초간본노자(楚簡本老子)』: 1993년 10월 호북성(湖北省) 형문시(荊門市) 사양구(沙洋區) 사방향(四方鄉) 곽점촌(郭店村)에 있는 전국시대의 분묘에서 초(楚)나라 사상가의 것(기원전300년 이전으로 추정)으로 추정되는 804개나 되는 죽간(竹簡)(=郭店楚墓竹簡)즉 문자가 새겨진 대나무 쪽에 쓰여진 1만 3천여 글자의 문헌이 발견되었다. 그 가운데 도가 저작으로서 발견된『노자(老子)』삼편(三篇)을 곽점촌(郭店村) 초묘(楚墓)의 죽간(竹簡)『노자』줄여서『초간본노자(楚簡本老子)』(혹은『죽간본노자(竹簡本老子)』)라 한다.『초간본노자』는 마왕퇴 백서보다두 세기 가까이 연대를 소급할 수 있다.

②『백서본노자(帛書本老子)』: 1973년 12월 중국 호남성(湖南省) 장사(長沙) 마왕퇴(馬王堆) 한묘(漢墓)에서 백서(帛書)『노자老子』가 발굴되었다. 시기적으로는 기원전 168년 경이다. 백서란 '백' 즉 비단에 글을 쓴 책(書)(=비단으로 된 책)이다. 이에 대한 중요성을 높이 평가하는 경우(대륙 쪽의 학자들)도 있었으나 별 대수롭지 않다는 평가(대만 학자들)도 만만찮았다. 다시 말해서『백서본노자(帛書本老子)』에 대한 학계의 반향은 그리 크지 않았다.

---

13) 아래의 내용은 최재목,『노자』, (을유문화사, 2006), 28-70쪽을 참고하여 정리한 것이다.

백서 『노자』에는 갑본(甲本), 을본(乙本) 2종이 있다. 갑본은 갑본은 진대(秦代)의 판본이고, 을본은 한대(漢代)의 판본이다. 을본은 갑본을 토대로 다듬어진 것으로 보인다. 갑본에 쓰인 많은 가차자가 시간이 흐르면서 점차 어떤 표준 글자 속으로 흡수되어 갔고, 그 결과가 을본에 반영되었다. 두 종류 다 지금의 체제와 달리 '도경(道經)'과 '덕경(德經)'의 순서의 뒤바뀐 것이다. 이렇게 되면 『노자』 상 · 하편을 도경 · 덕경이라는 이름을 붙이거나 『도덕경』이라 부르는 것은 잘못된 것이고 『덕도경』이라 해야 옳을 것이다. 이 『덕도경』의 형태는 학술적으로 매우 중요하다고 생각된다. 물론 그렇다고 도경에서는 도만 논하고 덕경에서는 덕만 논하는 것이 아니며 양자의 내용이 서로 뒤섞여 있다. 지금의 체제와 좀 다른 백서 『노자』의 내용은 통행본(王弼注本을 대표로 해서)과 비교해 볼 때 분장(分章) 체제, 문자 등에서 약간의 차이가 있지만 현행본과 80% 이상 일치한다. 따라서 거의 같은 판본의 계통에 속한다고 할 수 있다. 전국말기의 사상가이자 『노자』의 최초 주석가인 한비자(韓非子)가 처음 보았다는 『노자』는 이 백서에 가까운 것이라 보인다. 그리고 이 책은 위의 곽점촌(郭店村) 초묘(楚墓)의 죽간(竹簡) 『노자』를 대대적으로 개편한 책으로 보인다.

③ 『왕필본노자(王弼本老子)』: 위(魏)나라의 천재적 사상가로서 23세에 죽은 왕필(王弼. 기원후 226-249)이 '16세쯤'에 주석을 단 판본으로 오늘날 흔히 쓰이는 『노자 도덕경(老子道德經)』이다. 왕필은 당시까지 내려오던 여러 텍스트를 자신의 일관된 틀 속에서 정비, 재구성하여 탁월하게 주석한 것으로 현재까지도 가장 훌륭한 것으로 평가를 받고 있다. 보통 이것을 『왕필본노자(王弼本老子)』라고 한다. 지금

까지 우리는 보통 왕필본을 근거로 해서 교정 작업이 진행되어 왔다.

④ 현행본 노자: 이후 대체로 이에 근거하여 송대(宋代)의 목판 인쇄가 성행함에 따라 현행본 노자가 유통되기에 이른다.

위의 주요 판본들을 내용 면에서 대비해보면 다음과 같다.

1. 판본면	2. 내용면		
초간본 노자 ↓ 백서본 노자 기원전 - - - - - - - - - 기원후	백서본	→	왕필본
	덕편, 도편		도편, 덕편 도 (상) 덕 (하)
	도-덕 동등		
	• 도 · 덕의 상하 구별 없음 • 덕은 내재적, 도는 외재적이라는 차이 뿐. 개념적 가치는 동일		• 도는 상위, 덕은 하위 • 우주론적인 관점에서 도를 덕보다 상위에 둠
	3. 형식면		
왕필본 노자 ↓ 현행본 노자	백서본	→	현행본
	• 분장(分章)없이 전체 연결 • 구두점은 있으나 분장(分章)되어 있지 않음		• 81장으로 나뉨 • 언제 지금의 형태로 되었는지는 불분명

초간본에는 없지만, 백서본, 왕필본에는 등장하는 〈도가도비상도(道可道非常道), 명가명비상명(名可名非常名)〉과 같은 구절들에서 초월적인 상도-상명과 같은 사유방식을 볼 수 있다. 이것은 도가사상의 전개선상에서 이른바 '도(道)'를 중시하는 그룹(道派)들이 큰 세력을 얻었음을 보여준다. 여기서 〈도생일(道生一), 일생이(一生二), 이

생삼(二生三), 삼생만물(三生萬物)〉의 멋진 도식이 나온다.

반면 초묘 죽간본인 『태일생수편(太[14]一生水篇)』에 보이는 〈태일생수(太一)生水)〉[15]의 사상에서는 '물'을 중시한다. 『태일생수편』의 전반부에 우주생성론이 있는데, 그 과정에 '도(道)'는 드러나 있지 않고, '태일(太一)'을 절대자로 하는 체계로 이루어져 있다. 이 글을 지은 사람은 '도'가 아니라 '태일'을 우월적인 존재로 평가하여 우주생성의 중심에 앉힌 것으로 보인다. 결국 '태일생수'파는 중국사상사 속에서 쇠퇴, 소멸하고 '도'파(=『노자』의 '도'파)가 최종 승리를 했다고 볼 수 있다.[16] 중국의 역사 속에서 진시황 전후 출현하는, 중국 내의 '문명-제도-권력의 통일'제국 사유모형에서는 '물'보다는 '도'가 유용했을 것이다.

어쨌든, '초간본에서 백서본·왕필본으로' 전환하며 초월적인 '상도-상명'의 사유방식을 모색한 것은 '사상'이 '정치권력-시대성-대중성'과의 연계라는 보다 너른 차원으로 나아갔다는 점에서 - 이것을 불교를 염두에 두고 억지로 분류를 시도한다면 - '소승 도가'에서 '대승도가'로의 전환을 보이는 대목들이라 평가할 수 있겠다. 더욱이 '대승도가'의 절창 단계는 '장자(莊子)'이며, 그 오케스트라는 [노자+장자]+도교'의 연계에 이르러서 가능했다.

---

14) 경우에 따라서 大 자로도 쓴다.
15) 노자에도 水 중시가 나오며, 초묘 죽간본 『太一生水篇』은 중국판 탈레스라 할만한, 만물의 근원을 물로 본 노자 계열의 책이다. 당시 이미 별도의 사유 흐름을 보이고 있다.
16) 淺野裕一, 『圖解雜學 諸子百家』, (ナツメ社, 2008), 174쪽 참조.

3. 붓다와 노자, 무엇이 같고 다른가?

위의 내용을 살펴본다면 붓다와 노자의 논의 범위를 좁혀야할 필요성을 알아차릴 것이다.

그래서 여기서는 『초간본노자』와 붓다와 그의 직제자(直弟子)들의 가르침이 담긴 『아함경』의 내용에 초점을 맞추고 논의를 진행하고자 한다.[17]

결론부터 미리 말해둔다면, 근본불교의 연기법(緣起說), 무아(無我), 사제설(四諦說), 팔정도(八正道), 중도(中道)는, 노자에서 말하는 무(無), 자연(自然) 등의 의미와 일부 닮아있으나, 여러 면에서 내용이 다르다. 나(我, 自)의 긍정과 부정, 현상 세계의 인정과 불인정, 항상됨(常)의 인정과 불인정, 사대(四大)의 차이점 등등이 그것이다. 이러한 붓다와 노자의 사상적 동이점을 살펴보는 것이 중요하다.

1) 나(我, 自)에 대하여

붓다는 '나(我, 自)'를 부정한다. 『아함경』에서는 '나(=자아)'에 해당하는 것이 〈명(정신적 존재)+색(물질적 존재. 地水火風=四大)〉 즉 '오온'(五蘊. 혹은 五陰)='색수상행식'(色受想行識)이다. 오온의 '온'은 집적(=여러 가지 인연화합물)을 의미하는 산스크리트어 'skandha'의 번역어이다. 나(=자아. 我, 自)는 오온의 인연법 즉 연기(緣起) 법칙에

---

17) 이 글에 인용된 원문은, 편의상 『초간본노자』는 최재목, 『노자』, (을유문화사, 2006)를, 초기불교 관련 내용은 곽철환, 『불교길라잡이』, (시공사, 2003)를 참고하였다. 다만 부분적으로 수정한 곳이 있음을 밝혀둔다.

의한 '화합물'이기에 결국 존재하는 것이 아니다. 여기서 무상(無常)과 무아(無我), 일체개고(一切皆苦)를 이끌어낸다.

그렇다면 예를 들어 설명해보자. 여기 두 개의 갈대 묶음이 있다고 하자. 그 두 개의 갈대 묶음은 서로 의존하고 있을 때는 서 있을 수 있다. 그러므로 이것이 있으므로 저것이 있고, 저것이 있으므로 이것이 있다.

그러나 두 개의 갈대 묶음에서 어느 하나를 떼어낸다면 다른 한 쪽은 넘어질 것이다. 그러므로 이것이 없으므로 저것이 없고, 저것이 없으므로 이것 또한 없는 것이다.[18]

"수루나(輸屢那)야, 어떻게 생각하느냐? 신체는 불변하느냐, 변하느냐?"

"세존이시여, 변합니다."

"변한다면, 그것은 괴로운 것이냐, 즐거운 것이냐?"

"세존이시여, 괴로운 것입니다."

"변하고 괴로운 것이라면, 그것을 관찰하여 이것은 '내 것'이다, 이것은 '나'다, 이것은 '나의 본질'이다고 할 수 있겠느냐?"

"세존이시여, 그럴 수는 없습니다."[19]

이에 대해 노자는 니(自·我)를 긍정'한다. 그가 준거로 삼는 개념이 바로 자연(自然) 즉 '스스로 그러하다'이다. 노자에는 『초간본노

---

18) 『南』相應部經典2, 163쪽, 로如來所說(1).
19) 『南』相應部經典3, 75쪽, 輸屢那(1).

자』와 『왕필본노자』를 포함하여 '자연'의 용례가 4회 나온다.

> 悠兮其貴言, 功成事遂, 百姓皆謂我自然[20)
>
> 느긋이 그 '말'을 '귀하게 여긴다' 그러므로 '공'이 이루어지는데도 백
> 성들이 모두 "내가 스스로 그렇게 한다"라고 말한다.

> 希言自然.[21)
>
> 말수가 적어진 것이 스스로 그러한 것이다.

> 人法地, 地法天, 天法道, 道法自然.[22)
>
> 도는 (만물들이) 스스로 그러한 것을 본받은 것이다.

> 是以聖人…以輔萬物之自然, 而不敢爲[23)
>
> 그래서 성인은 … 만물이 스스로 그러한 것을 도와서, 감히 하지 않
> 는 것이다.

노자의 「자연(自然)」은 명사가 아니고, 「스스로(저절로가 아님) 그러
하다」의 뜻이다.[24) 다시 말해서 즉 남(=타자)의 힘을 빌지 않고 그 스

---

20) 『초간본노자』 병본 제1장.
21) 『왕필본노자』 제23장.
22) 『초간본노자』 갑본 제11장.
23) 『초간본노자』 병본 제3장. 원래 문장은 이렇다: 是以聖人欲不欲, 不貴難得之貨. 學
 不學, 復衆人之所過. 以輔萬物之自然, 而不敢爲.
24) 자연(自然)의 자(自)는 「저절로」·「스스로」 이외에 원자(原自)·본자(本自)·고
 자(固自)라는 결합어에서도 알 수 있는 것처럼 「본래」·「원래」의 뜻을 가지고 있
 다. 따라서 자연이란 「이렇게 되어 있는」 자연적 상태임과 동시에 「이렇게 될 수밖
 에 없는」 본래적 상태이기도 한 것이다. 이것은 주자가 「이(理)는 능히 그러함(能

스로의 힘에 의해 그렇게 생성, 발전, 변화, 전개해 가는 것을 형용한 '형용사 혹은 형용동사'이다. 예컨대, 천지자연(天地自然: 천지가 스스로 그러하다)처럼 천지만물에 내재하는 힘(작용, 활동)을 형용한 것이다.

따라서 현대적 의미의 자연(nature) 즉 우리 바깥 세계에 존재하는 물리적 대상물을 의미하지 않는다. 자연이란 말은 「스스로 그러하다」 (『노자(老子)』 쪽의 해석)는 개체적 의미와 「저절로 그러하다」(『장자(莊子)』 쪽의 해석)는 전체적 의미의 두 뜻을 모두 가지고 있다.

한자어에서 '스스로'·'나'의 뜻인 '자(自)'라는 글자는 원래 숨을 쉬는 '코 비(鼻) 자'의 형상에서 왔다. 숨 쉼이 없이는 '나'라는 존재가 없다. 중국인들이 자신을 가리킬 때 흔히 '워(我)(=나)'라고 말하면서 자신의 코를 손가락으로 가리키는 것도 이런 전통에서 나온 것이다. 숨을 들이 쉬는 코가 없이는 내가 없을 터이니 코를 향해 나라고 가리키는 것이 이상할 리 없다. 옛날 중국의 화가들은 초상화를 그릴 때도 코부터 시작하였다. 사람의 시작이 코라는 믿음 때문이다. 코가 없다면 사람이 될 수 없기 때문이다. 아울러 가장 시초가 된 조상을 보통 '비조(鼻祖)'라고 하고 처음 낳는 아들(長子·長男)을 '비자(鼻子)'라고 하였는데, 이것은 옛날 중국인들의 생물학적 상식으로 임신을 하면 뱃속의 아이가 신체 기관 중에서 코를 가장 먼저 형성한다고 믿었기

然), 반드시 그러함(必然), 마땅히 그러함(當然), 저절로 그러함(自然)의 뜻을 겸하고 있다(理有能然, 有必然, 有當然, 有自然處, 皆須兼之)」(『朱子大全』권57, 「答陳安卿」(3))고 말하는 것에서도 잘 드러나 있다. 어쨌든 중국 고대의 자연이란 말은 현대의 자연물, 자연현상의 의미에 가까웠던 것이 아니었지만 그것이 차츰 현대적 의미의 자연에 가까워지는 것은 위진(魏晋) 이후의 일이다. 최재목, 『멀고도 낯선 동양』, (이문출판사, 2004), 135-36쪽을 참조하여 정리하였음.

때문이다. 바로 코는 인간의 '시작 · 시초'를 의미하고, '맨 처음'이라
는 의미로도 바뀐다.

〈鼻, 호흡, 自, 나, 맨처음〉의 상관 관계			
코(= 鼻): 숨(호흡) →	自	나 · 자신 · 스스로의 성립	개체, 我(자아)의 근거
		시작 · 시초 · 맨 처음	鼻祖, 鼻子

이처럼 「스스로」 · 「나」의 뜻인 한자 「자(自)」라는 글자는 원래 숨
을 쉬는 코 「비(鼻)」 자의 형상에서 왔다. 생각해보면 「나」 · 「스스로」
는 호흡(呼吸)하는 존재이며, 호흡을 할 때 비로소 「나」 · 「스스로」는
성립하는 것이다. 호흡(呼吸)의 호(呼)는 날숨(내쉼)이고, 흡(吸)은
들숨(들이마심)이다. 이러한 호흡활동이 정지하면 생명을 다한 것으
로 본다. 그래서 우리는 죽은 것을 '숨이 넘어갔다', '숨이 멎었다', '숨
을 거두었다', '숨이 끊어졌다' 등으로 표현한다. 이처럼 우리말에서도
생명은 숨(=호흡)과 관련이 깊다. 삶은 '숨쉼'이며, 죽음은 '숨 거둠',
'숨 멎음'이다.[25]

노자에서 결국 나는 부정되는 것이 아니라 긍정되고 있다. 스스로
그러한 것은 부정되지 않고 긍정됨으로써 우주만물의 객관적 법칙으
로서 용인된다. 그렇다면 도-자연-무는 모두 실체로서 긍정된다고 할
수 있다.

모든 존재가 자연에 근거하니 당연히 도(道)도 그렇다. 이것을 노
자는 '도법자연(道法自然)'이라 했다. 자연은 다른 말로 하면 '무(無)'

---

25) 최재목, 『노자』, 을유문화사, 116-119쪽 참조.

이다. 「천하의 만물(=개별 사물들)은 '유'(有. 있음 일반)에서 생겨나왔고, 유는 '무'(無. 없음)에서 생겨나왔다(天下萬物生於有, 有生於無)」[26]고 할 때의 '무(無)'이다. 무는 곧 자연을 말한다.[27] 무명(無名), 박(樸. 朴)으로도 표현한다.

2) 현실 세계의 인식에 대하여

근본불교에서는 연기법에 입각하여 '오온개공(五蘊皆空)'을 논하며, 부파불교의 설일체유부(說一切有部)에서 '5위75법'을 내세워 아공법유(我空法有)를 주장하나, 결국 대승불교로 넘어가면 용수에 의해 다시 아공법공(我空法空) 논의는 지속된다.

초간본 『노자』에서는 사실 아공법유니, 아공법공이니 등의 논의에는 사실 별 관심이 없다. 노자의 관심은 개인이든 통치자의 통치방식이든 모두 '스스로 그러한 것'(자연)에 근거하라는 것이다. 그래서 초간본 『노자』 갑본 제1장에서는 "지모를 끊고 괴변을 버리면(絶智弃辯), 백성들(에게 돌아가는) 이익은 백배나 된다(民利百倍)"로 시작하여, 「소박함을 드러내고 순박함을 간직하며(示素保樸), 사사로움을 줄이고 욕심을 적게 한다(少私寡欲)」로 끝맺고 있다. 이렇듯 노자는 천지만물의 현상세계도 그대로 '유'로서 인정하고, 자연에 입각한 욕

---

26) 『초간본노자』갑본 제19장.
27) 그런데, '天地萬物生於有, 有生於無'의 '무'를 두고 王弼(226-249)과 郭象(252-312)의 의견은 갈린다. 즉 王弼(226-249)은 실제로 존재하는 것(실체)으로 보고 '무에서 유가 나왔다'고 간주한다. 이에 대해 郭象(252-312)은 무는 아무 것도 없는 것이기에 유는 무한 자유라고 보는 것이다. 전자는 무위이기에 자연이라고 보는 '無爲+自然'이고, 후자는 원인 자체가 없다고 보는 '無因(=虛無)+自然'이다.

망도 긍정한다. 궁극적으로는 욕망이나 작위를 줄이고 줄여 가서 무위-자연에 이르자는 것이다.[28] 계속 마이너스를 시켜가서 결국 무위자연에 도달하자는 것(損之又損, 以至於無爲)이 노자의 주장이다. 그래서 노자에게는 자연스런 자신의 삶을 긍정하는 태도가 있으며, 붓다처럼 나와 세계가 무상(無常)하므로 고통(苦)이고 하는 식의 부정적 논법을 보이지는 않는다.

3) 상(常)에 대하여

붓다는 상(常: 현재의 지속)을 인정하지 않는다. 모든 것은 '무상(無常)'하다고 한다. 덧없다는 것이다. 무상하기에 그것을 '고통(苦)'으로 여긴다.

생로병사의 사고(四苦). 여기에다 애별리고(愛別離苦) · 원증회고(怨憎會苦) · 구부득고(求不得苦) · 오음성고(五陰盛苦)를 합하여 팔고(八苦), 등등. 모든 것을 고통이다. 이것을 총괄하여 일체개고(一切皆苦)라 한다. 모든 사물은 생기고, 머물고, 변화하고, 소멸한다(生住異滅). 이루어져서, 머물다, 무너지고, 공한 것이 된다(成住壞空). 그래서 붓다는 말한다.

---

28) 『초간본노자』을본 제2장에는 이렇게 있다.爲學日益: 배우게 되면 나날이 배울 것이 더하게 되고爲道日損: (무위의) 도를 행하게 되면 나날이 할 일이 줄어들게 된다. 損之又損: 덜고 또 덜어서 以至於無爲: 무위에 이르게 한다.無爲而無不爲: 그러나 무위를 하나 하지 않음이 없다. 取天下, 常以無事: 천하를 취하려면 항상 일삼아 함이 없음으로써 해야 한다. 及其有事, 不足以取天下: 일삼아 하려고 함이 있다면 천하를 취하기에 부족하다.

모이는 성질을 가진 것은 모두 흩어지는 성질을 가지고 있다.[29]

비구들아, 신체감각표상의지의식은 무상하다. 이것들을 일어나게 한 원인과 조건도 또한 무상하다.
비구들아, 무상한 것에서 일어난 것들이 어떻게 영원하겠는가?[30]

붓다는 무상한 것이니, 고통이라고 한다. 그래서 고통을 만드는 것들은 모두 벗어나야만 한다. 그런데 이에 비해 노자는 '스스로 그러한'(자연) 우주의 모든 작용은 벗어나야 하는 것이 아니라 그것을 자각하고 그대로 따라야 한다고 생각한다. '스스로 그러한'(자연)을 노자 '상(常)' 즉 '항상된 것'이라고 표현한다.

조화하는 것을 항상된 것(常)이라 하고,
조화를 아는 것을 명철함(明)이라 하고,
생명을 일부러 보태려는 것(益生)을 괴이하다고 하고,
마음이 기를 부리는 것을 강하다고 한다.
사물이 강해지면 쇠퇴하게 된다(物壯則老).
이것은 도를 따르지 않음을 말한다.[31]

아울러 『왕필본노자』제7장에서는「천장지구(天長地久)」의 지속성을 운운하며[32] 〈天-久(시간성-지속성), 地-長(공간성-연장성)〉을 인

---

29) 『南』相應部經典6, 339쪽, 如來所說(1).
30) 『南』相應部經典3, 35쪽, 因(1).
31) 『초간본노자』갑본 제17장.
32) 天長地久. 天地所以能長且久者, 以其不自生, 故能長生. 是以聖人後其身而身先, 外

정한다. 이미 주어진 '천지=시공간'의 항상성(常)을 인정하고 부정하려 들지 않는다.

노자는 한술 더 떠서, 사람 다스리고 하늘 섬김에 '인색(아낌)'만한 것이 없다고 하면서, 이러한 기본 원리에 충실한 것이 바로 '뿌리를 깊게 하고 바탕을 굳게 다지는 것', '오래 살고 멀리 내다보는 도'라고까지 말한다.

사람을 다스리고 하늘을 섬기는데 '아낌(嗇嗇. 농사짓는 것)'만한 것이 없다.

오직 인색할 뿐이다. 이로써 '일찍 (무위자연의 도에) 따르는 것'이다.

'일찍 (무위자연의 도에) 따르는 것'을 '두텁게 덕을 쌓는다'고 말한다.

두텁게 덕을 쌓으면 '이겨내지 못할 것이 없다.'

이겨내지 못할 것이 없으면, 그 '끝(끝간 데=극한)을 알 수가 없다'.

그 끝을 알 수가 없게 되면, 나라를 소유할 수가 있다.

(이와 같이) 나라(를 다스리는) 어미(=근본)를 소유하면 장구(=영원)할 수가 있다.

이것을 뿌리를 깊게 하고 바탕을 굳게 다지는 것(深根固柢)이라 하며, '오래 살고 멀리 내다보는 도(長生久視之道)'라고 한다.[33]

4) 사대(四大)에 대하여

붓다는 우주를 구성하는 다섯 가지 요소의 '집합(蘊)' 즉 오온(五蘊)

其身而身存. 非以其無私邪. 故能成其私.
33) 『초간본노자』을본 제1장.

을 말한다. 신체를 포함한 '물질 세계=외부 세계'인 ①색(色), '정신 세계=내부세계'의 작용인 ②감각(受), ③표상(想), ④의지(行), ⑤의식(識)을 말한다. 오온은 우주의 극미와 극대, 세(細)와 추(麤)를 모두 포함한다. 이 가운데 색은 네 가지의 구성요소=사대(四大)를 가리킨다. 그러나 이것은 결국 긍정되는 것이 아니라 고통(苦)의 요인들로서 부정되고 만다. 붓다는 말한다.

> "세존이시여, '고(苦), 고'하시는데, 어떤 것을 고라고 합니까?"
> "라타(羅陀)야, 신체는 고요, 감각은 고요, 표상은 고요, 의지는 고요, 의식은 고다.
> 라타야, 나의 가르침을 들은 제자들은 이렇게 관찰하여 신체를 싫어하고 떠나며, 감각 · 표상 · 의지 · 의식을 싫어하고 떠나 거기에 집착하지 아니한다. 집착하지 않음으로써 해탈에 이른다.[34]

이에 대해 노자의 사대(四大)는 다르다. 더욱이 그것들은 부정되어야 할 것이 아니라 '자연'='도' 안에서 모두 있는 그대로 긍정되고 있다.

> 어떤 무엇(한 물건: 物)이 있었는데, 혼연일체로 이루어진(=混成) 무엇이었다.
> 그것은 소리로도 들을 수 없고, 형체로도 보고 만질 수 없다. 그러나 그것은 (어떤 다른 것과 짝을 이룰 수 없는 것으로) 혼자 우뚝 서 있으며, 작용을 바꾸지 않는다.
> 두루 운행하여서 쉬지 않는다. 그래서 천하의 어미(母)가 될 수 있다.

---

34) 『南』相應部經典3, 308쪽, 苦(1).

나는 천지 이전에 있었던 그 무엇의 이름(=본명)을 모른다. 본래 이름이 없으니 부를 수도 없지만 억지로 별명을 붙여서 '도'라고 해둔다. 억지로 이것을 대(大: 위대함 광대함)라고 이름 붙인다.

(중략)

그러므로 도(道)도 크고, (그 작용에 의해 만들어져 그 원리를 내재한) 천(天)도 크고, 지(地)도 크고, 왕(王. 인간의 대표)도 크다.

이 세상(域[35]=우주)에는 네 가지의 큰 것, 즉 도 · 천 · 지 · 왕(인)이 있는데, 왕은 그 중의 하나의 구성요소로 존재한다.[36]

사람은 땅을 본받았으며, 땅은 하늘을 본받았으며, 하늘은 도를 본받았으며, 도는 '스스로 그러하다'(自然)는 것을 본받은 것이다(人法地, 地法天, 天法道, 道法自然).[37]

여기서 '도법자연(道法自然)'이라는 것은 도(道) 그 상위 차원에 다시 모범으로 할 만한 자연이 또 다시 존재한다는 것이 아니다. 그래서 사대(四大)의 논리적 프로세스는, 〈자연 → 도 → 천 → 지 → 인〉이 아니라, 〈도(=자연) → 천 → 지 → 인〉가 된다. 다시 말하면 '도법자연'은 – 다른 문자적 표현도 가능하겠지만 – 도의 '내용을 새롭게 해석하여'「스스로 그러하다」는 형용사(혹은 형용동사)로, 세계와 사물이 본래 가지고 있는 '자율성 · 능동성'을 한정해둔 것이다.

도를 실현하는 가장 궁극적인 요소는 천지이다. 그 가운데 인간이

---

35) '역'은 상하사방(上下四方)의 무한공간(=宇)과 고금왕래(古今往來)의 무한시간(=宙)을 말한다. 무한공간(宇의 끝)을 무극(無極)이라 하고, 무한시간(宙의 끝)을 무궁(無窮)이라 한다.
36) 유가(儒家)에서는 인간이 위대하다, 만물의 영장(靈長)이다 라고 하지만 노자는 인간을 우주 속의 아주 미세한 한 구성 요소로 본다.
37) 『초간본노자』갑본 제11장

위치한다. 따라서 노자가 말하는 사대는 붓다가 말하는 사대 즉 '지수
화풍(地水火風)'이 아니다. 이미 우리 앞에 드러나 있는, 우주의 중핵
구성 요소들인 〈①도(=자연), ②천, ③지, ④인〉은 종래 유가에서 상정
한 삼대(三大) 즉 삼재(三才)=삼극(三極)인 천지인(天地人)을 넘어서
있음을 과시한 것이기도 하다.

5) 투쟁에 대하여

노자와 붓다 어느 쪽이든 '투쟁'을 부정하며, 비폭력 평화사상을 지
지한다.

붓다는 살생을 하지마라고 한다. 「살생을 하는 사람은…자신의 뿌
리를 파헤치는 것이다.」[38]라고 경고한다. 말년에 붓다는 코사살국의
비두다바왕이 석가족을 멸망시킬 때에, 그 폭력 앞에 저항하지 않았
다. 『쌍윳따니까야』에는 붓다와 뿐나의 대화 가운데 무저항 비폭력주
의가 잘 드러나 있다.

> "뿐나여, 그러나 만약 쑤나빠란따까의 사람들이 그대를 몽둥이로 때
> 리면 뿐나여, 그때는 어떻게 할 것인가?"
> "세존이시여, 만약에 쑤나빠란따까의 사람들이 저를 몽둥이로 때리
> 면, 그때 저는 이와 같이 말하겠습니다. '나를 칼로 베지 않으니 쑤나빠
> 란따까의 사람들은 매우 친절하고 쑤나빠란따까의 사람들은 아주 친절
> 하다.' 세상에 존경받는 분이시여, 그때는 이와 같이 말할 것입니다. 바
> 른 길로 잘 가신 분이시여, 그때는 이와 같이 말할 것입니다."

---

38) 『南』小部經典1, 法句經, 千品.

"뿐나여, 그러나 만약 쑤나빠란따까의 사람들이 그대를 칼로 벤다면 뿐나여, 그때는 어떻게 할 것인가?"

"세존이시여, 만약에 쑤나빠란따까의 사람들이 저를 칼로 벤다면, 그때 저는 이와 같이 말하겠습니다. '나에게 날카로운 칼로 목숨을 빼앗지 않으니 쑤나빠란따까의 사람들은 매우 친절하고 쑤나빠란따까의 사람들은 아주 친절하다.' 세상에 존경받는 분이시여, 그때는 이와 같이 말할 것입니다. 바른 길로 잘 가신 분이시여, 그때는 이와 같이 말할 것입니다."

"뿐나여, 그러나 만약 쑤나빠란따까의 사람들이 그대에게 날카로운 칼로 목숨을 빼앗으면 뿐나여, 그때는 어떻게 할 것인가?"

"세존이시여, 만약에 쑤나빠란따까의 사람들이 저에게 날카로운 칼로 목숨을 빼앗으면, 그때 저는 이와 같이 '세존의 제자는 육체적 관점이나 생명적 관점에서 오히려 괴로워하고 참괴하고 혐오하여 자결하길 원한다. 나는 목숨을 구걸하지 않고 자결하겠다.'라고 말하겠습니다. 세상에 존경받는 분이시여, 그때는 이와 같이 말할 것입니다. 바른 길로 잘 가신 분이시여, 그때는 이와 같이 말할 것입니다."

"뿐나여, 훌륭하다. 훌륭하다. 그대가 그러한 자제력을 갖추고 있다면 쑤나빠란따까 지방에서 지낼 수 있다. 그대는 지금이 그때이다 라고 하고자 하는 일을 행하라."[39]

노자 또한 다투지 않는 것(不爭)을 원칙으로 한다. 즉 성인의 통치에서는 백성과 다툼이 없어야 백성 위에 군림할 수 있으며, 전쟁을 해서는 안 되며 부득이 전쟁을 한 경우라도 절대로 기뻐할 일이 아니라

---

39) 전재성,『우리말 쌍윳따니까야』(6권), (한국빠알리성전협회, 2007) 251쪽.

상례를 치르는 마음으로 임해야 함을 언급한다.

> 성인이 백성의 앞에 있는 것은
> 몸을 뒤로 물리기 때문이다.
> 그(성인)가 백성의 위에 있는 것은
> 그들에게 말을 낮추기 때문이다.
> 그가 백성 앞에 있지만
> 백성들은 (그를) 해롭다고 생각하지 않는다.
> 천하가 즐겁게 (그를) 떠받들며 싫다하지 않는 것은
> 그가 다투지 않음(不爭)으로써 다스리기 때문이다.
> 그러므로 천하가 잘 그와 더불어 다툴 수가 없다(天下莫能與之爭).[40]

> 군자는 평상시에는 왼쪽을 높이고,
>   전쟁을 할 때에는 오른쪽을 높인다.
>   그러므로 "병기는 군자의 기물이 아니다(兵者, 非君子之器也)"라고
> 말한다.
>   병기는 부득이 해서 쓰는 것이다.
>   조용히 담담한 것이 제일이니, (전쟁을) 미화하지 말라(弗美).
>   전쟁을 미화한다면, 이것은 살인을 좋아하는 것(樂殺人)이다.
>   대저 살인을 좋아하고서는 천하에 뜻을 펼 수 없을 것이다.
>   그러므로 길사에는 좌측을 높이고, 상사(=흉사)에는 우측을 높인다.
>   이 때문에 (일군을 통솔하는 낮은 위치의) 편장군은 좌측에 자리하고
>   (전군을 통솔하는 가장 높은 지위의) 상장군이 오른쪽에 자리하는

---

40) 『초간본노자』갑본 제2장

것은

상례에 따라 자리를 잡는다는 말이다.[41]

왜냐하면 많은 사람을 죽였기에,

비통한 마음으로써 임하며

전쟁에 이겼으면 상례로써 마무리한다.[42]

6) 욕망에 대하여

붓다는 번뇌의 불꽃을 꺼버리는 것 즉 니르바나(Nirvana)를 목표로
한다. 열반적정(涅槃寂靜)이 수행의 궁극 목표이다. 붓다는 말한다.

이 인생은 괴로움으로 가득 차 있다. 그것은 탐욕과 노여움과 어리
석음 때문이다. 나는 괴로움을 없애는 방법을 가르치는 것이다. 격렬한
탐욕의 불꽃이 없어지면 불안이나 괴로움도 없어진다. 훨훨 타오르던
불도 그 땔감이 다하면 꺼져버리는 것과 같다. 그것을 나는 열반이라고
한다.[43]

나의 가르침은 열반에 이르는 것이 목적이다. 우리들이 이 거룩한 수
행을 하는 것은 모두 열반에 이르기 위한 것이며, 열반에서 끝나는 것

---

41) 군자거즉귀좌, 용병즉귀우의 관례는 다음과 같이 정리할 수 있다.

평시(平時)		전시(戰時)	
좌	우	좌	우
높임	낮춤	낮춤	높임

42) 『초간본노자』을본 제3장
43) 『南』中部經典2, 312쪽, 婆蹉衢多火喩經.

이다.[44)]

노자는 욕망을 줄여서 '자연=스스로 그러하다'의 범위에 그치는(=만족하는) 선에서 긍정한다. 전면 부정이 아니다. 더욱이 그는 생명, 신체를 있는 그대로 긍정한다.

노자는 가능한 한「(안다고 하는 자들의 감각과 인식의) 구멍을 막고, 그 문을 닫으며(閉其穴, 塞其門), 그 (지식과 감각의) 빛을 주위와 조화롭게 하고 티끌과 통하게(和其光, 通其塵)」[45)]하라 한다. 인간의 날카로운 감각과 인식을 자연스런 경지에까지 누그러뜨려서 '빛나는 태양'처럼 해서는 안 되도록 막아야 한다고 생각하였다. 왜냐하면 인간의 욕심이 죄를 범하게 하고, 욕심의 결과 죄는 자꾸 증대되어 끝내 인간을 죽음으로 몰고 가게 된다는 것이다.

> 죄는 욕심 부리는 것보다 더 무거운 것이 없고[46)]
> 허물은 (자기 것으로) 얻으려는 것보다 분에 넘침이 없고
> 화는 만족을 모르는 것보다 큰 것이 없다.
> (이미 가지고 있는 그 상태로) 만족함을 아는 것이야말로
> (죄 · 허물 · 화가 없는) 항상 만족함의 상태이다.[47)]

이름[명칭]과 몸[생명], 어느 것이 절실한가?

---

44) 『南』相應部經典3, 297쪽, 魔.
45) 『초간본노자』갑본 제15장
46) 이 구절은 『신약성경』의 「야고보서」1장 15절:「욕심이 잉태한즉 죄를 낳고, 죄가 장성한즉 사망을 낳느니라」는 구절과 흡사하다.
47) 『초간본노자』갑본 제3장

몸과 재화, 어느 것이 소중한가?

얻음과 잃음, 어느 것이 병통인가?

심한 애착은 반드시 큰 대가를 치른다.[48]

(중략)

그러므로 족함을 알면 욕되지 않고,

멈출 줄을 알면 위태롭지 않아서,

(개인적 생명이든 통치자의 정치적 생명이든) 장구할 수 있다.[49]

7) 삶에 대하여

붓다는 '사문유관(四門遊觀)'의 은유적 이야기에서 보듯이, 인생을 '생로병사'의 '고통(苦)' 속에 있다고 보았다. 그리고 그런 고통 속의 삶은 본래 허망한 것, 환영(幻影), 포말(泡沫) 같은 것이라 상정하였다. 애당초 붓다의 생모가 마야(摩耶) 즉 환(幻, Maya)이 아니었던가? 그는 마야에서 태어나서 결국 삶이 마야임을 깨닫고, 그의 색신(色身)을 다시 마야 속으로 떠나보냈다. 붓다는 삶을 허망한 것으로 부정하고 있다.

비구들아, 갠지스강의 물결을 보아라. 잘 살펴보면 거기에는 실체도 없고 본질도 없다.

---

48) 불교의 12연기 즉 「무명(無明)→행(行)→식(識)→명색(名色)→육처(六處)→촉(觸)→수(受)→애(愛)→취(取)→유(有)→생(生)→노사(老死)」에서 애'(=욕구·갈망)의 다음에 '취'(집착)가 온다. 무언가를 '사랑하면' '집착'이 생기니, '애'와 '착'을 붙여서 '애착'이라 한다.
49) 『초간본노자』갑본 제18장

비구들아, 어떻게 물결에 실체와 본질이 있겠는가?

신체(色)는 물결

감각(受)은 물거품

표상(想)은 아지랑이

의지(行)는 파초

의식(識)은 허깨비

이것이 세존의 가르침이다.[50]

이에 비해 노자는 긍정한다. 즉 노자는 '아자연(我自然)'을 목표로 한다. '아자연'이란 '내가 스스로 그러하다'는 의식이다.

가장 높은 덕을 가진 왕(太上)은 아래 사람들이 그가 있음을 알 뿐이요(知有之).

그 다음의 왕은 아래 사람들이 그를 친근하고 자랑스럽게 여기고(親而譽之)

그 다음의 왕은 아래 사람들이 그를 두려워하며(畏之)

그 다음은 아래 사람들이 그를 업신여긴다(侮之).

윗사람의 미더움이 부족하여서, 아래 사람들의 불신이 생긴다.

느긋하게 '말'(모든 언어적 지시사항)을 가볍게 시행하지 않는다.

그러므로 '공'이 이루어지고 일이 완수되는데도, 백성들이 모두 "내가 스스로 그렇게 한다"라고 말한다(百姓皆謂我自然)[51]

남이 밖에서 시키는 것='타연(他然)'이 아니라 '스스로 그러하다'는

---

50) 『南』相應部經典3, 219쪽, 泡沫.
51) 『초간본노자』병본 제1장

것='자연(自然)'이라면 최상의 삶으로 긍정한다. 매사 '내가 스스로 한다'는 의식 속에서 살아가면 행복한 삶이다.

최상의 통치는, 리더가 있건 말건 각자 '나 스스로가 한다'는 의식으로 살아가게 만드는 것이다. 그런 사회가 바로 이상사회이다.

4. 나오는 말 – 정리 및 남는 문제들 –

위의 논의를 총괄하여 정리하면 다음의 표와 같다.

순서	내용	노자 VS 붓다
1	나(我, 自)	긍정 ↔ 부정 我 ↔ 無我
2	현상 세계	인정 ↔ 불인정 常(=知和日常) ↔ 無常 天地萬物(=法有) ↔ 法無/空
3	상(常)=현재의 지속	긍정 ↔ 부정
4	사대(四大)	人地天道(=自然) ↔ 地水火風
5	투쟁, 전쟁	부정(공통)
6	욕망	긍정 ↔ 부정
7	삶	긍정 ↔ 부정

우리는 논의를 통해서, 노자는 기본적으로 제왕학이자 통치의 기술이고, 불교는 해탈의 가르침임을 알게 되었다. 물론 두 사상의 근저에는 공통적으로 자유와 평화, 자연과 자치, 그리고 비폭력이라는 사유가 흐르고 있다는 점도 확인할 수 있었다.

공통점을 뺀 차이점을 두고 볼 때, 한 가지 물음을 던질 수 있다. 두 사상이 발상법의 차이를 보이는 것은 무엇 때문인가? 이 물음에 대해 일찍이 풍우란(馮友蘭. 1895-1990)이 간명하게 정리한 바 있다.

첫째, 외계 실재론을 근거로 출발하였기에 공(空) 이해에 변화가 일어난다. 불교는 일반적으로 「제행무상(諸行無常), 제법무아(諸法無我)」를 표방하여, 외계를 허망하다고 보는 「공(空)」사상이 강하지만, 중국인은 실재론의 입장이어서 외계를 '객관적 실재의 세계'라고 한다. 그래서 「공」의 해석이 달라진다. 즉, 이 세계는 이미 있는 것(有. 실재)이긴 하다. 그러나 諸法은 거짓 명칭이고 진실이 아니기(假號不眞에) 유니 무니 하는 실체를 갖지 않는다. 그러므로 진실[眞]이 없는 것이고 '공'이라는 논리를 편다(→ 僧肇의 「不眞空論」의 '不眞空義'⁵²⁾).

둘째, 인간의 부단한 활동을 중시하기에 열반(涅槃) 이해의 변화가 일어난다. 불교는 「열반적정(涅槃寂靜)」으로 열반, 다시 말해서 최고의 경지를 영적부동(永寂不動. 영원히 적막부동)한 것이라 하나 중국인은 사람의 '활동'(→ 天行建, 君子以自强不息.)⁵³⁾을 중시한다. 여기서 「열반」의 존재방식이 변한다. 그래서 인간의 최고목표는 天人合一(合德)의 '성인(聖人)'이란 인생 경지에 오르는 것이다.⁵⁴⁾

셋째, 자기완성에 대한 낙관·긍정이 있기에 수행법의 변화가 일어난다(積漸 → 頓悟成佛). 불교에서는 수행의 과정이 계급제(카스트제도)와 윤회의 사상의 영향 때문에 일반적으로 '시간'을 들여서 추진하는 단계적인 것(시간의 경과를 중시: 積漸)인 특징을 갖는다. 그런데 중

52) 구체적인 것은 풍우란, 위의 책, 255-257쪽 참조.
53) 『周易』乾卦·象傳.
54) 풍우란, 『간명한 중국철학사』, 정인재 옮김, (형설출판사, 2007), 31-35쪽 참조.

국인은 「누구나 요순이 될 수 있다(人皆可以爲堯舜)」[55]는 낙관적·성
선론적 전통에 기반하기에 '일천제(一闡提: 부처가 될 가능성이 없는
자)도 성불(成佛)할 수 있다'하며 '단박에 깨닫는 것'(頓悟)을 주류로
한다(→ 道生의 頓悟成佛).[56]

　　풍우란은 중국적 전통의 세 가지 기초 위에 인도불교를 수용하고 전
개했다고 본다. 풍우란의 정리에 따르면 중국인들의 사유는 대단히 합
리적이고 현실적임을 알 수 있다. 중국인들은 세계-존재와 인간-인생
방면에서 인도의 사유와 동일하지 않으며, 이런 '중국'의 시공간에서
불교는 합리적으로 재조정되었음을 말해준다.

　이러한 논의에도 불구하고 노자와 붓다의 사상을 비교적으로 논할
경우 몇 가지 여전히 남아 있는 문제들이 있다.
　첫째, '구상과 추상'에 대한 문제이다. 아서 라이트(Arthur Wright,
1913-1976)가 쓴 『중국사와 불교』(원제: Buddhism in Chinese
History)에서는 불교가 들어오기 전까지 이미 정해져있던 '상반된' 중
국과 인도의 사회적, 정치적, 문화적 토대에 따른 '인간 이해의 차이'
를 이렇게 비교한다.

　　인간 이해에 있어, 두 문화전통은 불교의 침투가 시작될 때는 서로
　상반되었다. 중국인들은 각 개인의 인성을 상세히 분석하는 면이 적었
　던 반면, 인도인들은 심리학적 분석을 고도로 발전시켰다. 시간과 공간

---

55) 『孟子』 「告子 下」.
56) 풍우란, 『중국철학사』하, 박성규 옮김, (까치, 2007), 231-232쪽 참조.

의 개념에 있어어도 현격한 차이를 나타냈다. 중국인들은 시간과 공간 모두를 유한한 것으로 생각했고, 시간을 일생·세대 또는 정치적 시대 개념으로 파악하였다. 반면 인도에서는 시간과 공간을 무한한 것으로 여기며, 인생의 단위를 넘어 우주적 영원성 속에서 시간을 파악하였다. 이 두 전통은 사회적·정치적 가치기준에서 더욱더 분명한 차이를 보였다. 가족주의와 개별주의적인 윤리관은 격변기에서도 중국인에게 지속적인 영향을 미쳤던 반면, 대승불교는 가족의 범주를 초월한 구원론과 보편적 윤리관을 가르쳤다. 중국 사상가들이 이상적 현세의 모습에 그들의 관심을 집중시킨 반면, 인도의 사상가들과 불교의 승려들은 내세의 추구에 특별한 관심을 두었다.[57]

아서가 말하듯이, 중국적 사유는 기본적으로 인성과 세계(시공간)의 '현상'을 긍정하는 구상적(具象的) 사유이다. 앞서서 풍우란도 지적하였듯이, 중국적 사유는 현상적 실재를 인정하고 출발한다. 여기서는 추상적 사유가 한계를 갖기 마련이었다. 노자도 예외는 아니라고 하겠다. 이런 사고 유형의 저편에, 인도 좁게는 붓다의 사상이 자리했다. 즉 붓다는 개인의 심리적 내면세계에 집중하고 또한 시간과 공간의 극대·극미 세계를 '초월'하는 형태를 갖는다.

둘째, 직관과 분석의 문제이다. 노자의 경우 이른바 '시적(詩的)'인 관점처럼 '있는 그대로를 직관하라! 그 너머를 더 이상 물어들어가지 마라!'고 한다. 마치 생명을 사랑했고 '소유'에 대립하여 '존재'를 지

---

57) 아서 라이트, 『중국사와 불교』, 양승필 옮김, (신서원, 1994), 60-61쪽. 참고로 이 책은 최효선의 번역으로 『불교와 중국 지성사』(예문서원, 1994)라는 제목으로도 출간되었다.

향했던 괴테가 꽃이 '눈에 띄었을=발견되었을'(Gefunden) 때는 다음과 같은 거부의 목소리를 읽어내야 함을 알았던 것처럼 말이다: 「내가 꺾으려 하자/꽃이 갸날프게 말했네./절 시들도록 굳이/꺾어야 겠어요?」(「발견」)[58]. 괴테는 직관된, 있는 그대로의 자연현상을 그는 존중하고자 한다. 그는 『색채론』에서 빛의 '근본현상=원현상(原現像. Urphänomen)'을 말한다. 파헤치려 하지마라! 인간에게 직관된 영역(=자연)을 넘어설 때 '추상적 인식'(=추상화)이 시작되나 거기부터는 '월권'이라고 생각했다:「도대체 진리가 벗겨도 벗겨도 껍질뿐인 양파란 말인가?/그대들이 그 안에다 넣어두지 않은 것. 그것 꺼낼 수야 없지.」(「분석가」)[59]. 「언어를 해부하겠다는 거지. 하지만 언어의 사체뿐이로구나./정신과 생명은 사나운 해부도에 곧바로 미끄러져 나가버렸구나.」(「언어연구가」)[60] 이처럼, 더 이상을 알고자 자연의 몸을 발가벗기고, 현재 보이는 것 그 뒷편에 손을 집어넣을 때, 자연의 '너머-근저' 즉 '소이연지고'(所以然之故: 그러한 까닭의 이유=근거)'로 들어서는 순간, '정신과 생명'은 '사체'로 변하고, '외경과 신성'은 사라진다고 괴테는 생각했다. 마찬가지로 직관된 '원현상' 그것 이상은 더 묻지마라!는 정신이 노자 철학에 들어 있다. 이것을 '시적 정신'이라 불러도 좋겠다. 덧붙여서, 노자에서는, 있는 그대로의 사물을 인정하는 것처럼, 마음(心)에 관한 한 동일한 입장이다. 있는 그대로의 마음을 인정하고 그것을 추상적으로 분석해가는 노력을 하지 않는다. 중국인들에게 적어도 춘추전국 시기까지 마음(心)에 대한 깊이 있는 자각은 없었다. 중국의 한자에 심(心) 자가 출현하는 것은 공자, 노자가 활동하던 기원전 약 500년경이었다.[61]

셋째, 노자에게는 – 물론 장자의 경우는 다르지만 – 윤회론이 없었다는 점이다. 다시 말해서 불교에서 흔히 이야기 하는 윤회적 사유는 『초간본노자』에서는 보이지 않는다. 아니 이 점은 『백서본-왕필본 노자』에서도 마찬가지이다. 그런데 『장자』에서는, '고기 ⇄ 새'[62]; '나 ⇄ 나비'[63] 혹은 '나 → 닭 → 탄환 → 말'[64]과 같은 물화(物化)의 관점이 있다. 이것을, 억지로 대비를 시킨다면 도가적 '윤회'론으로 꼽을 수 있겠다.

---

61) 이 부분의 논의는 최재목, 「동아시아 양명학자들에게 있어 꿈(夢)과 철학적 깨달음(覺悟)의 문제」, 『양명학』29호, (한국양명학회, 2011.8)로 돌리고 구체적인 논의는 생략한다.
62) 『莊子』「逍遙遊」
63) 『莊子』「齊物論」.
64) 다음의 문장을 보기로 하자: "자여(子輿)가 별안간 앓아누웠다. (중략) 자여는 비틀거리며 우물가로 가서 수면에 자신의 모습을 비추더니 다시 말했다. "아아, 저 조물주가 나를 이렇게 곱사등이로 만들고 말았구나." 자사(子祀)가 말했다. "자네는 그게 싫은 거로 구만." 자여가 대답했다. "아닐세. 어째서 싫겠는가? 점점 내 왼팔이 바뀌어 닭이 된다면 나는 때를 알리겠네. 점점 내 오른팔이 바뀌어 탄환이 된다면 올빼미라도 쏘아서 구이로 만들겠네. 점점 내 엉덩이가 바뀌어 바퀴가 되고 내 마음이 말(馬)이 된다면 그것을 타고 가겠네."(俄而子輿有病 , (중략) 跰(足鮮)而鑑於井, 曰, 嗟乎, 夫造物者又將以予爲此拘拘也, 子祀曰, 女惡之乎, 曰, 亡, 予何惡, 浸假而化予之左臂以爲雞, 予因以求時夜, 浸假而化予之右臂以爲彈, 予因以求鴞炙, 浸假而化予之尻以爲輪, 以神爲馬, 予因以乘之)(『莊子』「大宗師」)

3장

'건달'의 재발견

– 불교미학, 불교풍류 탐색의 한 시론 –

1. 머리말: 잊혀진 불교 풍류인='건달'에 주목하며

이 글은 '건달' 개념을 재음미하면서 불교 미학과 풍류의 한 가능성을 탐색해보는 하나의 시론에 해당한다.

아직 우리 학계에 '불교미학'이란 말이 정착하지 않았다. 그리고 '불교풍류'란 말마저 생소하다. 그러나 다른 종교에도 그렇듯이, 불교에도 불교 나름의 미학과 풍류가 있을 수밖에 없다. 우선 이 논문에서는 '불교미학'이란 용어를 일단 '불교의 미학'이란 뜻으로 사용하고자 한다. 다시 말해서 '불교에 소속된(=관계된) 미학'(=불교·미학)을 의미한다는 뜻이다.[1] 그렇다면 마찬가지로 불교풍류도 '불교에 소속된

---

1) 우선 우리가 여기서 생각해볼 것은 美學이란 말의 점검이다. 즉 미학은 (1)'미의 학 [美之學]'인가? (2) '미즉학[美卽學]'인간 (2) '미와 학[美與學]'인가? 라고 다시 물을 수 있다. (1) '미의 학'은 미에 대한(또는 관한) 학문을 의미 한다. 좀 더 말하면

(=관계된) 풍류'로 말할 수 있다. 그렇다면, 서양의 미(beauty)와 예술
(fine arts) 개념을 불교에 그대로 적용시켜 사용하는 데에는 신중해야
하며[2] 오히려 法과 그에 관련한 법화(法華)[혹은 화엄(華嚴)이나 장
엄(莊嚴)]와 같이, 불교의 문맥 속에서 새로운 개념들을 찾아내는 일
이 시급하다고 하겠다.

　예술이란 어휘 자체는 『후한서(後漢書)』에도 나오는 오래 된 말로
서, 학문이나 기예를 가리켰다. '예(藝)'라는 글자는 그것만으로 '재
주'나 '재능'을 의미하므로, '예술'은 서구어로 art의 기원으로 간주되

　'미의 학'에서 '의' 자는, 〈~에 소유된〉, 〈~에 관계된〉, 〈~에 배치되거나 소속된〉,
〈~라는 개별 영역(분야, 부분) 내〉라는 의미를 갖는다. 따라서 '미의 학'은 ① 미에
소유된 학문, ② 미에 관계된 학문, ③ 미에 배치되거나 소속된 학문, ④ 미라는 개
별 영역(분야, 부분) 내의 학문이라는 뜻이다. '미의 학'이 미 자체 속에서 탐구·모
색되는, 이 점에서 보다 내재적, 주관적인 성향이다. 이것은 미에 중심이 놓여 있고,
미 그 자체에 자신을 배치시키고, 스스로의 감성을 깊이 개입시키는 것이다. 따라서
미의 체험과 구현에 관련이 있어 미를 느낀 자의 실존적 체험과 직관의 기술에 관
심이 있다. (2) '미즉학'은 미가 곧 학문(미=학)이란 말이다. 미와 학문이 분리된 것
이 아니라 미가 곧바로 학문이란 말이다. 미 자체가 곧 학문이라는 것으로 미와 학
문의 동질화이다. 미와 학의 동질성은 양자의 이원화, 이분법적 파악을 허용하지 않
는다. 미의 순수한 구현이 바로 학문이다. (3) '미와 학'은 미와 학문을 말한다. '미
와 학'에서 '와'란 A와 B를 나누는 것 즉 변별, 구별하는 것이다. 당연히 A와 B는 같
을 수가 없다. 따라서 양자는 양분되어 객관적 상대적 거리를 갖는다. 미 자체와 그
것을 대상화 시켜 객관적으로 탐구·모색하는 주체가 부각되는 외재적, 객관적 성
향이라고 할 수 있다. 이것은 학에 중심이 놓여있고, 그렇지 않고 미 바깥에 서서 그
것을 물끄러미 객관적으로 바라보며 미를 개념적으로 파악해 가는 것이다. 따라서
미의 원리화, 법칙화에 관련되어 있고 미학의 역사, 미학의 이론에 주목하며 미학을
체계화 조직화하는데 주력한다.
　佛敎美學도 위의 방식으로 파악할 수 있다. (1) '불교의 미학(佛敎之美學)'인가?
(2) '불교즉미학(佛敎卽美學)'인가? (2) '불교와 미학(佛敎與美學)'인가? 현재 불교
미학은 이런 사실들을 해결하고 나가야만 한다. 여기서는 일단 '불교의 미학(佛敎
之美學)'이라는 입장에서 말하고자 한다.
2) 이에 대해서는 오병남, 「동양미학의 기본개념에 대한 반성」, 『미학강의』, 서울대학
　교출판부, 2004(3쇄).

3章. '건달'의 재발견 85

는 그리스어 테크네(technē)와 마찬가지로 특별한 능력에 의해 어떤
효과를 실현하는 작업을 가리키며, 현대에서 말하는 예술만이 아니라
기술이나 학문을 총괄하고 있었다.[3] 이 점에서는 불교미학 그리고 불
교 풍류는 일단 서양미학의 틀과 개념들을 참고는 하되 불교 그 자체
에 보다 깊이 주목하는 노력이 필요할 것이라 생각한다.

신은경(辛恩卿)은 『風流-동아시아 美學의 근원』라는 저서 속에서
풍류를 '동아시아 미학의 근원'으로서 이해하면서 "'풍류'란 '미적으로
노는 것'이요, 한자 문화권에서의 '미'는 '어떤 상태의 극치를 이루는
것, 어떤 상태의 속성으로 가득 채우는 것'이고, '논다'고 하는 것이 정
신적이고 도를 추구하는 경지까지 걸쳐있는 개념임을 감안할 때 결국
'풍류'란 '예술성 · 심미성을 지향하며 노는 것'이라 할 수 있다"[4](강
조 인용자)라고 요약하고 있다. 그런데 이런 정의에 충실히 한다면, 우
리는 다시 이렇게 물어갈 수 있다: 유교에서는 '예술성 · 심미성을 지
향하며 노는 것'을 살필 수 있는, 우리의 귀에 익은 인간형으로서 선비
[士]가 있다면, 불교에서는 이와 유사한 인간형을 무엇이라고 말할 수
있을까? 우선 이 점에 대해 좀 더 언급을 하고 넘어가기로 한다.

유교의 선비[士]는 성(聖)과 현(賢)의 다음에, 그리고 평민(농공
상)보다는 위에 존재하는 말하자면 '성(聖) → 현(賢) → 사(士) ← 평
민(平民)(농공상)'의 관계 속에 위치한다. 이것은 희랍어 필로소피아
(φιλοσοφία/philosophia)[5]의 번역어인 '철학(哲學)'이 생겨난 논거로

---

3) 사사키 겡이치, 『미학사전』, 민주식 역, 동문선, 2002, 64쪽.
4) 辛恩卿, 『風流 - 동아시아 美學의 근원』, 보고사, 2003(3쇄), 608쪽.
5) 이 말은 philos(愛)+sophia(知=智/眞知)로 되어 있다. 여기서 英語의 philosophy가
　나왔다.

서, 북송(北宋)의 다섯 선생[五子]의 한 사람인 주렴계(周濂溪. 1017-
1073)의『통서(通書)』속에 나오는「성희천(聖希天), 현희성(賢希聖),
사희현(士希賢)」[6]에 잘 드러나 있다. 이 '희현(希賢)' 정신에 착목하여
일본 명치시대의 사상가인 니시 아마네(西周. 1829-1897)는 처음에
필로소피아를 '희현학(希賢學)'으로 번역하였다가 다시 여기서 '현'
자를 '사물의 이치, 도리에 밝다'는 뜻의 '철(哲)' 자로 바꿔 넣어 '희철
학'으로 하였고, 다시 희철학에서 '희'를 떼어내어서 '철학'으로 하였
던 것이다. 적어도 근대의 니시 아마네가 '지혜에 대한 사랑'='필로소
피아'란 말을 번역할 때 착목한 유교적 인간 선비[士]는 유교적 의미
에서 '정신적이고 도를 추구하는 경지를 지향하며 노는 인간'에 속한
다고 할 수 있다. 그런데 엄밀히 말해서 선비가 '예술성·심미성을 지
향하며 노는' 인간상인가 하는 것은 의문이다. 왜냐하면 '선비'는 미나
예술보다도 '의리(義理)'를 실천하며 도(道)에 뜻을 둔 사람'이라 해야
적절하기 때문이다.

그럼 불교(특히 대승불교)에서는 선비[士]에 해당하는 인간형을
무엇이라고 할 수 있는가? 우선 불교에서 흔히 사용하는 보살(菩薩)
을 예로서 들어보자. 보살이란 산스크리트어로 보디 사트바(bodhi-
sattva)를 보리살타(菩提薩陀)로 음역하고, 이를 생략하여 부른 것이
다. 보디(Bodhi)는 깨달음[覺]을,[7] 사트바(sattva)는 '생명을 가진 존
재'(衆生, 有情)]를 의미한다. 따라서 보디 사트바를 흔히 '각유정(覺

6) 뜻은 "성인은 하늘과 같이 되기를 회구하고, 현인은 성인과 같이 되기를 회구하고,
사대부(독서인 계층=지식인)는 현자와 같이 되기를 회구한다"이다. 본래『通書』
「聖學」제20에 나오는 말인데,『近思錄』,「爲學大要篇」에도 실려 있다.
7) 따라서 이를 道, 覺, 道心 등으로도 번역한다.

有情)'으로 번역하며, 보살은 '깨달은 중생' 또는 '중생을 깨닫게 해주는 이'란 뜻이다. 보통 '불 · 보살'이라 숙어처럼 사용하나 보살은 육바라밀(六波羅蜜)을 실천하며 중생제도를 목표로 하는 자리이타의 모범적 인간형으로 불(佛) 다음에 위치하며 불과 함께 성인의 경지로 간주한다. 그 다음이 성문(聲聞)과 연각(緣覺)이며 현인(賢人)의 위계에 속한다. 그 다음이 범부(凡夫)이다. 그래서 위의 '성 → 현 → 사 ← 평민(농공상)'이라는 유교의 틀을 염두에 둔다면 '불 → 보살 ← 성문/연각 ← 범부'의 관계이다. 그런데 보살 또한 위의 선비처럼 '예술성 · 심미성을 지향하며 노는' 인간상인가 하는 것도 의문이다.

결국 이렇게 보면, 유교의 선비이건, 불교의 보살이건 '예술성 · 심미성을 지향하며 노는' 것과 연관을 지워 가면 무언가 좀 거리가 있으므로, 순수 예술지향의 인물이 없는가를 다시 물을 수밖에 없다.

불교에서 미학이란, 불교를 표현하는 하나의 방편이라고 해야 옳을 것이다. 불 그 자체는 완전미, 궁극미, 절대미이기에 미학이라는 형식이나 언설로 표현할 수 없다. 불의 모습[相]은, 비유하자면 대해(大海)와 같다.[8] 그리고 불상(佛像)의 32상(相), 80종호(種好)에서처럼 불은 미의 극치거나 궁극이다.

최남선(崔南善. 1890-1957)이 만든 『소년(少年)』지에 보면 바다를 온갖 미적 표현을 동원하여 묘사하고 있다, 즉 바다를 위대(偉大)-장엄(莊嚴)-미려(美麗)-기묘(奇妙)-평화(平和)-살벌(殺伐)-명화(名畵)-웅문(雄文)으로, 그리고 우미(優美)-염미(艷美)-정미(壯美)-엄

---

8) 『華嚴經』에서는 보살이 갖추고 있는 열 가지 德을 大海의 十德에 비유해서 설하고 있다. 80권 화엄경, 제1권 35장 · 상 참조.

미(嚴美), 나아가서는 태서미(泰西美)(=서양미)-태동미(泰東美)(=동양미), 예수교미(=기독교미)-불교미 등 '이 미 저 미 할 것 없이 모든 미를 구비한 자연물'로 보고 있다.[9] 바다에서 미의 궁극, 완전미를 찾아내고 있는 것이다. 이처럼 최남선이 태서미(=서양미)에 예수교미(=기독교미)를, 태동미(=동양미)에 불교미를 상정하고, 그것이 '바다'라는 장에서 만나게 하는, 말하자면 미에 관한 한, 동과 서를 모두 껴안은 '일자(一者)'를 보여주는 점은 시사가 크다. 일자는 다름 아닌 불의 '체(體)'를 '드러내어(用=작용)' 구체적으로 살피게 해주는 각양각색의 잠재력(여러 인연과 화합하여 드러내는 힘)인 '상(相)'을 가진 것이라 보아도 좋다.

궁극적으로 불교미학은 결국 불의 체가 아니라 그 용과 상에 주목하는 것이다. 그런데, 이 불의 체가 보여주는 미를 우리는 감각적으로 알 수가 없다. 야나기 무네요시(柳宗悅)가 『종교와 그 진리』라는 책

---

9) 네가 工夫하기를 조아하나냐 그리하거든 가서 바다를 보아라 學理와 物性이 갓초아 잇지아니한 것이 업난 自然物은 바다 밧게 업스며, 네가 놀기를 조아하나냐 그리하거든 가서 바다를 보아라 天下에 偉大한 景, 莊嚴한 景, 美麗한 景, 奇妙한 景, 平和의 景, 殺伐의 景, 拙工으로 그리게하야도 名畵를 만드러내일 景, 駿士로 베풀게하야도 雄文을 이루게할 景等이 가초가초 잇서 海棠一枝가 秋雨를 씐한 優美, 芙蓉萬朶가 春波에 간드러진듯한 艶美, 나야가라瀑布가 獅子吼를 지르면서 萬丈斷崖에 곤두서 써러지난듯한 壯美, 凍冰寒雪이 堅閉密鎖한 흰칠한 벌판에 羊齒한모숨 蘇苔한포기 나지안코 오직 赤松한줄기가 歲冬에 勁節을 자랑하고 섯난 듯한 嚴美, 싸늡江구뷔 지난곳에 白百合한瓣이 퓌고 쩨네빠湖 거울갓흔 面에 彩帆한幅이 쓴 泰西美, 遠山幽壑에는 孤寺가半만 드러나고 近水浦口에는 漁火가 明滅하난듯한 泰東美, 墻壁瓦礫에도 사랑이 뭉킈고 風雷雲物에도 平和가 가득한 예수敎美, 九品蓮花臺上에 諸佛菩薩이 가지런하게 無量功德을 얼골과몸으로 나타내고 給孤獨園道場에 모든 比丘와 比丘尼들이 純全한 한마음으로 佛의 光明에 隨喜하난 佛敎美等에 이美·저美할것업시 가지지 아니한것업시 具備한自然物은 바다밧게 쏘업니니라. 崔南善, 「嶠南鴻爪」, 『少年』, 第2年 第8卷 9月號(1909年 9月 1日); 崔南善, 『少年』(影印本)上·下, 문양사, 1969, 46-47쪽.

속에서 「무한의 의미에 대해서」 말하면서 "무한에 대한 애착을 벗어나서는 종교의 신(信)도 예술의 미도 얻을 수 없다"[10]라 하고, "미는 한없이 많은 형용사를 얻을 수 있기에 미인 것이 아니다. 이미 아무런 형용조차도 허용하지 않는 미야말로 참된 미이다"[11]라고 하듯이 말이다. 결국 불의 법신(法身)처럼, 불교의 미 그 자체는 곧바로 인식될 수 있는 것이 아니다. 용(用)과 상(相)에 주목할 때 얻어질 수 있는 것이다.

　그래서 나는 이야기를 다시 돌려서, 구체적으로 우리의 불교의 역사적 현상물, 그것도 우리나라의 역사 속에서 불교적 풍류를 잘 드러내는 한 인간상을 통해서 불교미학을 다시 물어가고자 하는 것이다. 그렇다면 한국 문화에서 불교적 풍류를 드러내는 미적 인간은 있는가? 여러 가지로 말할 수 있겠으나 필자는 '건달(乾達)'이라고 생각한다. 이제 불교미학의 한 가능성을 보여주는 풍류적 인간상인 건달에 대해서 논의해보게 될 것이다. 현재 우리가 사용하는 건달이란 말은 매우 부정적이지만, 본래 음악의 신이라 할 수 있는 건달은 불교 내에서 호법의 신으로서 일정한 위치를 가지며, 여러 불경에도 나온다. 더욱이 동아시아의 문화, 특히 우리 역사 속에서도 정착하여 불교 조형물로서 남아 있다.[12]

　동아시아의 풍류, 더욱이 불교 미학을 논의할 경우 바로 이 '건달'을 빠뜨려선 안 된다. 불교에서, 서양의 시나 음악의 신 뮤즈(Muse)[13]

---

10) 柳宗悅, 『宗教とその眞理』, 『柳宗悅全集』, 東京: 春秋社, 1990, 24쪽.
11) 柳宗悅, 『宗教とその眞理』, 『柳宗悅全集』, 28쪽.
12) 이에 대한 예들은 각주 (61)을 참조 바람.
13) 일반적으로 시나 음악의 신으로 알려져 있는데, 고대 희랍에서는 역사, 천문학까지 포함하는 학예 전반을 담당하는 신들을 말한다. 원어는 무사(Musa)이며, 뮤즈

에 해당하는 것을 찾으라고 한다면 건달이 해당 인물이 아닐까 한다. 그러나 앞서 든『풍류-동아시아미학의 원류-』라는 책에서는 동아시아의 유·불·도에 대한 많은 내용들이 망라되어 있지만 기이하게도 '건달'(=건달바)이란 개념이 빠져 있다. 그리고 국내 대부분의『국어사전』등의 통상적 어법을 보면 '건달'이란 개념은 거의 대부분 매우 부정적으로 사용되고 있다. 이러한 점에 대해 진지하게 반성하거나 재검토하는 시도나 노력이 없었다는 것 또한 기이할 정도이다.

최근 필자는 어느 잡지의 불교미학 칼럼난에「불교 미학, 발우공양과 건달에 주목해야-가치의 미학에서 의미의 미학으로-」라는 글을 발표한 바 있다.[14] 이 논문은 그 연장선상에서 보다 구체적으로 논증을 더한 것이라 할 수 있다.

이 글에서는 불교 서적 및 우리나라의 사료(史料)를 토대로 한국에서 '건달'이해의 행보와 굴절의 일단을 살펴보면서 종래 우리사회에서 부정적으로 인식되어온 건달 개념을 '재음미'하는 것이 그 골자이다. 이 점에서 이 논문은 시론적 성격을 갖는다.

다만, 여기서 미리 언급해 둘 점은, 한국 내외의 사찰에 산재해 있는 불교 조형물과 회화에 건달이 어떻게 표현되어 있는가 하는 문제는 이번의 후속 과제로 돌리기로 하고 여기서는 언급을 하지 않는다는 것이다.

는 이것의 영어 이름이다. 주신 제우스와 여신 므네모시네(기억) 사이에서 9명의 무사가 태어났다고 알려져 있다.

14) 최재목,「불교미학, '발우공양'과 '건달'에 주목해야」,『생각과 느낌』36호(2005 겨울), 대구: 생각과 느낌사, 281-287쪽. 아울러 이것을 수정, 보완한 것은 최재목,『글쓰기와 상상력의 유비쿼터스 네트워크: 늪』, 경산: 知&智, 2006, 159-178쪽을 참조.

2. '건달' 이해의 현주소

국어사전에는 건달을 '하는 일 없이 건들건들(빈둥빈둥) 놀거나 난봉을 부리는 짓. 또는 그런 사람'을 가리키며, 이를 낮잡아서 건달꾼이라고 부른다. 건달은 白手와 함께 쓰여 '백수건달' 또는 한량(閑良)과 유사한 개념으로도 쓰인다. 그런데 건달은 돈이 없는 사람이다. 건달이 백수라는 말과 잘 결합하는 것도 그 때문이다. 이에 비해 한량은 돈이 많은 사람이다. 건달과는 좀 다른 면모가 있다. 아무 것도 가진 것이 없으면서 일은 하지 않고 난봉을 부리며 돌아다니는 사람을 지칭하는, '건달'은 잘 알려진 대로 원래 산스크리트 이름 간다르바(Gandharva)의 음역인 '건달바(乾達婆)'에서 유래했다.

여기서는 우선 우리말에서 사용되고 있는 건달이란 말의 현재를 짚어보고자 한다.

조항범은 『다시 쓴 우리말 어원사전』의 "건달·한량" 항목에서 다음과 같이 건달과 한량의 우리말 쓰임을 비교, 분석하였다.

> 북한 사전에 "돈 없으면 건달, 돈 있으면 한량"이라는 속담이 나온다. 이로 보면, '건달'은 쓸 돈이 없어 처량한 신세의 사람, '한량'은 흥청망청 쓸 돈은 있어 스스로는 신나는 사람이다. 그러나 '건달'이건 '한량'이건 아무 하는 일 없이 세월만 보내는 한심한 사람들임에는 틀림이 없다.
> '건달'이라는 단어는 16세기의 『순천김씨언간』에 처음 보인다. 그런데 이 단어는 본래 불교 용어 '건달바'에서 출발하여 그 어형과 의미가 변한 것이다.

'건달바'는 수미산(須彌山) 남쪽 금강굴에 살면서 하늘나라의 음악을 책임진 신(神)이다. 이 '건달바'는 향내만 맡으면서 허공을 날아다니며 노래와 연주를 하고 산다. '건달바'가 노래와 연주를 전문으로 하는 신이라는 사실에서, 인도에서는 악사(樂士)나 배우까지 '건달바'라고 불렀다. 아마 우리나라에서도 이러한 의미를 그대로 받아들여 한동안 '건달바'를 '광대'와 같은 뜻으로 사용했을 것으로 추정된다.

그런데 '건달바'는 '건달'로 어형이 단축되었을 뿐만 아니라, 의미도 상당히 변하였다. '하는 일 없이 놀거나 게으름을 피우는 사람' 또는 '난봉이나 부리고 다니는 불량한 사람'이라는 새로운 의미를 갖게 된 것이다. 전자의 의미는 '건달바'가 노래나 하며 한가롭게 지내는 신이라는 점이 비유적으로 발전하여 파생된 의미라면, 후자의 의미는 '아무 실속도 없는 사람'이라는 의미에서 확대된 의미이다.

한편, '한량'이라는 단어는 17세기의 『동국신속삼강행실도』에 '한량' 또는 '할냥'으로 나온다. "양씨는 한량 권심의 안해니 영평 사이라"(양씨는 한량 권심의 아내니 영평 사람이다), "김조는 문홰현 사룸이니 할냥 안복의 쳬라"(김조이는 문화현 사람이니 한량 안복의 처다)의 '한량'과 '할냥'이 바로 그것이다.

본래 '한량'은 '閑良(한량)'으로 '무과에 급제하지 못한 무반(武班)'을 가리키던 말이다. 그런데 『동국신속삼강행실도』의 '한량' 및 '할냥'은 그러한 의미가 아니라 '일정한 직사(職事) 없이 놀고 먹는 양반 계층'이라는 의미로 쓰이고 있다. 언제인지는 몰라도 의미 변화가 일어났음을 알 수 있다.

그런데 '한량'은 '놀고 먹는 양반'이라는 의미에서 더 나아가 '돈을 잘 쓰며 잘 노는 사람'이라는 일반적 의미로 바뀌었다. 돈푼깨나 있는 양반들이 거들먹거리며 노는 사실에 초점이 맞추어져 또 한 차례의 의미

확대를 경험한 것이다. 그러나 이러한 의미 변화가 언제 일어났는지는 알 수 없다.

문세영 저 『조선어사전』(1938)이나 한글학회에서 펴낸 『큰사전』(1957)에도 '한량'에 그 본래의 의미인 '벼슬을 못한 무반'이라는 의미만 부여하고 있어 의미 변화의 사실이 잘 반영되어 있지 못하다. 물론, 최근에 나온 사전에서는 그 본래의 의미를 포함하여 여기서 파생되어 나온 두 가지 의미까지 잘 정리하고 있다.

그런데 『큰사전』(1957)을 비롯하여 그 이후에 나온 사전에는 '한량' 과 더불어 그 변화형인 '활량'이라는 단어도 나온다. '한량'이 동화 작용에 의해 '할량'으로 발음되자 다시 '활[矢]'과의 연상 작용으로 '활량'이 된 것이다. '할'을 통해 '활'을 연상한 것은, '할량'이 '무인(武人)'이고 이들이 '활'을 사용한다는 점 때문이었을 것이다. 결국, 지금의 '건달'이나 '한량'은 의미가 상당히 변한 단어들이며, 그것도 의미가 부정적인 쪽으로 변하였음을 알 수 있다. 할 일 많은 이 세상에 게으르고 무능한 '건달', 그리고 돈 귀한 줄 모르고 흥청대는 '한량'은 모두 경계해야 할 인물이다. * 건달: '건달바(음악을 맡은 신)'가 변한 것이다.[15] (밑줄은 인용자)

조항범은 '건달바'가 노래와 연주를 전문으로 하는 신이라는 사실에서, 인도에서는 악사나 배우까지 '건달바'라고 불렀고, 우리나라에서도 이러한 의미를 그대로 받아들여 한동안 '건달바'를 '광대'와 같은 뜻으로 사용했을 것으로 추정한다. 이후 건달은 노래나 하며 한가롭게 지내는 신이라는 점이 비유적으로 발전하여 파생되거나 '아무 실

---

15) 조항범, 『다시 쓴 우리말 어원사전』, 한국문원, 1997, 68-70쪽.

속도 없는 사람'이라는 의미로 의미가 확대되어버렸다고 본다.

『한국민족문화대백과사전』에서는 '건달' 이렇게 기술하고 있다.[16]

　　삶을 진지하게 살아가려는 의욕이 없이 일정한 생업을 가지려 하지
않고, 주색잡기 등의 생활만 계속하면서 무위도식하는 사람.

　　삶을 힘들이지 않고 살아가려 하며, 건실한 방법과 사회가 용인하는
수단으로써가 아니라 허풍과 속임수로써 자기 이득을 노리는 데 급급
한다. 또한, 개인 이득에 직접 관계가 없는 일에는 무관심하다. 힘으로
폭행하여 남을 괴롭히는 일은 드물지만, 난잡한 욕설과 비루한 언사로
써 악행을 저지른다.

　　건달은 '건달바(乾闥波)'라는 말에서 나온 말이라고 한다. 건달바는
불교의 팔부중(八部衆)의 하나로 음악을 맡은 신이다. 불교가 우리나
라에 널리 전파될 때 의미의 정확성을 잃고 왜곡된 의미의 용어까지 전
파하게 되었다. 건달바도 그러한 것 중의 하나이다. 즉 음악을 맡은 신
이 우리나라에서는 무위도식하는 자와 같은 범주로 인식되어 그 이름
이 옮겨졌던 것 같다.

　　건달은 시대에 따라, 사회상황에 따라 그 생태를 달리하고 명칭도 달
리하고 있다. 20세기 초까지만 하여도 건달은 폭력이나 흉기를 쓰지 않
았다. 우리 나라 건달이 폭력적이 된 것은 일제의 강점과 더불어 들어
온 일본의 건달 야쿠자와 고로쓰키 등의 영향에 의해서이다.

　　야쿠자와 고로쓰키는 도박을 일삼고 금품을 갈취하는 불량배인데,
흉기를 지니고 다니며 필요할 때는 이를 휘둘렀다. 우리 나라 건달들도
점차 이들의 생태를 따르게 되었다. 건달이 폭력을 휘둘러 싸움질을 많

---

16) http://www.encykorea.com/encyweb.dll?TRX?str=51674&ty=2

이 하게 되자 겐카도리라는 새 이름이 붙게 되었다. 겐카도리는 일본말을 우리 말투로 쓴 것인데, 싸움패라는 뜻이다. 일본어에는 겐카도리라는 말은 없다. 겐카도리라는 말은 뒤에 '가다'라는 말로 변했다.

가다는 야쿠자와 고로쓰키의 두목을 일컫는 오야가다라는 말에서 가다만 딴 것이다. 가다는 또 변하여 어깨가 되었는데, 가다가 일본말로 어깨를 뜻하기 때문이다. 광복 후 세상이 혼란해지자 가다의 횡포가 심해졌고, 가다는 깡패로 이름이 바뀌었다. 깡패는 폭력배로도 불리었는데, 영어의 갱(gang)에서 따온 말이다.

정부가 수립되고 정당정치가 시행되자, 정치인이나 정당은 반대편의 기세를 꺾고 무리한 정책을 강행시키기 위해 깡패를 고용하여 목적 달성의 도구로 썼다. 선거 때나 국회 개회기간에는 깡패들이 날뛰었다. 야당에 고용된 깡패는 가혹한 처벌을 당했으나, 여당에 고용된 깡패는 이권취득·범행묵인·명목적 처벌 등으로 비호되었다.

오늘날에 와서는 깡패의 폭력을 이용하려는 정치인은 없어졌고 깡패단속이 강화되었으나, 깡패의 포악성은 여전하여 갖가지 사회악을 빚고 있다. 또한 유흥가·번화가·관광지 등 소비성이 많은 곳에서 유흥업자·요식업자·유흥객 등에 이유없는 시비를 걸거나 대수롭지 않은 약점을 들어 금품을 갈취하거나 여자에 대해 파렴치한 행위를 하는 건달들이 산재하고 있다.

이것은 건달의 현재적 사용에 대해 적나라하게 드러내 보여준다. 아래의 북한에서 보는 건달과도 유사하다. 건달이라는 말이 북한에서는 우리보다 더 폄하되어 사용된다. 이것은 체제 이념과도 관련이 깊을 것이다.

북한에서 나온 『조선말대사전』[17]에 보면 '건달'에 대해 이렇게 기술하고 있다. 긴 내용이지만 거의 전부를 인용한다.(밑줄은 인용자)

① 일을 하기 싫어하고 빈둥빈둥 놀고먹기를 좋아하며 게으름을 부리는 것 또는 그런 사람. ▷ 실속없이 건들거리는 것.
② 다 써버려서 아무 것도 가진 것이 없는 빈털터리.
• 건달(을) 부리다(피우다) 일을 하기 싫어하고 빈둥빈둥 놀고 먹기 좋아하는 태도를 나타낸다. 날랑패에 건달 부랑자 ▷ 날랑패 돈 있으면 활량 돈 못쓰면 건달

이외에도 다음과 같은 건달과 관련한 말들이 보인다.[18]

건달강 : 『아무데도 리용됨이 없이 흘러가기만 하는 강》을 비겨 이르는 말.
건달군 : 건달을 부리는 사람. 건달군은 사회의 좀이며 기생충이다.
건달기[-끼] : 건달을 부리는 느낌이나 기운.
건달기분 : =건달기
건달곽쇠 : 기본빗장이 없고 보조빗장만 있는 곽쇠. (중략) 문을 잠글 필요가 없는 곳에 쓴다.
건달농사 : ① 자기의 로력을 들이지 않고 남의 로력을 빼앗아 짓는 농사. 해방전에 부농들은 머슴을 두고 건달농사를 지었

17) 사회과학원 언어연구소 편, 『조선말대사전』, 평양: 사회과학출판사, 1992. 이 책은 국내의 영인본이 나와 있다(사회과학원 언어연구소 편, 『조선말대사전』, 서울: 동광출판사, 1998). 여기서는 이것을 사용한다.
18) 사회과학원 언어연구소 편, 『조선말대사전』, 136쪽.

다. ② (부지런히) 일하지 않고 건달을 부리며 실속없이
짓는 농사.

건달닭 : 알을 낳지 않고 먹이만 먹는 암탉.

건달바 : 불교에서 ① 음악을 맡았다는 하늘신. ② 빌어먹으며 돌아
다니는 악사들. ③『중음신』을 달리 이르는 말. ④ 요술사
들. [Gandharva 싼]

건달바성 : 건달바가 만든 성이라는 뜻으로『실체는 없이 공중에 나
타나는 성곽』을 이르는 말. 신기루와 같은 것이다.

건달병 : =건달떡. [乾達餠]

건달배 : 건달을 부리는 무리.

건달쟁이 :『건달꾼』을 얕잡아 이르는 말(이상 135쪽)

건달사상 : 일하기 싫어하고 놀고먹기 좋아하는 낡은 사상. ‖ 로동을
싫어하는 건달사상을 뿌리뽑자. | 일하기 싫어하고 놀고
먹기 좋아하는 건달사상은 착취계급의 사상이다.

간달식 : 건달을 부리는 것과 같은 것 또는 그러한 방식.

건달잡놈 : 일을 하지 않고 건달을 부리며 온갖 잡스러운 짓을 하고
다니는 자. | 춘실이는 건달잡놈 보부상과 장돌뱅이를 따
라다니며 건달잡놈의 현투리를 배웠다. (장편소설『두만
강』) / 높쇠이 머리로써는 건달잡놈의 의로운 거사에 이
런 건달잡놈들이 끼어들어야 한다는 것을 납득할 수가
없었던 것이다. (장편소설『높새바람』상)

건달치기 : 건달을 치는 것. | 리기주의. 건달치기. 이런 것이 다 낡은
사회에서 묻어온 습성이요.(장편소설『산촌의 새 력사』상)

건달풍 : 건달을 부리는 기풍 또는 건달식으로 하는 작풍. | 아래 단
위를 실속 있게 지도하지 않는 일군들의 건달풍을 뿌리 뽑

아야 한다.

건달패 : 건달군의 무리나 패거리.

건달패거리 : =건달패.

건달화 : 건달로 되어 버리는 것.

건달떡 : 웃기떡의 하나. 대추, 밤, 채친 돌버섯을 얹어 찰전병을 넓
　　　　고 모지게 부친 뒤에 한치가량 너비로 썰고 다시 어슷비슷
　　　　한 네모로 썰어서 설탕가루와 계피가루를 뿌려서 잰다. =
　　　　건달병

위에서 "로동을 싫어하는 건달사상을 뿌리뽑자"에서 볼 수 있듯이,
노동을 하지 않고 놀고먹는 이른바 불로(不勞) 인력들을 낮게 평가하
는 북한의 체제 이념이 반영되어 해석된 개념들이다. 이어서, 단국대
학교 동양학연구소에서 나온 『한국한자어사전(韓國漢字語辭典)』권1
의 '건(乾)'자 항목 '건달(乾達)' 풀이에는 이렇게 되어 있다.[19]

　　① 하는 일 없이 빈둥빈둥 놀거나 게으름을 피우는 사람. ② 아무것
　　도 가진 것 없이 난봉을 부리며 돌아다니는 사람.

덧붙여서, '건달병(乾達餠)' 풀이에는 '오입장이떡. 대추 · 밤 · 석이
를 채 쳐서 얹어 놓고 부친 찰전병을 썰어서 설탕과 계피가루를 뿌려
서 잰 떡'이라고 되어 있다.[20] 그리고 한국민속사전편찬위원회 편, 『한

---

19) 檀國大學校 東洋學研究所, 『韓國漢字語辭典』권1, 서울: 檀國大學校出版部,
　　1997(5쇄), 175쪽.
20) 檀國大學校 東洋學研究所, 『韓國漢字語辭典』권1, 175쪽.

국민속대사전』에 보면 '건달 굿'이라는 항목이 있고, 거기에는 '농악
12차 가락에서 보통 굿을 이르는 말'로 풀이한다.[21] 모두 건달과 가족
유사성을 지닌 용어들이다.

그러면 건달의 폄하는 어떤 연유로 이루어진 것일까?

인도에서는, 그리고 불교에서 호법의 신이 우리나라에서는 무위도
식하는 자, 깡패, 불량배 등으로 바뀐 것은 요즘의 '건달' 인식에도 유
전된다, 최근 김영민 교수(한일장신대 · 철학)는 『교수신문』의 문화
비평「건달 인간론」[22]이라는 글 속에서 '한국의 영화나 TV 드라마에서
약방의 감초 같은 존재가 건달'이며, 이 건달은 '자본의 틈에 낀 중세
의 도착된 쾌락의 흔적'이며, '노동의 부재에 얹힌 집단적 환상의 이미
지'로 파악하고 있다. 이것도 근본적으로는 종래의 건달 이미지를 거
의 답습하여 만들어진 관념이라고 생각된다.

한국의 영화나 TV 드라마에서 약방의 감초같은 존재가 건달이다.
더불어 미인들이 쏠리는 곳도 한결같이 재벌(이라는 건달)과 건달(이
라는 재벌)이니, 건달을 싸고 벌어지는 풍경은 영락없는 中世의 형식
을 답습한다. 건달들은 시도 때도 주제도 없이 등장해서 주인공들의
행로를 바꾸거나, 혹은 스스로 그 행로를 바꾸는 주인공이 된다. 급기
야 '마누라 건달'(조폭 마누라, 2001)의 탄생에 헐리우드조차 주목하
지 않던가. 건달 이미지의 과용(過用)에는, 내러티브의 이정(里程)을
멋있게 포장하거나 자의적으로 재구성하려는 누아르 포퓰리즘(noir
populism)식의 잔꾀만 있는 게 아니다; 같은 동네의 조폭은 경원하면

21) 한국민속사전편찬위원회 편, 『한국민속대사전』, 민중서관, 2002, 85쪽.
22) 김영민,「건달 인간론」, 『교수신문』제392호(2006. 4. 3), 27면.

서도 영상 속의 건달에 그처럼 열광하는 짓은 사회심리학적 은유의 깊이를 지니기에 족해 보인다.

물론 그것은 자본주의적 삶과 더불어 공생하고 있는 중세적 유토피아 의식의 도착(倒錯)일 뿐 아니라 그것이 마른 오이처럼 졸아든 징후다. 요컨대 조폭과 건달은 중세 자본의 틈사위에 끼여 있는 도착된 쾌락의 흔적이다. (…)

문명 자체, 특히 근대의 자본제적 삶은 노동의 세계와 축제의 세계를 분리배치하려는 시스템화이다. 도시-시스템의 세계는 노동과 축제, 질서와 폭력, 생산과 휴식, 세속과 신성(神聖), 그리고 전문성(vocation)과 카리스마(charisma)를 엄격히 구획한 탈공동체적 순환공간에 다름 아닌 것이다. 건달의 중세성은 이 이항대립의 근대적 체계에 완전히 흡수되지 않은 삶의 양식 속에서 도드라진다. 이 '깡패'들은 놀면서 벌고, 휴식이 곧 생산이며, 그 전문성과 카리스마는 뒤섞여 있다. (가령 조폭의 '공갈'이나 종교의 '협박'이라는 기법은 전문성이자 그 자체로 특이한 카리스마인 것!) 마찬가지로 폭력(축제)과 질서(노동)는 구별되지 않으며, 베블렌의 고전적 분석처럼 (특히 일본 야쿠자의 대중적 표상에서 현저한데) 그들의 세속은 중앙집권적이며 심지어 가히 '종교적'이다. 건달-이미지에 얹힌 판타지, 그것은 실로 종교나 정치만큼 집요하고 영구적일 것이다.

오늘날 건달이라는 말이 상용화 보편화되고 있으면서 그 의미가 본래적 의미보다 크게 왜곡, 변용되어 사용되고 있다.[23] 이것은, 다음의

---

23) 뒤[IV. 史料를 통해본 '건달' 참조]에 나오는 『고려사』와 『조선왕조실록』 國譯에 건달이라는 말이 습관처럼 쓰이고 있지만 실제로는 불교의 건달과는 별 관계가 없다.

표에서 보듯이 발신자(=고대 인도나 불교)에서 수신자(한국의 과거나 현재의 사회) 사이의 경로(channel) 상에 잡음(=한국적 상황·조건에 따른 선악·시비 등의 판단이나 해석)이 첨가된 것이라 생각한다.[24]

정보원		수신처
↓		↑
메세지	경로 channel	메세지
↓	↓ ↓ ↓	↑
코드 변환 encoding	⟶	코드 해독 decoding
	↑	
발신자	잡음	수신자

3. 사전(辭典) 및 불서(佛書)에 나타난 '건달'

불교사전에서는 건달(=乾達婆)를 어떻게 기술하고 있을까? 아래에서는 몇 가지 주요한 관련 사전을 통해서 이에 대해 살펴보기로 한다.

❶ 『대한화사전(大漢和辭典)』의 '건달(乾達)' 설명

범어(梵語) Gandharva의 음역

---

24) 이 표는 사사키 겐이치, 『미학사전』, 331쪽의 것을 이 논문의 문맥에 맞춰 약간 보완한 것임.

① 향신(香神)으로 번역한다. 악신(樂神)의 이름이다. 술과 고기[酒肉]를 먹지 않고 향(香) 내음만 맡고 산다. 긴나라(緊那羅)와 함께 제석(帝釋)을 섬기며[奉侍] 기악(伎樂)을 연주한다. 건달박(犍達縛)으로도 음역한다. [玄應音義] 乾闥婆, 舊名也, 今正言犍達縛, 此云齅香, 亦云樂神, 舊云香神. [注維摩經一] 什曰, 乾闥婆, 天樂神也, 處地十寶山中, 天欲作樂時, 此神, 體上有相出, 然後上天也.

② 서역 지방에서 배우를 말한다.

③ 건달바성(乾闥婆城)(=공중누각)을 말한다.[25]

❷ 『불교미술사전(佛教美術事典)』의 '건달바(乾闥婆)' 설명

산스크리트 이름 간다르바(Gandharva)의 음역. 옳게는 전단건달바(栴檀[26]乾闥婆)라고 하고, 팔부중의 하나로 꼽힌다. 고대 인도에서는 신들의 음료수인 소마주(蘇摩酒)의 수호 역할을 했지만 불교 쪽으로 들어오고 나서는 동방지국천(東方持國天)의 권속(眷屬)이 되고 또 제석천(帝釋天)에게 가무음곡(歌舞音曲)으로써 섬겼다. 식향(食香) 또는 심향행(尋香行) 등으로 한역(漢譯)되듯이 술과 고기를 먹지 않고 향만을 찾아다니며 이것을 식사로 한다고 말한다. 그 모습은 중국·조선·일본 어디서건 일관되게 두부(頭部)에 사자피(獅子皮)(=사자관)를 쓰고 두 팔에 갑옷을 씌운 모습으로 있다. 코우후쿠지(興福寺)의 팔부중입상(八部衆立像)(국보) 속에서 그 전형을 볼 수 있다. 밀교

---

25) 諸橋轍次, 『大漢和辭典』, 東京: 大修館書店, 1984(修訂版), 403쪽.
26) "동인도 지방 원산으로 향기가 많이 나는 상록 교목"(옮긴이 주)

에서는 왼손 손바닥 위에 보주(寶珠)를 얹고, 오른 손으로 십오귀두 (十五鬼頭)를 찌른 삼차극(三叉戟) 자루를 쥐고 암좌(巖座)에 허리를 구부리고 반가(半跏) 자세에 발을 내디딘 모습을 정형으로 태아(胎 兒), 소아(小兒)를 수호하는(『護諸童子多羅尼經』『守護大千國土經』 권하) 동자경만다라(童子經曼茶羅)에서 보인다. 27)

❸『이와나미 불교사전(岩波 佛敎辭典)』의 '건달(乾達)' 설명

산스크리트 gandharva의 음역. 향신(香神), 식향(食香) 등으로 한역 하고, 또 〈건달바(乾達婆)〉〈건달박(犍闥縛)〉〈건답화(乾畓和)〉 등으 로도 음역한다. ①천상(天上)의 음악사(音樂師), 악신(樂神) 간다르 바. ② 중유(中有)의 신체. 인도 신화에서 간다르바는, 옛날에는 신들 의 음료인 소마주(蘇摩酒)를 지키고, 의약(醫藥)에 통효(通曉)한 공 중(空中)의 반신(半神)으로 여겨지며, 또 특히 여성에 신비적인 힘을 미치는 영적(靈的) 존재라고도 생각되고 있었는데, 뒤에 천녀(天女) 아프사라스를 반려(伴侶)로서 인드라(帝釋天)에 섬기는 천상의 악사 로 알려지게 되었다. 불교에서는 이 악사로서의 반신 간다르바가 가 신(歌神) 긴나라와 함께 천룡 팔부중의 하나로 꼽히는 한편, 여성의 회임 · 출산 등에 관련되는 그 신비적인 힘 때문인지 윤회전생에 불가 결한 영적 존재로도 간주되어, 육체가 없어진 뒤 새로운 육체를 획득 할 때까지의 일종의 영혼 즉 〈중유의 신체〉(五蘊)을 의미한다는 특수 한 용법도 낳았다. 태아나 유아를 악귀로부터 지킨다고 말해지는 밀

27) 中村元 · 久野健 監修,『佛敎美術事典』, 東京: 東京書籍株式會社, 2002, 283쪽

교의 (전단(栴檀))건달바신왕(犍闥縛神王)은 인간의 재생에 불가결한 이 '중유의 신체'로서의 간다르바가 신격화된 것일 것이다. 또한 인도의 고전문학에서 〈간다르바의 수도(Gandharva-nagara)〉는 신기루(蜃氣樓)를 의미하고 실재하지 않는 허망한 것의 비유로서 사용되었다. 〈간달바성(犍闥婆城)〉〈심향성(尋香城)〉등으로도 한역된다.[28]

❶. ❷, ❸의 설명은 어느 쪽이나 대동소이하다. 요컨대, 건달바는 산스크리트어 간다르바(gandharva)의 음역이며, 香神, 食香 등으로 한역하며, 또 건달바(乾達婆), 건달박(犍闥縛), 건답화(乾沓和) 등으로도 음역한다는 내용이다.[29] 에서 말한 "건달은 고대 인도에서는 신들의 음료수인 소마주의 수호 역할을 했지만 불교 쪽으로 들어오고 나서는 동방지국천의 권속이 되고 또 제석천에게 가무음곡으로써 섬겼다"는 내용은 고대 인도의 사정을 잘 말해주고 있다.

❸의 ②의 설명에서 보듯이, 건달바의 다른 뜻은 '사람이 죽어서 다음 생을 받을 때까지의 몸'(=죽어 다시 환생하기 전까지의 불안정하

---

28) 中村元 · 福永光司 · 田村芳朗 · 今野達, 『岩波 佛教辭典』, 東京: 岩波書店, 1989, 240쪽.
29) 사전이라고 모두 정리가 잘 된 것은 아니다. 예컨대 다음과 같이 乾達婆/犍闥婆/乾馱婆 등이 다소 혼란스럽게 기술되는 경우도 있다(陳觀勝 · 李培茱 編,『中英佛教辭典』, 北京: 外文出版社, 2005年, 246쪽). 즉,
   • 乾達婆 Gandharvas : 乾馱婆, 犍達婆, 犍陀, 食香, 尋香. 香山 위에 거주하는 神靈. 四大天王의 侍從. 因陀羅(帝釋天)의 樂師. 香神 혹은 音樂의 神.
   • 乾闥婆 Gandharva or Gandharva Kayikas, spirits on Gandhamadana(the fragrant mountains 香山). 香神 혹은 音樂의 神. 香山 위에 거주하는 신령. 즉 '乾達婆'
   • 乾闥婆城: Gandharva City, I.e. a mirage city.
   • 乾馱婆: Gandharvas. celestial muscians. 제석천의 악신. 천룡팔부중의 하나. 즉 '乾達婆'

고 허공에 뜬 상태의 몸) 즉 '중유(中有)의 신체'를 말한다. 불교에서 사람의 생을 본유, 사유, 중유, 생유의 단계로 나누는데, 중유란 죽어서 다음 생을 받기까지를 말한다. 중유의 몸은 하늘을 날아다니며 생전에 지은 업에 따라 새로운 생명을 받아 태어나게 된다.

❶, ❷의 설명에서 보듯이, 건달바가 수미산 남쪽 금강굴에 살면서 하늘나라의 음악을 책임진 신으로 향내만 맡으면서 허공을 날아다니며 노래와 연주를 하고 산다는 내용은 마치 『장자(莊子)』「소요유」편에 "막고야(藐姑射)라는 산에 신인(神人)이 살고 있는데 그의 피부는 눈이나 얼음처럼 하얗고 처녀와도 같이 아름답더군. 그는 오곡(五穀)을 먹지 않고 바람이나 이슬을 마시며 구름을 타고 용을 부려 사해(四海) 밖에서 노닐지"[30]라는 경우의 '막고야산의 신인'처럼 아주 고결한 이미지를 보여준다. 동서양 고대의 예술가는 이처럼 고결한, 신비적인 존재로 이해되는 것이 보통이었다.[31] 특히 『장자』의 절대의 경지(=無何有之鄕/廣漠之野)[32]에서 소요할 수 있는 인물로서 상정된 '신인(神人), 지인(至人), 진인(眞人), 성인(聖人)'은 쉬푸꽌(徐復觀)이 말하듯이 '(유가처럼) 삶을 위한 예술가(爲人生而藝術)'가 아닌 '예술 그 자체'를 위한[33](이 점에서 순수예술 지향의) 인간형이라 할 수 있다.

❶, ❷의 설명과 ❸의 ②의 설명 즉 '중유(中有)의 신체'라는 의미를 겹쳐서 이해하면, 한편으로 건달은 『성경』의 요한계시록에 나오는, 하

---

30) 藐姑射之山, 有神人居焉, 肌膚若氷雪, 淖約若處子, 不食五穀, 吸風飮露, 乘雲氣御飛龍, 而遊乎四海之外.
31) 周憲, 『美學是什麽』, 北京: 北京大學出版社, 2002, 193쪽.
32) 『莊子』「齊物論篇」.
33) 章啓群, 『中國美學史略』, 北京: 北京大學出版社, 2005, 194쪽와 200쪽 참조.

느님과 지상의 인간을 연결하는 '공중'에 사는 '천사'[34]와 대비해 볼
수도 하다. 다른 편에서는 플라톤이 말하는 '시인'의 역할과도 흡사하
다. 즉 플라톤의 『향연』(Symposion)에서 소크라테스가, 전설상의 인
물 무녀(巫女) 디오티마(Diotima)[35]의 입을 빌어 신들과 인간 사이의
중간자 노릇을 하는 사람을 말하는데, 그는 인간에게 신들의 명령과
은총을 전해주며 또한 그를 통해 음유예술이 하늘에 도달하게 된다
한다.[36] 건달은 이 경우의 바로 '중간자 노릇을 하는 사람' 즉 '시인'과
유사하기도 하다.

건달바는 불교 팔부신중의 하나이다. 제석천(Indra)의 음악을 맡은
신[=樂神]이다. 팔부신중은 고대 인도의 사악한 신[邪神]이었지만 석
존에게 교화되어 불법을 수호하게 된 여덟 종류의 신[=天部]을 말한
다. 이것을 천룡팔부중(天龍八部衆) 또는 용신팔부중(龍神八部衆)이
라고도 한다. 여기서 천룡팔부중과 사천왕에 대해서 언급을 해두기로
한다.

천룡팔부중은 다신교적이었던 고대 인도 종교의 재래신들이 불교

---

34) 예컨대, 요한계시록 14:6의 "또 보니 다른 천사가 공중에 날아가는데 땅에 거하는
   자들 곧 여러 나라와 족속과 방언과 백성에게 전할 영원한 복음을 가졌더라"와 요
   한계시록 19:17의 "또 내가 보니 한 천사가 해에 서서 공중에 나는 모든 새를 향하
   여 큰 음성으로 외쳐 가로되 와서 하나님의 큰 잔치에 모여" 등이 그 예이다.
35) 작품 속에서 소크라테스는 그녀의 입을 빌려 에로스 예찬의 연애관을 말한다.
36) W. 타타르키비츠, 『미학의 기본 개념사』, 손효주 옮김, 미술문화, 2001(3쇄)), 129
   쪽. 좀 더 설명을 한다면 "(플라톤의 구별에서는) 시적 광기(마니아)에서 비롯된
   시가 있는가 하면 문장기술(테크네)로 이루어진 시가 있었다. '광기어린' 혹은 '열
   광된'시는 인간의 최고기능에 속하지만 '기술적인' 운문은 단지 수공의 기능에 불
   과하다. (…) 우리는 다시금 반신적(半神的)인 행위와 순전히 인간적인 행위라는
   두 행위 사이를 근본적으로 또 전형적으로 구분짓는 플라톤의 구별과 만난다. 시
   각예술가는 언제나 후자(순전히 인간적인 행위)에 속하지만, 시인은 전자에 속하
   기도 하고 후자에 속하기도 한다"(같은 책, 128-1299쪽).

에 포용되면서 부처님의 교화를 받아 불법을 수호하게 된 여덟 종류의 외호선신(外護善神)들이다. 보통 팔부신장(八部神將)·팔부신중(八部神衆)·팔부중(八部衆)·천룡팔부(天龍八部)·용신팔부(龍神八部) 등으로 부르며, 약칭하여 팔부라고도 한다. 팔부신장을 간단히 살펴보면 다음과 같다: ① 천(天) : 초인적인 신이다. ② 용(龍) : 용신 또는 용왕이라 하며 팔대용왕이 있다. ③ 야차(夜叉) : 위덕(威德)이라 일컬으며 날래고 포악하여 사람을 괴롭히기도 한다. ④ 건달바(乾達婆) : 향음(香陰)으로 번역되며, 항상 향만 먹는 천상의 음악신이다. ⑤ 아수라(阿修羅) : 싸움을 일삼는 전투신으로 항상 제석천과 싸운다고 한다. ⑥ 가루라(迦樓羅) : 금시조로서 용을 잡아먹는다는 신이다. ⑦ 긴나라(緊那羅) : 인비인(人非人), 가신(歌神)으로 번역되며 사람인지 짐승인지 일정치 않고 노래하고 춤추는 신이다. ⑧ 마후라가(摩睺羅迦) : 사신(蛇神)으로 몸은 사람과 같고 머리는 뱀의 모양인 신이다. 이 팔부신장은 『법화경』, 『화엄경』, 『무량수경』, 『대반야경』 등의 대승경전에 항상 등장하여 법회자리를 수호한다. 특히 경전의 끝부분에서는 "팔부중이 부처님의 가르침을 듣고 환희하여 용약한다"라고 기록되어 있다. 『법화경』 「비유품」에 보면 사리불이 부처님 앞에서 아뇩다라삼먁삼보리의 수기를 받는 것을 보고 팔부중이 크게 환희 용약했다고 나온다. 본래 인도의 재래신이었을 때는 사악한 신들이었으나, 부처님께 발심 귀의하여 선신(善神)이 된 이후로는 모든 부처님의 가르침과 위덕을 진심으로 공경하고 그 가르침을 온전히 보호하고자 하는 불교 호법선신의 대표적 상징이 되었다. 우리나라의 신중단에는 최고 104종류이 호법선신이 등장한다. 불교의 진리세계 안에는 인도뿐만 아니라 불교가 전파된 많은 지역의 토속신들이 불교적 성격의

신으로 포용되었는데, 이들 신들은 모든 생명이 함께 깨치게 되는 것
을 지향하는 화엄의 진리에서 보자면 결국 부처님의 깨침을 이루셨을
때 더불어 깨달음을 이루는 최고의 자격을 불교 안에서 부여받는다.
팔부신장은 불타팔부중(佛陀八部衆)과 사천왕팔부중(四天王八部衆)
의 두 모습으로 나타나는데 우리나라에서는 보통 불타팔부중이 형상
화되었다. 불국사 석굴암의 팔부중이나 선림원 3층석탑 팔부중 등은
불타팔부중에 속한다. 불타팔부중은 본존불 주위나 후불탱화, 사리를
봉안하는 탑 등에 주로 외호로서 배치된다.[37]

그리고 천룡팔부중은 사천왕의 권속으로서『법화경』등 대승경전
에 많이 나온다. 불교가 보여 주는 우주관에는 세계의 중앙에 거대한
산이 있는데, 이 산을 수미산(須彌山)('수미'는 산스크리트어 수메르
(sumeru)의 음역. 수메르산)이라 한다. 이 산의 꼭대기에는 33천의
도리천(忉利天) 하늘세계가 있어 제석천이 머무르고, 산의 중턱은 바
로 이 사천왕이 거처하는 곳이다. 사천왕은 이곳에 머무르면서 동·
서·남·북 사방을 수호하고, 네 천하를 돌아다니면서 사람들의 거동
을 살펴서 이를 도리천의 주인인 제석천에게 보고한다. 사천왕은 사
대왕중천(四大王衆天)·사왕(四王)이라고도 불리우는데, 원래는 고
대 인도의 호세신(護世神)이 불교에 귀의한 이후 호법선신(護法善神)
으로 변화된 것이다.『아육왕경』에서는 부처님이 사천왕에게 부처님
열반 이후 불법을 지키고 보호할 것을 부탁하는 이야기가 나온다. 보
통 우리나라에서는 절의 입구 사천왕문에 봉안되어 도량을 수호한다.
또한 사천왕은 일주문을 지나 수미산 중턱의 청정한 경지에 이른다는

37) 洪思誠 주편,『佛敎常識百科』上, 불교시대사, 1996(3쇄), 99-100쪽 참조.

수행과정으로서의 의미도 있다. 모습은 부릅뜬 눈, 몹시 치켜 올린 눈썹, 크게 벌린 빨간 입에 발밑에는 사귀(邪鬼)를 밟고 있다. 매우 두렵게 느껴지는 모습들인데, 이는 인간의 선악을 살펴서 사바세계를 올바로 인도하고자 하는 상징일 뿐이다. 동쪽 지국천왕(東方持國天王)은 안민(安民)의 신으로서 선한 자에게 상을 내리고 악한 자에게 벌을 주어 항상 인간과 국토를 보호하기를 서원한 천왕이다. 왼손에는 칼을 쥐고 오른손 바닥에는 보석을 올려놓고 있으며 건달바를 거느리고 있다. 서쪽 광목천왕(西方廣目天王)은 잡어(雜語)·악안(惡眼)으로 불리는데, 이는 웅변으로서 온갖 나쁜 이야기를 물리치거나 눈을 크게 부릅뜬 위엄으로 나쁜 것을 물리치기 때문이다. 왼손에는 보탑을 오른손에는 삼지창을 들고 있고 용(龍)과 비사사(毘舍闍)를 거느리고 있다. 남쪽 증장천왕(南方增長天王)은 자신의 위덕으로써 만물이 태어날 수 있는 덕을 베풀겠다는 서원을 세운 천왕이다. 오른손을 용을 잡고 왼손은 용의 여의주를 들고 있다. 구반다 등 무수한 귀신을 거느리고 있다. 북쪽 다문천왕(北方多聞天王)은 비사문천(毘沙門天)이라고도 하며 항상 부처님의 도량을 지키면서 설법을 듣고, 왼손에 비파를 들고 있으며 야차와 나찰을 거느리고 있다.[38]

이러한 관계를 그림으로 나타내면 다음과 같다.

---

38) 洪思誠 주편, 『佛教常識百科』上, 101-1022쪽 참조. 아울러 四天王(Four Heavenly Kings)의 持物 등에서 보이는 도교적, 중국적 영향에 대해서는 다음을 참고바람: C.A.S. Williams, *CHINESE SYMBOLISM and ART MOTIFS - A Comprehensive Handbook on Symbolism in Chinese Art through the Ages with over 400 illustrations*, Tokyo · Rutland · Vermont · Singapore, Tuttle Publishing, 2006, pp.202-205.

방위	천왕명	지물		피부색	얼굴특징	천궁위치	권속	서원
		오른손	왼손					
동	지국천	칼	주먹	청색	다문입	황금타	건달바 부단나	선한 이에게 복을, 악한 이에게 벌을 내림
서	광목천	삼지창	보탑	백색	벌린입	백은타	용 비사사	악인에게 고통을 주어 도심을 일으킴
남	증장천	용	여의주	적색	노한눈	유리타	구반다 폐례다	만물을 소생시키는 덕을 베풂
북	다문천	비파		흑색	치아보임	수정타	야차 나찰	어둠속을 방황하는 중생을 제도함

천룡팔부 중의 하나인 건달바를 마수티엔(馬書田)의『중국불신(中國佛神)』에서는 다음과 같이 말하고 있다.

건달바(乾闥婆)는 향신(香神) 혹은 악신(樂神)이다. 원래 바라문교 (婆羅門敎)가 숭배하는 뭇 신들[群神]인데, 아타르바베다(阿闥婆吠陀. Atharva-veda)에는 6,330종이 설해지고 있다. 듣건대, 건달바는 제석 천을 받들고 섬기면서 기악 연주를 주관하는 신이다.『지도론(智度論)』 권10에서는 이렇게 말한다:

"건달바왕이 부처님 처소에 이르러서 악기[琴]를 연주하며 부처님을 찬탄하자 삼천대천세계가 모두 진동하였다(乾闥婆王至佛所彈琴讚佛, 三千世界皆爲震動)."

이것은 하나의 아주 많은 무리들이 부처를 위한 찬가를 부르는 불문 (佛門) 음악가이다. 건달바는 불교 가운데서 환락·길상의 상징이다.

敦煌 벽화 중의 비천(飛天)[39]은 중국화된 건달바이다. 비천은 모두 소녀(少女) 형상이며, 몸이 풍만하고, 나부끼는 띠를 휘날리며, 하늘로 올라 날아다니며, 지극히 아름답다. [40]

천룡팔부는 『법화경』 『화엄경』 『무량수경』 『대반야경』 등의 대승경전에 항상 등장하여 법회자리를 수호한다. 특히 경전의 끝부분에서는 '팔부중이 부처님의 가르침을 듣고 환희하여 용약한다'라고 기록되어 있는데, 『법화경』 「비유품」에 보면 사리불이 부처님 앞에서 아뇩다라삼먁삼보리의 수기를 받는 것을 보고 팔부중이 크게 환희 용약했다고 나온다.[41] 팔부중의 환희는 곧 그대로 음악이다. 이것은 동양에서 즐거울 락(樂)과 음악 악(樂)이 '未分的'인 데서 잘 말해준다.[42] 이처럼 전적을 조사하면 더 많은 곳에 乾達婆 등장의 예를 알 수 있을 것이다.

---

39) [天衣를 걸치고 공중을 나는 天人을 말하는데, 이집트 · 메소포타미아에서 태어나 그리스 · 로마로 전개되는 날개달린 신들에 대해서 동양에서는 날개가 없는 비천이 창조되었다. 발생지는 인도로 알려지며, 서방의 비천이 주로 나체 중심인데 동양에서는 장식적인 천의에 관심을 두었다. 敦煌에서 雲岡 · 天龍山으로 차츰 중국적인 시각이 침투되어감에 따라 그러한 경향이 분명해진다. 그리고 비천무늬는 하늘에 떠 있다는 仙人을 나타낸 장식무늬의 하나이다. 서양에서는 새의 날개를 단 아이로 나타내어 천사라 하며, BC 3000년 무렵 메소포타미아 印章과 BC 1400년 무렵 이집트 라(Ra ; 태양신) 像에서 보이기 시작하였다. 동양에서는 인도 브라만시대부터 나타나 불교에서는 飛天이라 하여 항상 奏樂과 散花를 하며 하늘을 떠도는 天人으로, 1세기 무렵부터 널리 조형화되었다. 한국에서는 삼국시대부터 고구려 고분벽화, 백제 무령왕릉 등에서 나타나며, 통일신라시대에는 8세기 이후 사실적이고 세련된 특징을 보여준다. 그 뒤 고려 · 조선의 범종 · 승탑 · 단청 등 각종 공예에까지 널리 쓰였다(각주 (61) 참조). 이것은 중국화된 건달바의 한 모습이기에 한국에 전래되어 어떻게 변용되는가를 살피는 일도 중요하다](옮긴이 주)
40) 馬書田, 『中國佛神』, 北京: 團結出版社, 2006, 206-207쪽.
41) 洪思誠 주편, 『佛教常識百科』上, 990-100쪽 참조.
42) 김용옥, 『아름다움과 추함』, 통나무, 2000(중판), 84쪽 참조.

덧붙인다면 『삼국유사』권5 「융천사(融天師) 진평왕대(眞平王代)」
조의 「혜성가(彗星歌)」에 '건달바(乾達婆)' '건달바성('乾達婆城)'이
란 말이 나오는데[43] 양주동(梁柱東. 1903-1977))은 『고가연구(古歌
研究)』에서 이에 대한 설명과 참고문헌을 밝히고 있다. 이해를 돕기
위해서 그 전부를 원문 그대로 들어둔다.

〈乾達婆의 설명과 참고서적〉

• (乾達婆는) 音讀. 「乾達婆」는 梵 「간달바」, 그 原義는 「嗅香」, 八部
  衆의 一인 天樂神의 名號이나, 「尋香」의 義로 西域에서 「俳優」의
  稱이 되엿다. 대개 西域俗에 俳優가 흔히 남의 집 飮食냄새를 맡아
  가며 作樂 · 求乞하기 때문이다. 現行語의 「건달」亦是 「不作生業
  只尋飮食之氣」하는 類의 사람의 汎稱이다.[44]

• 什曰, 乾闥婆, 天樂神也. 處地十寶山中, 天欲作樂時, 此神體上有相
  出, 然後上天也.(注維摩經一)

• 乾闥婆, 此云嗅香, 以香爲食, 亦云香陰, 其身出香, 此是天帝俗樂之
  神也.(天台文句二下)

• 犍沓和, 又云犍陀羅, 或作乾沓婆, 或云乾闥婆, 舊名也. 今正言犍達
  縛, 此云嗅, 亦云樂神, 一云食香, 舊云香紳, 亦近也, 經中亦作香音
  神也.(玄應音義三)

• 西域呼俳優亦云尋香, 此等不事王侯, 不作生業, 唯尋諸家飮食等香
  氣, 便往其門, 作諸伎樂, 而求飮食.(二十唯識述記 · 上)
  乾건闥탈婆바이 아들이 놀애를 블라(月印第卄一 · 一九〇)[45]

---

43) 이에 대해서는 후술(Ⅳ. 史料를 통해본 '건달')을 참조.
44) 梁柱東, 『增訂 古歌研究』, 一潮閣, 1958년, 567쪽.
45) 梁柱東, 『增訂 古歌研究』, 568쪽.

〈乾達婆城의 설명과 참고서적〉

- 「乾達婆城」은 譯曰「尋香譯」, 西域의 俳優들이 흔히 幻術로 城을 作하고 그 안에서 游戱함으로 轉하야「蜃氣樓」를「乾闥婆의 놀온 城」이라 稱한다. 곧 本歌第一・二句의「녜 싀ㅅ믌ㄱ 乾達婆이 놀 온잣」云云은「東海邊의 蜃氣樓를 바라보고」의 義에 不外한다.[46]

- 乾達婆城…西域呼俳優亦云尋香, 此等能作幻術, 此幻作城. 其中遊 戱, 名尋香城, 幻惑似有, 無實城用. 或呼陽焰化城, 名健達縛, 諸商 估等入諸山海, 多見陽焰化爲城室, 於中聞有作樂者, 西域呼作樂者, 旣名尋香, 故說此化 城名尋香城.(二十唯識述記・上)

- 犍達婆者, 日初出時, 見城門樓櫓宮殿行人出入, 日轉高轉滅, 此城 但可眼見, 而無有實, 是名犍達婆城.(智度論・六)

- 乾城, 俗云蜃氣 脣大蛤也, 朝起海洲, 遠視似有樓櫓人物, 而無其 實.(輔行・一之三)

- 乾闥婆城, 此云尋香城也, 西域名樂人爲乾闥婆, 彼樂人多幻作城郭, 須臾如故, 因卽謂龍蜃所現城郭, 亦爲乾闥婆城.(慧苑音義下)[47]

양주동은 건달바에 대해 '팔부중의 하나 → 배우 → 건달'을 뜻한 다고 이해하고 있다.[48] 그리고 건달바가 나오는 곳으로는 주유마경 일(注維摩經一), 천태문구이하(天台文句二下), 현응음의삼(玄應音 義三), 이십유식술기(二十唯識述記)・상, 월인석보21(月印釋譜卄

---

46) 梁柱東,『增訂 古歌研究』, 574쪽.
47) 梁柱東,『增訂 古歌研究』, 574쪽.
48) 이에 대해 兪昌均은 "乾達婆는 伎樂을 일삼는 俳優이거나 伎樂으로서 문전 乞食 하는 건달뱅이와 같은 것이 아니라. 護國佛教인 新羅에 있어서 佛教의 守護神 乾 達은 곧 新羅의 護國神일 수 있는 것이다" 兪昌均,『鄕歌批解』, 형설출판사, 1994, 742-743쪽라는 지적을 하고 있어 흥미롭다.

一)·190을, 건달바성이 나오는 곳으로는 이십유식술기(二十唯識述記)·상, 지도론(智度論)·6, 보행(輔行)·1의 3[一之三], 혜원음의(慧苑音義)·하를 들고 있다.

4. 사료(史料)를 통해본 '건달'

앞서 조항범은 '건달'이라는 단어가 16세기의 『순천김씨언간(順天金氏諺簡)』에 처음 보인다고 한다. 『순천김씨언간』은 청주의 순천 김씨 묘에서 1977년 출토되어 1978년 학계에 보고된 간찰인데, 대개 16세기에 만들어진 것으로 보인다. 총 192장의 많은 편지 가운데 69번째에 '건들 둔사니만 드리고 잇거니'[49]라는 말이 있고 여기에 '건달'이란 말이 나온다. "여기서 말하는 건달은 남자종 '둔사니(=둔산이)'와 관련하여 '게으른 사람'의 의미로 쓰였을 것으로 추정된다"[50]고 한다. 이렇게 보면 일단 지금까지 조사된 자료상으로는, 우리말 '건달'의 부정적 용례가 16세기라고 추정해 볼 수 있다.

그런데 한자어 '건달(乾達)'이란 말은 실제로는 그 보다도 훨씬 앞선 것 같다. 예컨대 고려시대 후기의 고승 일연(一然)이 1281년(충렬왕 7)경에 편찬한 『삼국유사』권 융천사(融天師) 진평왕대(眞平王代) 조의 「혜성가(彗星歌)」에 이미 '건달바(乾達婆)'/'건달바성(乾達婆城)'이란 말이 나오기 때문이다. 혜성가는 신라 향가의 하나로 진평왕

49) 조항범, 『註解 순천김씨 묘출토간찰』, 태학사, 1998, 355쪽.
50) 조항범, 『註解 순천김씨 묘출토간찰』, 358쪽의 각주 21 참조.

때 융천사가 지은 10구체의 향가(鄕歌)이다.[51] 여기에는 아래와 같이
'건달바(乾達婆)의 논 성(城)'이라고 하여 '건달바' '건달바성'이란 말
이 나온다.

舊理東尸汀叱乾達婆矣	녜 싀ㅅ믌굿 乾達婆이
遊烏隱城叱肹良望良古	노론 잣흘란 ㅂ라고
倭理叱軍置來叱多	예ㅅ 軍두 옷다
烽燒邪隱邊也藪耶	燧슬얀 ㄱ 이슈라
三花矣岳音見賜烏尸聞古	三花이 오롬보샤올 듣고
月置八切爾數於將來尸波衣	돌두 ㅂ즈리 혀럴바애
道尸掃尸星利望良古	길쓸 별 ㅂ라고
彗星也白反也人是有叱多	彗星여 솔볋여 사ㄹ미 잇다
達阿羅浮去伊叱等邪	아으 둘 아래 뼈갯더라
此也友物化所音叱彗叱只有叱故	이 어우 므슴ㅅ 彗ㅅ기 이실꼬

예전 동해 물가 / 乾達婆의 논 城을랑 바라보고 / "왜군이 왔다!" / 봉
화를 든 邊方이 있어라 / 三花의 산 구경 오심을 듣고 / 달도 부지런히
등불을 켜는데 / 길 쓸 별 바라보고 / "彗星이여!" 사뢴 사람이 있구나
/ 아으 달은 저 아래로 떠 갔더라 / 이보아 무슨 彗星이 있을꼬.

이 작품은 거열랑(居烈郎), 실처랑(實處郎), 보동랑(寶同郎) 등 세
화랑이 풍악(楓岳)(=금강산의 별명)으로 유람하려 하였더니 혜성이
심대성(心大星)(=중심이 되는 큰 별)을 범하고 있었다. 낭도들이 의
아하여 놀러 가지 않았는데 그때 융천사가 혜성가를 지어 부르니 혜

---

51) 아래는 梁柱東, 『增訂 古歌研究』, 561-607쪽을 참고하여 정리한 것임.

성의 변괴가 없어지고 때마침 침략한 왜구도 물러가 도리어 복이 되
어 대왕이 기뻐하여 낭도를 풍악에 보내어 유람하게 하였다고 한다.[52]
여기서 혜성은 요성(妖星)으로 혜성이 나타나면 천재나 병화가 있으
며 나라가 망할 조짐이라는 당시의 관습에 의한 것이다. 또 심대성은
이십팔숙(二十八宿) 중 심숙(心宿)의 대성(大星)으로 신라의 중심지
인 경주를 상징하며 '혜성범심대성(彗星犯心大星)'은 왜구가 신라의
동해안에 침입하였다는 것을 비유한다. 어쨌든 이때만 해도 乾達婆,
乾達婆城은 폄하의 대상은 아니었다고 생각된다.

양주동은, 앞서서 말한『고가연구』에서 혜성가에 나오는 건달바, 건
달바성에 대해 설명 및 참고문헌을 붙이고 있다. 양주동은 '건달바'에
대해 '팔부중의 하나 → 배우 → 건달'을 뜻한다고 하고 있다.

그런데 유창균(俞昌均)은『향가비해(鄕歌批解)』에서 건달바, 건달
바성에 대한 설명으로, "범어 Gandharva의 음차표기(音借表記), 심
향행(尋香行), 심향(尋香), 식향(食香) 등으로 번역한다. 팔부중(천·
용·야차·건달바·아수라·가루라·긴나라·마후라가)의 하나로
제석천의 아악을 주재하는 신의 이름이다. 지상의 보산중(寶山中)에
살면서, 술과 고기를 먹지 아니하고, 오직 향만을 맡아 살고 불교를 수
호하는 신으로 일컬어진다. '건달바'를 단독으로 생각할 때는 여기에
왜 등장하게 되었는지 그 의미가 분명하지 않다. 양주동은 '건달바'에

---

52)『三國遺事』권5 融天師彗星歌 眞平王代: 第五居烈郎 第六實處郎 一作突處郎 第七
寶同郎等三花之徒 欲遊楓岳 有彗星犯心大星 郎徒疑之 欲罷其行 時天師作歌歌之
星怪卽滅 日本兵還國 反成福慶 大王歡喜 遣郎遊岳焉 歌曰 舊理東尸汀叱 乾達婆
矣 遊烏隱城叱肹良望良古 倭理叱軍置來叱多 烽燒邪隱邊也藪耶 三花矣岳音見賜
烏尸聞古 月置八切爾數於將來尸波衣 道尸掃尸星利望良古 彗星也白反也人是有
叱多 後句 達阿羅浮去伊叱等邪 此也友物比所音叱彗叱只有叱故.

대한 '팔부중의 하나 → 배우 → 건달'을 뜻한다고 하였을 뿐, 이 노래
와 무슨 관계가 있는 지에 대해서는 언급하지 않았다. 만약 아래의 구
와 관계없이 이것만으로 생각한다면 건달바는 기악을 일삼는 배우이
거나 기악으로서 문전 걸식하는 건달뱅이와 같은 것이 아니라. 호국
불교인 신라에 있어서 불교의 수호신 건달은 곧 신라의 호국신일 수
있는 것이다"[53]라고 하고 있다.

그리고『삼국유사』의 예 이후의 자료로서는 조선 초기 김종서(金宗
瑞. 1390-1453)와 정인지(鄭麟趾. 1396-1478) 등이 세종의 교지를
받아 만든 고려시대 역사책인『고려사』를 참고할 필요가 있다. 그런
데 우선 한글번역본인《CD-ROM 고려사》[54]를 검색해보면 그 제117권
(列傳 제30/金震陽)에 "이에 벼슬자리를 잃을까봐 근심하는 '건달'패
들과 윗사람의 비위만 맞추고" 운운하는 부분이 나온다. 그런데 원문
을 찾아보면 "어시(於是), 환실건몰지배(患失乾沒之輩)"로 되어 있다.
그리고 '건몰(乾沒)'을 '건달패'로 해석한 것 이외에《CD-ROM 고려
사》의 한글 번역에는 '건달'이란 말은 더 이상 보이지 않는다. 건몰이
란 보통 국어사전에는 ① 남의 금품을 거저 빼앗음, ② 법에 어긋나는
물건을 관청에서 몰수함의 뜻이나, 여기서는 '세(勢)를 좇아 부침(浮
沈)한다'는 뜻으로 풀이하면 좋겠다.[55] 그러니까 세상에 얄팍하게 영
합하는 무리의 뜻이지 불교의 건달과는 무관함을 알 수 있다.

일반적으로 볼 때, 유교(주자학)를 국가이념으로 표방하고 불교를

53) 兪昌均,『鄕歌批解』, 742-743쪽.
54) 이것은 CD-ROM 고려사(누리미디어)를 활용하였다.
55) 요행으로 이익을 얻는 것을 乾이라 하고 잃어버림을 沒이라 한다(『日知錄』권32)
    (諸橋轍次,『大漢和辭典』권1, 東京: 大修館書店, 1984年(修訂版), 402쪽 참조.

배척하는 이른바 억불숭유의 국시(國是)를 채택한 조선시대에 이르면, 건달에 대해 상반된 두 가지의 해석이 존재할 것으로 추정할 수 있다. 즉 불교를 신앙하는 쪽에서는 건달을 칭송하고, 그렇지 않은 즉 유교적 명분이 강한 곳에서는 폄하로 일관될 것이다. 후자가 사회의 지도층 혹은 남성들의 입장이라면, 전자는 후자의 이면에 가려져 있는 하층 민중이나 여성들의 입장이었을 것이다. 世宗(世宗 31, 1449)이 펴낸, 석가의 생애를 소설적인 구조로 서사화한 악장체(樂章體)의 찬불가 『월인천강지곡(月印千江之曲)』에는 천룡팔부로 표현되고 있지만, 내부적으로는 천룡팔부의 하나인 '건달'을 지칭하는 것으로 보이는 구절이 있다.[56] 즉,

- 天龍 八部ㅣ 讚嘆ㅎᅀᆸ니(其七)
- 天龍 八部ㅣ 큰 德을 ᄉ랑ㅎᅀᆸ바 놀애를 블러(其二十二)
- 佛寶를 너피시며 法寶를 너피시며 僧寶를 ᄯ 너피시니 地神이 讚嘆ㅎ며 空天ㅣ 讚嘆ㅎ며 天龍八部ㅣ ᄯ 讚嘆ㅎᅀᆸ니(其九十六)

『월인천강지곡』은 '달이 온 세계를 비추는 것처럼 넓고 큰 석가의 공덕을 찬송한 노래'라는 뜻이다. 제목만 보아도 불교를 칭송하는 것을 알 수 있다. 1447년에 왕명에 따라 수양대군(首陽大君)이 어머니 소헌왕후(昭憲王后)(=세종의 정비)의 명복을 빌기 위해 지어 바친 『석보상절(釋譜詳節)』을 지어 올리자 세종이 보고 『월인천강지곡』을 지었다고 한다. 석가의 공덕을 찬송한 악장(樂章)이지만 국중 연악

---

56) 아래 인용은 許雄·李江魯 공저, 『註解 月印千江之曲』, 서울 : 新丘文化社, 1963, 8쪽, 23쪽, 89쪽의 해설과 원문을 참조.

(宴樂)으로 쓰지 않았다. 그 이유는 숭유억불의 국시에 위배되기 때문이다.

『월인천강지곡』에는 천룡팔부의 부처 찬탄 구절이 보이고, 앞서 양주동이 제시했듯이 『월인석보(月印釋譜)』에는 다음과 같이 "건달바가 노래를 부른다"는 말이 나온다.

乾건闥탈婆빵이아들이놀애를블라(月印第卄一·一九〇)[57]

이 『월인석보』는 조선 세조 때 편찬한 석가의 일대기이다. 1459년(세조 5년)에 간행한 이 책은 세종이 지은 『월인천강지곡』과 세조가 대군 시절에 지은 『석보상절』을 개고(改稿)하여 합편(合編)한 책이다. 1457년 왕세자였던 도원군이 죽자 세조는 이를 애통히 여겨 부왕인 세종과 소헌왕후 및 도원군의 명복을 빌기 위해 근 2년에 걸쳐 증보·수정하여 간행하였다고 한다.

이어서 인터넷 『조선왕조실록』[58]에 들어가서 한글로 '건달'을 검색해 보면 13건이 나온다. 그런데 정작 원문과 일일이 대조를 해보면, '용천(龍天)'(①)(=천룡팔부)과 '건달바성(乾闥波城)'(②) 순천(順川)의 건달선성(乾達山城)(⑥) 외에는 '건달'이라는 용어가 발견되지 않는다. 즉

57) 世祖,『月印釋譜』(卷21, 23) (서울: 弘文閣, 1983), 381쪽.
58) 증보판 CD-ROM 국역 조선왕조실록[Copyright ⓒ 1995, 1997 서울시스템(주) 한국학데이타베이스연구소]이 있으나 여기에는 원문이 없다. 여기서 朝鮮王朝實錄 홈페이지에 실린 한글 번역과 원문을 활용하였다(http://sillok.history.go.kr/main/main.jsp).

① 태조 14권 7년 5월 13일 (기미) 003 「흥천사 감주 상충이 선·교 양종의 영수를 뽑아 사찰을 주관케 할 것 등을 건의한 글」에 '龍天'(1집 122면)이란 말이 나온다. 용천은 불가에서 말하는 천룡팔부이다.

② 태종 15권 8년 4월 2일 (경진) 013 「황제가 지은 찬불시. 생불이 라고 하는 서역 승 갈니마 칭갈」에 "예부(禮部)에서 이내(李來)·맹사 성(孟思誠)·설칭(薛偁)·이회(李薈)로 하여금 영곡사(靈谷寺)에 나 아가서 각각 황제가 지은 찬불시(讚佛詩)를 속운(續韻)하여 올리게 하 였다. 어제시(御製詩)에 이르기를, "세상 사람이 해탈(解脫)하여 세 상 사이에 나오면 건달바성(乾闥波城)[59]은 길이 닫히지 않았도다(下 略)""(1집 434면)라고 있다.

③ 세종 9권 2년 8월 20일 (병진) 003 「이조에서 손실 위관들을 지방 에서 전록을 받는 대소 인원에게 시킬 것을 아뢰다」에 "이조에서 계하 기를, "여러 도(道)의 손실 위관(損實委官)들이 모두 그 지방의 건달들 로 염치없는 무리이거나, 또는 아전으로 출신한 자로 되어 있어(類皆鄉 原無恥之徒及吏典出身者)""(2집 392면)라고 있다.

④ 세종 90권 22년 7월 3일 (계묘) 002 「사헌부 감찰 황보원이 딸의 부정으로 비난받다」에 "사헌부 감찰 황보원(皇甫元)의 딸이 별시위(別 侍衛) 유극경(柳克敬)에게 시집가서 음탕한 짓을 멋대로 하므로, 극경 (克敬)이 쫓아 버렸더니, 또 다른 사람에게 개가(改嫁)하였으나 건달패 와 가만히 간통하였는데(遊俠之徒, 暗相私通)"(4집 299면)

⑤ 성종 268권 23년 8월 20일 (무오) 001 「김제신·안호 등이 상소 하여 박원종의 개차를 청하므로 어서를 내리다」에 "박원종(朴元宗)은 본래 활쏘기와 말달리기를 업(業)으로 삼아 배우지 아니하여 무식한데 다가 환경이 좋은 집안에 하나의 건달(一豎子)에 지나지 않는 자입니

---

59) 건달바성(乾闥婆城)은 건달바가 만든 성을 말한다.

다"(12집 219면)라고 있다.

⑥ 선조 46권 26년 12월 3일 (임자) 007 「비변사에서 전라도 각지의 산성을 수축하여 들어가서 지키게 하도록 건의하다」에 "도내의 산성을 살펴보니 남원(南原)의 교룡 산성(蛟龍山城), 담양(潭陽)의 금성 산성(金城山城), 순천(順川)의 건달산성(乾達山城), 강진(康津)의 수인 산성(修仁山城), 정읍(井邑)의 입암 산성(笠巖山城)이 모두 천험(天險)의 요새로 되어 있어 난을 당하여 화를 피하는 데는 이보다 좋은 데가 없다고 하였습니다. (中略) 입암 산성은 장성 현감 이귀(李貴)가 거의 다 수축했습니다. 건달 산성과 수인 산성 또한 이 예에 의해 수축하게 하고"(22집 178면)

⑦ 선조 89권 30년 6월 5일 (갑자) 002 「각능 재랑의 수직을 철저히 하고 서얼이나 공사천의 무과 응시를 제한하다」에 "경상도는 적과 대치하고 있는데, 우후(虞候)는 아장(亞將)으로서 군사를 거느리고 치돌(馳突)해야 할 책임이 있으니, 잘 선택하지 않을 수 없습니다. 그런데 좌병 우후(左兵虞候) 이경호(李景湖)는 백수건달(白徒) 출신으로서 궁마(弓馬)에 익숙하지 못하니, 체개(遞改)하시고 전쟁을 겪고 용기와 지략이 있는 사람을 각별히 택하여 차임하소서"(23집 239면)라고 있다.

⑧ 선조 35권 34년 2월 1일 (경오) 001 「변방 방비에 힘을 기울일 것을 지난날의 예를 들어 비변사에 알리다」에 "그러다가 왜적이 깊이 쳐들어오자 유성룡(柳成龍)·김응남(金應南)은 체찰사(體察使)의 명을 받고서도 가지 않았고, 신입(申砬)은 시정의 건달(白徒) 수백 명을 거느리고 행장(行長)의 10만 대군을 막다가 단번에 여지없이 패하여 나라가 뒤집어졌었다"(25집 680면).

⑨ 광해 3권 즉위년 4월 1일 (정사) 001 / 「영중추부사 이덕형이 나라를 다스리는 일에 대하여 상차하다」에 "대저 이진(李珒)은 방종하고

난잡하여 무뢰한 종실과 무사들을 불러들여 활 쏘는 계(契)를 만들고, 사나운 반노(叛奴)와 건달패들을 모아(聚頑悍叛奴白徒而爲私饗) 사사로운 향연을 베풀기도 하였습니다"(31집 289면).

⑩ 광해 3권 즉위년 4월 7일 (계해) 001 / 「헌납 임연이 이덕형의 차자에 대한 변명을 아뢰고 체차를 청하다」에 "'이진(李珒)이 무뢰한 종실과 무사를 불러들이고, 사나운 반노(叛奴)와 건달들을 모으며(聚頑悍叛奴白徒), 조총(鳥銃)과 활과 화살을 많이 모아 도망자들의 주동이 되어 불측한 말들을 불러 일으켰다'고 하였습니다"(31집 292면)./

⑪ 현종 18권 11년 10월 19일 (계묘) 002 / 「대사간 심재가 이인 찰방 조원양을 탄핵하니 따르다」에 "대사간 심재 등이 논하기를, '이인 찰방(利仁察訪) 조원양(趙元陽)은 광주(廣州)의 건달(白徒)로 장관(將官)의 임기가 다 찬 것을 인하여 동반의 정품직을 제수받았습니다. 사람과 관직이 맞지 않으면 관방이 어지러워질 것이니 도태시키소서'하니, 상이 따랐다. 이조 판서 조복양이 원양을 들어 쓴 일로 소를 올려 자신의 잘못을 말하고, 원양을 비호하니, 상이 안심하고 사직하지 말라고 답하였다. 대사간 심재가, 한 건달(一白徒)을 논하였다가 사람에게 말을 들어 국체를 크게 손상하였다 하여 인피하니, 정언 김덕원이 처치하여 출사시킬 것을 청하였는데, 상이 따랐다. 정언 오두헌(吳斗憲)과 사간 심유(沈攸)가 당초의 논계에서 자세히 살피지 못하였다는 이유로 인피하여 체직되었다. 복양은 연달아 상소하여 면직을 청하였으나 상이 허락하지 않았다. 원양은 복양의 가까운 일가이다. 본래 한 건달(本一白徒)로 문관도 무관도 아니었는데 복양이 육품 정직에 앉혔으니 어찌 사심을 부렸다는 비난을 면할 수 있겠는가. 심재가 이를 들어 바로잡은 것은 진실로 대간의 체통을 얻었다. 그런데 오두헌 · 심유 등이 도리어 원양을 위해 인피한 것은 대개 복양을 두려워한 까닭이다"(36집

677면).

⑫ 숙종 3권 1년 4월 26일 (갑인) 002 /「김포 유학 이만형이 재이에 대하여 올린 상소」에 "그런데도 청루(靑樓)에서 건달패로 놀던 나그네(靑樓冶遊之客)가 국자감(國子監)의 책임을 함부로 맡고 있으니, 많은 선비들의 수치(羞恥)가 이보다 더한 것은 없겠습니다"하였다. (中略) 그 상소에 날마다 귀개를 찾아간다고 말한 것은 윤휴(尹鑴)를 가리킨 것이요, 청루(靑樓)에서 건달패로 놀았다(靑樓冶遊)는 것은 민종도(閔宗道)를 가리킨 것이다(38집 269면).

⑬ 정조 38권 17년 9월 16일 (병오) 005「병조가 올린 금군에 관한 절목」에서 "그런데 근년 이래로 금군을 모면하려는 멀쩡한 건달들(白徒閑汨之圖免禁軍者)이 아침에 별파진으로 들어가서는 저녁에는 화포를 맡는 곳으로 옮겨가는가 하면 그대로 또 원래의 금군으로 속여 바꿔치기도 하는데, 무예는 까맣게 모르면서 관마(官馬)만 그대로 차지하고 있다. 현재 화포를 맡은 군사로서 금군에 들어간 사람이 무려 수십 명이나 되는데 계속 이대로 두고 보면 6백 명의 금군이 앞으로 다 멀쩡한 건달이 되고야 말 것이다(其將盡爲閑汨而後已)"(46집 410면).

위에서 알 수 있듯이 한글 번역으로서는 '건달' '건달패' 혹은 '백수건달'이라는 말을 사용하고는 있지만, 실제로 그것은 '향원(鄕原)'(③), '유협지도(遊俠之徒)'(④), '수자(豎子)'(⑤), '백도(白徒)'(⑦-⑪), '청루야유지객(靑樓冶遊之客)·청루야유(靑樓冶遊)'(⑫), '백도한골(白徒閑汨)'(⑬)에 해당한다.

향원은,『논어』등에 나오는 '향원(鄕愿)'이며 한 시골에서 인정을 살펴 이에 영합하여 군자 소리를 듣는 위선자를 말하며 엄밀하게 말하면 불교의 건달과는 다른 유교적 범주에 들어 있는 인간이다. 유협은 협기(俠氣), 협객(俠客)과 같은 말로서 의협심이 있는 사람(남자)를 말한다. 이것 또한 순수한 불교용어와는 거리가 있다. 수자는 아이(=동자)란 뜻인데, 남을 업신여겨서 '그 녀석'하고 말할 때 쓰는 말이다. 이것도 불교의 건달이라는 말과는 관계가 없다.

백도는 훈련을 받지 않은 군사나 갑옷을 입지 아니한 사람, 또는 일에 미숙한 사람 정도의 뜻이다. 조선왕조실록에서는 예컨대 '궁마(弓馬)에 익숙하지 못한'이른바 훈련이 제대로 안 된 자들의 의미이다. 이것도 불교의 건달과 거리가 멀다. 청루야유지객 · 청루야유의 '청루(靑樓)'는 본래 귀인의 여자 또는 미인이 사는 집의 의미이나 이것이 변하여 계집의 집=기생집(妓樓)라는 뜻이며, 야유의 '야(冶)'는 요염한(아름다운) 기생에 빠짐을 말하며 따라서 야유는 기생과 어울리며 방탕하게 노는 것 즉 주색에 빠지다는 뜻이다. 따라서 청루야유지객 · 청루야유는 기생집에 드나들며 주색에 빠진 인간을 말하며 건달과는 거리가 있다. 백도한골의 한골의 한은 일을 하지 않고 한가히 노는 것을 말하고, 골은 잠기다, 몰두하다(골몰하다)의 뜻이다. 한골은 아무런 일도 않고 놀기에 급급했던 자들을 말한다. 따라서 백도한골은 놀기에 급급하여 훈련이 제대로 안 된 자들을 낮추어 한 말이다. 이것도 불교의 건달과는 거리가 있다.

그러면 왜 이런 향원, 백도 등의 용어들을 모두 건달로 번역을 했는지는 잘 알 수 없으나(물론 이것 또한 현대적 건달 폄하의 한 예에 속한다고 할 수 있겠다),[60] 기이하게도 앞서서 살펴본 『월인석보』등에서 보이던 건달바가 『조선왕조실록』이라는 조선시대 유교사회의 공

---

60) 아직도 무일푼의 놀고먹는 무리들을 건달로 번역하는 것은 흥미롭다.

식기록에서 거의 사라진 이유는 무엇일까? 묘하게도 『삼국유사』의
「혜성가」에서처럼, '건달파성'이란 말이 눈에 띄는 것은 무엇인가. 이
것은, 외침 방어에 노력을 기울인 결과 불교의 호국화 경향으로 인해
국리민복과 연계될 수 있는 고리 부분 남고, 나머지는 민간의 습속, 생
활의 차원에 흡수되었기에[61] 공적인 글쓰기에서는 건달이 논의되지

---

61) 이 점은 역시 불교의 유적, 민간의 유물 등을 통해 점검할 수밖에 없다. 이에 대해
서는 별도의 논고가 필요한데, 우선 여기서는 필자가 조사한 바를 약간 밝혀 두는
데 그치기로 한다.
　① '주악인물상'에 대한 조사: 주악인물상은 악기 연주로 부처님을 공양하고 그 덕
을 찬탄하는 것이며 음악을 관장하는 건달바의 화현이다. 우리나라에는 안악3호
분 등 고구려고분에서 보이기 시작하여 통일신라시대의 석탑과 부도, 고려의 능
묘 벽화, 고려의 불전과 불탑 등 여러 분야에 나타난다. 삼국~조선후기 탑·부
도·법당천장 등에 조성된 주악인물상으로는 예컨대, 화엄사 사사자삼층석탑 기
단, 경주 감은사지 삼층석탑에서 출토된 청동사리기, 남원 실상사 백장암 상층석
탑, 구례 화엄사의 사사자삼층석탑[이상은 부처님에 대한 찬탄과 공경의 마음을
표현한 것], 문경 봉암사 지증대사적조탑[이것은 고승대덕에 대한 존경심의 표
현], 그리고 청송 대전사 보광전/완주 송광사 대웅전/제천 신륵사 대웅전의 천장
에서 보이는 것이 그것이다. 삼국시대부터 제작되기 시작한 주악인물상의 주인공
들은 天衣를 입거나 날개를 가진 天人, 또는 凡夫의 모습으로 나온다. 이어서 서산
보원사터 남면/예천 개심사지오층석탑/양양 선림원지 삼층석탑/영천 신월동 삼
층석탑/서산 보원사지 오층석탑/군위 지보사 삼층석탑의 팔부중상.
　② '비천'에 대한 조사: 비천은 범종에 많이 장식되지만 법당 천장, 석등, 부도, 불
단 또는 단청의 別枝畵 등에도 나타난다. 비천은 불국정토에 살며 부처님을 찬탄
하는 天人으로 고대 인도 신화에 나오는 건달바, 긴나라를 원형으로 한다. 2,000여
년 전 불교가 인도로부터 중국으로 東傳할 때 비천도 뒤 따랐다. 불교 수용의 통로
였던 돈황 막고굴 벽에 그려진 비천은 인도신화의 건달바나 긴나라의 모습을 벗
어나 중국 도교의 신을 닮은 우아하고 아름다운 자태이다. 여기에는 페르시아 등
의 귀족적인 풍모도 가미된 것으로 보인다. 고구려 장천 1호 고분, 상원사 동종, 에
밀레종, 여주 신륵사보제존자석등 앞 석등의 비천상, 목각으로 된 완주 송광사 대
웅전 천장의 비천상, 부산 범어사 대웅전/창녕 관룡사 대웅전 불단의 비천상, 그림
으로는 영덕 장육사 대웅전의 비천상, 문경 봉암사 봉암사 지증대사적조탑, 국립
중앙박물관 소장 정토사흥법국사실상탑, 경북대학교박물관 소장 석조부도, 화순
쌍봉사철감선사 부도, 양양 진전사지삼층석탑, 수원 용주사범종 등의 비천상이 있

않고 있음을 말해주는 것이 아닐까.『조선왕조실록』에서 건달이 제대로 언급되고 평가되지 않는 것은『삼국유사』의 예와는 좀 다르며, 당연히 같은 조선시대에 만들어진『월인천강지곡』·『월인석보』의 친불교적 기술과도 다르다.

어쩌면『조선왕조실록』과『월인천강지곡』,『월인석보』의 예는 조선시대의 건달 이해 내지 불교 이해의 양면성을 보여주는 것일지도 모른다. 다시 말하면 지식인-관료와 일반 민중(부녀자/하층민 등)이 기본적으로는 '음불양유(陰佛陽儒)'라는 축에서 만나 교감하며, 공동 이념적 명분과 각각의 내실을 다져갔던 것은 아닐까 생각된다.[62] 이 점

다[위의 내용은 허균 한국민예미술연구소장의 다음 자료의 도움을 받았다:「비천」(『불교신문』제2096호(2005. 1. 14)/「보원사터」(『불교신문』제2127호(2005. 5. 6)/「주악인물상」(『불교신문』제2129호(2005. 5. 13). 이러한 조사를 시기별, 양식별 특징을 조사하여 건달의 의미를 밝히는 것이 필요하다.

62) 예컨대, 중국 남송(南宋) 시대의 사상가이며 주자학적 입장에서 유·불·도 삼교의 합일을 도모한 林希逸(1193년경~1270년경. 호는 鬳齋 등)이 지은『老子鬳齋口義』·『莊子鬳齋口義』·『列子鬳齋口義』의 이른바『三子鬳齋口義』가 한국에 수용되어 정통 유학자들, 승려들 사이에 많이 읽혔던 사실이 판본 조사에서 잘 드러난다. 이것은 '陰佛陽儒'의 한 측면을 잘 보여주고 있으며, 조선시대가 과연 주자학의 사회였던가 하는 의문을 던져주기까지 한다. 이에 대해서는 다음을 참고 바란다:

- 최재목,「林希逸『三子鬳齋口義』韓國版本 調查」,『郭店楚簡の思想史的研究: 古典學の再構築』제5권, (東京大 文學部 中國思想文化研究室, 2001. 2. 1). 이것은「林希逸『三子鬳齋口義』韓國版本 調查」란 제목으로 2000년 7월 23일 東京大學文學部 法文1호관 115호실에서 행한「科研費『古典學の再構築』特別講演會」에서 강연한 것을 수정·보완한 것임.
- ＿＿,「朝鮮時代에 있어서 林希逸『三子鬳齋口義』의 受容」,『陽明學』제10호(한국양명학회, 2003. 8. 25)[이것은 최재목,「朝鮮時代における林希逸『三子鬳齋口義』の受容」『제48회 國際東方學者會議 심포지움 자료집』(東方學會, 2003. 5. 16)을 수정·보완한 것임.

에 대해서 앞으로 위의 사료 외에 불교가요를 포함한[63] 고가요(古歌謠)[64] 및 학자들의 문집류(文集類) 등을 안목에 넣어 폭넓게 충실히 조사, 규명해갈 필요가 있을 것이다.

5. 맺음말: '새로운 의미의 노마드적 인간'으로서 건달의 재정립

건달은 고대 인도에서는 신들의 음료수인 소마주의 수호 역할을 했지만 불교 쪽으로 들어오고 나서는 동방지국천의 권속이 되고 또 제석천에게 가무음곡으로써 섬기는 역할을 한다. 천룡팔부의 하나인 건달은 『법화경』, 『화엄경』, 『무량수경』, 『대반야경』 등등의 대승경전에 항상 등장하여 법회자리를 수호하며, 경전의 끝부분에 자주 보이는 '팔부중이 부처님의 가르침을 듣고 환희하여 용약한다'는 기록에서 알 수 있듯이 호법과 깨달음의 환희를 표현하는 대명사처럼 되고 있다. 이 논문에서는 자세히 언급하지 않았지만, 천룡팔부중에는 음악의 신에 해당하는 존재가 건달 뿐만 아니라 긴나라, 가릉빈가도 있다. 하지만 우리 풍토에 깊이 정착하여 잘 알려진 것은 건달이다.

건달바가 노래와 연주를 전문으로 하는 신이었다는 점에서 인도에서는 악사나 배우까지 '건달바'라 불렀다. 아마 우리나라에서도 이러

---

63) 우리나라의 불교 가요에 대한 개략은 김성배, 『韓國 佛敎歌謠의 硏究 - 그 史的 展開를 中心으로 -』, 문왕사, 1973(재판)를 참조하면 좋겠다.

64) 예컨대 龍飛御天歌, 樂學軌範, 樂章歌謠와 같은 것을 말한다. 이에 대한 개략은 金亨奎, 『古歌謠註釋』, 一潮閣, 1968 참조.

한 의미를 처음에는 거의 그대로 받아들여 한동안 '건달바'를 '광대'와
같은 뜻으로 사용했을 것으로 추정된다. 그런데, 광대 천시 풍조에서
건달바가 낮게 평가된 것으로 생각된다. 그 근본에는 '삶을 힘들이지
않고 살아가려는=생산에 관여하지 않고 놀고 먹는' 무리 등의 부정적
시각이 있었는데, 그것은 계층과 직업에 대한 관점의 변화와 더불어
조선시대 유교사회 이후 더욱 확고해진 것으로 추정해볼 수 있다.

국내에 건달바라는 말이 불교의 유입과 함께 들어와서, 일종의 정
보의 전달 체계상에서 본다면, 발신자의 의미와는 달리, 고려시대(불
교사회)-조선시대(유교사회)-현대(자본주의사회)에 이르기까지의
'경로' 상에서 생긴 '잡음'에 의해 수신자들은 '팔부중의 하나 → 배우
→ 건달(건달패, 건달뱅이, 깡패, 기둥서방 등)로 각기 이해해 왔음을
알 수 있었다. 이 점에서 건달은 남성적, 폭력적 이미지로 정착해왔다.
그러나 이것은 왜곡이 아니고, 건달이 우리나라에 土着化하는 과정에
서 재조정(再調整)되고 영유(領有. appropriation)되는 것이었다. 그
근저에는 역시 불교 사회가 유교적으로 변형되는[65] 큰 과정과 여기서
빚어지는 '건달(불교도)-광대(예술인)=놀고먹는[不勞] 집단 경시'라
는 관점의 태동이 있고, 이에 주목해 볼 필요가 있을 것이다.[66] 마치
중국의 송명유학자들이 유학의 순결성을 지키기 위하여 대개 열렬한

---

65) 이에 대해서는 마르티나 도이힐러, 『한국사회의 유교적 변환』, 아카넷, 2003, 참
조.
66) 유교가 修己治人을 강조하고, 倫常(日常人倫)에 힘쓰며, 건전한 노동을 중시하기
에 건달과 같은 예술인은 不勞의 무익한 부류로 폄하하는 것은 '불교사회에서 유
교사회'로, 그리고 '예술인 계층의 중시에서 경시로'라는 여러 사회적 정황과 맞물
려 진행되었을 것으로 보이지만 이에 대한 실증적인 연구가 필요하다.

배불론자를 자청했던 것처럼[67] 유·불 간의 대립은 개념-논리를 둘러싼 헤게모니로 표면화된다. 유교에 밀려난 불교, 또는 기득권층에 밀려난 건달 경시 풍조는 결국 우리의 불교 풍류의 퇴영으로 이어졌다. 건달을 룸펜(Lumpen), 놈팡이에 가까운 부정적 해석을 내리게 된 까닭도 여기에 있을 것이다.[68]

예컨대, 건달이, 우리나라에 들어와서는, '팔부중의 하나 → 배우 → 건달'로 변천하여 기악을 일삼는 배우이거나 기악으로서 문전걸식하는 건달뱅이와 같은 것으로 볼 것이 아니라 "호국불교인 신라에 있어서 불교의 수호신 건달은 곧 신라의 호국신일 수 있다"는 관점이 있는 것을 보면, 어느 시점부터 정확하게 건달바가 천시되기 시작했는가를 객관적으로 고증하여 평가할 필요성이 생겨난다. 다시 말하면 '건달'의 계층, 역할을 시기적으로 조사하고(여기에는 불교사회 내에서의 건달의 역할, 그리고 불교사회에서 유교사회로의 전환 시에 건달의 위치 등이 포함), 우리의 사찰 등에 산재해 있는 불교 조형물과 회화에 건달이 어떻게 표현되어 있는가 하는가를 조사해간다면, 그 이면에 숨어 있는 이른바 "건달이 왜 이렇게 비꼼과 폄하의 대명사로 변용되었는가"하는 점이 보다 실증되어 분명해질 것이다.

『논어』에서는 "예(藝)에서 논다"[遊於藝][69]는 말이 나온다. 유교의 풍류는 이 육예에서 노니는 것, 즉 '예절[禮]·음악[樂]·활쏘기[射]·말타기[御]·글씨 쓰기[書]·셈하기[數]'로서 공자 당시 지식

---

67) 이에 대한 논의는 아라키 켄고, 『불교와 유교』, 심경호 역, 예문서원, 2000 참고.
68) 물론, 여기서는 적극 검토를 할 수 없었지만, 현재 부정적 의미나 지칭의 대명사인 건달, 깡패, 거지, 광대 등 사회의 아웃사이더들이 보여주는 제반 행태와 그 미적 예술적인 내용들을 있는 그대로 살피는 일도 중요하다.
69) 『論語』「述而篇」: 子曰 志於道, 據於德, 依於仁, 游於藝.

인들의 교양과목을 '차례로 거치는'(=섭렵하는) 뜻이다. 그러면 왜 '논다(遊)'고 했을까? 그것은 육예가 仁, 德과 같이 본원적·근본적인 것이 아니라 교양으로서 몸에 두루 익혀야할 것이라는 의미이다. 그렇다면 '육예에 논다'는 것은 (詩書禮樂과 같은) "교양의 세계를 섭렵하여 그것을 몸에 지닌다"는 뜻이다. 우리말의 '놀다'와 한자의 놀 '유(遊)'자는 삶 혹은 공부 그 자체라고 할 만큼 풍요롭고 깊은 의미로 채워져 있다.[70] 이처럼 '놀다'의 뜻처럼 일(노동)과 놀이(유희)를 합치시키고, 삶과 예술을 합치 시키는 것은 앞으로의 삶에 유용한 힌트가 될 만하다.

건달은 불·보살과 범부를 연결하는 재능을 지닌 존재이다. 우리의 역사 속에서 그 본래적 의미가 망각되긴 했으나 분명 건달은 불교 풍류인, 예술인의 표상이라 할만하다. 어쩌면 건달은 이 시대의 '새로운 의미의 노마드(nomad)적 인간'이라고 해도 좋지 않을까 생각한다.[71] 노마드는 '유목민', '유랑자'를 뜻하는 용어이다. 노마드적 인간은 한 공간에만 머무르지 않으며, 또한 한 자리에 앉아있더라도 특정한 가치와 삶의 방식에 매달리지 않고 끊임없이 자신을 바꾸어 가는, 자력적으로[72] 창조적인 행위를 할 줄 아는 인간이다. 그는 천수천안관세음보살(千手千眼觀世音菩薩)처럼 눈[시각]과 손과 발[촉각]이 온갖 시

---

70) 사실 한자의 놀 '遊' 자에는 ① 즐기다(→즐기는 것, 즐김) ② 각지를 돌다 ③ 유학(遊學)하다 ④ 일락(逸樂. 안일과 쾌락)(=喜遊. 遊蕩)을 일삼다 ⑤ 사귀다, 교제하다 ⑥ 유세(遊說)하다. ⑦ 물속에 들거나(자맥질하거나) 헤엄치다(=遊泳)' 등의 긍정적 및 부정적 의미가 모두 들어 있다. 이처럼 매우 다의적인 개념이다.
71) 이에 대해서는 이진경,『노마디즘』1·2, 휴머니스트, 2002 참고.
72) 이 점에서 건달은 야나기 무네요시(柳宗悅)가 말하는 他力美學과는 좀 거리가 있다. 타력 미학에 대해서는 최재목·기정희,『미의 법문: 야나기 무네요시의 불교미학』, 이학사, 2005 참조.

공간에 닿을 수 있는, 여러 분야를 넓고도 미세하게 넘나들 줄 아는 인간이다. 이것은 『금강경』의 "응당 머무는 바 없이 마음을 내라[應無所住而生其心]"[73]는 구절처럼 '무정주(無定住)의 깨어 있는 마음'의 소유자이다. 몸은 세속에 정주(定住)하면서도 영혼은 현실에 머물지 않고 미와 예술의 순수성을 추구하고 그 깨달음을 추구하고 깨달음의 환희를 표현할 줄 아는 순결한 예술인상으로서, 우리는 건달을 재정립해도 좋을 것이다. 그리고 나아가서 남성 점유의 폭력적 이미지를 여성적 유연함으로까지 넓혀 예술적, 미적, 창의적인 '깨어있는 눈'의 소유자로 정착시켜볼만하다. 즉, 정주이면서 무정주이고, '눈=조감(鳥瞰)/리(理)/로고스'의 세계와 '피부=충감(蟲感)/기(氣)/에로스'의 세계가 교합(交合)·교직(交織)하여 새로운 미적 예술적 가치를 창조해가는 경지 말이다. 이것은 결국 종래 우리 사회에서 규정해온 건달의 '놀고 먹는다'는 관념을 '놀며 창조한다'는 새로운 의미로서 읽고 실천하는 일이 될 것이다.

---

73) 『金剛經』제10장.

4장
元曉와 王陽明의 사상적 문제의식과
그 유사성

1. 서언

이 글은 분황 원효(芬皇 元曉. 617-686)와 양명 왕수인(陽明 王守仁. 1472-1528)(이하 양명) 두 사상가를 생애, 사상, 문제의식의 측면에서 비교, 논의해보려는 것이다.

그런데, 이 두 사람은 시대와 지역과 사상적 맥락을 달리 한다. 즉 공간적으로 한반도와 중국대륙처럼 서로 다른 문화와 습속을 갖고 있다. 또 시간적으로는 양자간에 850여년의 차이를 보인다. 아울러 사상의 면에서 이 둘은 불교와 유교로 그 맥락을 달리 한다.

이렇게 시공간과 사상적 맥락의 차이를 넘어서서, 두 사상가를 비교해볼 수 있는 근거는 무엇인가? 결론적으로 말하자면 이 두 사상가는 인간의 '마음(心)'에 주목하여 독자적인 사상을 구축, 전개해간다는 점에서 공통성을 보여준다. 게다가 이 두 사상가는 생애와 철학적 문제의식에서 매우 유사한 면모를 보여준다.

우선 이 두 사상가는 성격이 자유분방했다. 그야말로 '불기(不羈)'의 인물이다.[1] 기(羈)란 '말 굴레. 고삐'를 채우는 것 '구속하다. 속박하다'는 뜻이다. 따라서 '불기'란 '구속, 속박할 수 없다', '도덕이나 사회 관습 등에 얽매이거나 구속받지 않는다'는 뜻이다. 그것은 결국 성격이 유별나거나 능력이 비범하여서 일반 상식이나 룰로는 억누르기 어려운 것을 은유한다. 그만큼 이 두사람은 늘 왕따. 핍박을 당하거나 사회부적응의 가능성을 가지고 있었다. 아울러 사상체계도 하나-순일-단일에 얽매이지 않고 포괄-원용-일체를 지향할 수밖에 없었다.

따라서 이 글에서는 두 사람이 보여주는, 문제의식의 유사성에 주목하면서 논의를 전개해 보고자 한다.

---

1) 예컨대 원효의 경우 『三國遺事』卷4,「義解第5」의「元曉不羈」조를 참조. 마찬가지로 양명의 경우에도 어린시절부터 분방함이 발견된다. 즉 12세 되던 해(성화 19년, 1483년)에 그는 북경에서 학교를 다니며 공부를 시작하였지만 성격이 자유분방하고 구속받기를 좋아하지 않는 탓에 그는 교실에 갇혀서 공부하는 것을 싫어하였다. 훗날 그가 47세 되던 해(정덕正德 13년, 1518년), 당시의 아동 교육 실태를 "때로 아동들을 매로 때리고 밧줄로 묶어 마치 죄인과 같이 취급한다. 그러므로 아동들은 학교[學舍]를 감옥[囹獄]같이 생각하여 들어가려고 하지 않고, 교사를 마치 원수와 같이 생각해서 가까이하려고 하지 않는다"고 비판하면서 독창적인 아동교육론을 제창한 것도 바로 이러한 양명 자신의 유년의 경험에 바탕을 둔 것이었다는 생각된다. 양명은 학창 시절 학교를 몰래 빠져나와 다른 아이들과 어울려 전쟁놀이를 즐겨 했다고 한다.(최재목, 『왕양명의 삶과 사상: 내 마음이 등불이다』(서울: 이학사, 2003), pp. 48-49 참조) 이외에 그의 사상 및 학문 편력(이른바 '교의 삼변', '학의 삼변')은 사유의 자유분방함을 잘 보여준다.

2. 원효와 양명이 만나는 지점, '내 마음이 진리'

1) 원효의 깨달음 : '심외무법'

원효는 국내외에서 인정받는 한국의 독창적인 사상가 중의 한 사람이다. 87종 180여권의 방대한 저작(현존하는 것은 22여종 정도)에서 알 수 있듯이, 원효는 수많은 텍스트를 융섭하여 마침내 '一心의 철학'으로 디자인하였다.[2]

당나라 혜원(慧苑. 673추정-743추정)이 원효의 『금강삼매경론(金剛三昧經論)』을 읽고서, 「화엄학의 모든 스승들이 옛 저술에서 원효의 설을 인용하면서 해동(海東)이라고 칭하고 그 이름을 적지 아니한다. 몸은 동이(東夷)에 있어도 그 덕은 당나라를 덮었으니, 불세출(不世出)의 위인이라고 할 만하다,[3]고 했다. 그리고 당말(唐末)의 고승 연수(延壽. 904-975)는 『종경록(宗鏡錄)』에서 원효 스님은 「지혜가 환히 빛남이 마치 해와 달과 같다. 학식은 인천(人天)의 마음을 꿰뚫었고 정법을 온전히 깨달아 진여(眞如)의 깊고 깊은 뜻에 계합하였다. 스님은 과연 대오(大悟)하고 대철(大徹)한 분이시다.」[4]라고 말하였다.

---

2) 이러한 원효의 철학을 잘 정리한 책으로는 고영섭, 『위대한 한국인』(서울: 한길사, 1997)과 김상현, 『역사로 읽는 원효』(서울: 고려원, 1994), 아울러 고영섭 편, 『원효』(서울: 예문서원, 2002)을 참고했으면 한다.
3) 雜華諸師, 古著疏抄, 引證曉言, 稱海東曰, 不擧其名, 身在東夷, 德被唐土, 可謂不世出之偉人矣.
4) 智日月該 , 識人天貫 , 正法大全得 , 眞如密洞悉 , 師乃大徹大悟者[번역은 김상현, 『역사로 읽는 원효』(서울: 고려원, 1994), 291쪽 참조].

또 찬녕(贊寧)의 『송고승전(宋高僧傳)』권4 「원효전(元曉傳)」에서는 원효 사상의 윤곽과 인간적 기질을 장악하여 「용격의위(勇擊義圍), 웅횡문진(雄橫文陣)」이라 명쾌하게 적시한다. '의위'(義圍) 즉 전통적 텍스트 속에 담긴 불교철학 그 웅대하고도 견고한 개념의 장벽을, '용격'(勇擊) 즉 용감하게 공격하며 덤벼들었으며, '문진'(文陣) 즉 문자로 봉인된 진지 그 어지러운 글자들의 숲 속을, '웅횡'(雄橫) 즉 총칼 대신 붓 한 자루 들고 용감히 휘갈기며 가로질렀다. 그런데도 신라인들은 원효를 만 명으로 겨우 당해낼 적(萬人之敵)으로 불렀다.[5] 그래서 대각국사(大覺國師) 의천(義天)은 '우리나라 가르침의 자취를 읽다(讀海東教迹)'라는 시에서 원효를 이렇게 논한다:「(『~宗要』와 같은) 종(宗)을 짓고 (『金剛三昧經』과 같은) 경(經)을 논하여서 큰 이치(大猷)를 천명하니[6], 마명(馬鳴)과 용수(龍樹)의 공적에 필적하거늘, 지금 배움에 게을러 모두들 무식하니, (성인이 오신 줄도 모르고) 『동쪽 집에 공자라는 자가 있네』[7]라는 말과 같도다.」[8]

---

5) 贊寧, 『宋高僧傳』卷四, 「唐新羅國黃龍寺元曉傳(大安)」

6) 元曉, 『金剛三昧經論』 저술을 말함.

7) '동가(東家)'는 '동쪽에 있는 이웃집'을, '구(丘)'는 공자(孔子)의 이름이다. 풀이하면 '동쪽 이웃집에 사는 공자 아저씨' 정도의 뜻이다. 공자의 이웃에 살았던 한 어리석은 사람이 공자가 성인(聖人)인 줄 전혀 모르고 '동쪽 집에 사는 아저씨'로 여기면서 늘 "동쪽 집의 구씨(東家丘)"라고 부른 데서 나온 말이다. 남의 진가를 알아보지 못하는, 사람 가려 볼 줄 모르는 경우를 비유하는 말이다. 원래 이것은 『三國志』「魏志 · 邴原傳」에서 유래한다. 즉 어려서부터 배우기를 좋아한 병원(邴原)이란 사람이 스승을 만나려고 여러 곳을 다녔는데, 어떤 사람이 병원의 집 가까운 곳에 고문(古文)과 금문(今文)에 정통한 정현(鄭玄. 127-200) 선생이 살고 있다고 일러주자 그는 그를 스승으로 모시게 되었다. 병원은 스승으로 모신 정현에 대해 전혀 알지 못했기에, 당시 사람들은 그가 그렇게 유명한 정현을 몰라보고 '동쪽의 이웃집에 살고 있는 구' 정도로 보았다는 데서 유래한다. [『두산백과사전』(http://terms.naver.com/entry.nhn?docId=1226335&cid=40942&categoryId=32972)(검색일

원효는 신라인이면서도 이미 세계인이었다. 그의 저술은 우리나라
에서만이 아니라 문화제국 당나라에서도 그리고 일본에서도 읽히고
인정받았다. 일본에서는 그가 중기 대승불교의 대표적인 인명학자(因
明學者)인 남인도의 '진나(陳那, dignāga, 480-540)의 후신(後身)'으
로 간주되기도 하였다.[9]

원효 사상의 핵심은 좀 은유적이긴 하지만, 의상과 함께 1차 유학
(원효 34세, 의상 26세. 650년)[10]에 실패한 뒤 2차로 바닷길로 도당 유
학을 시도(원효 45세, 의상 37세. 661년)하고서 하루는 당주계(唐州
界)[11]의 땅 막[土龕][12](정토=극락세계의 은유)에 묵고, 그 다음날은
무덤[墳](예토=사바세계의 은유)에서 묵는다. 그는 이 무덤에서 목이
말라 해골에 든 물을 마시고나서 '일체의 현상은 마음에서 일어난다.'
는 도리를 깨닫는다. 즉「마음이 생겨나니 가지가지 법이 생겨난다. 마
음이 사라지니 땅막=극락세계와 무덤=사바세계가 둘이 아니다. 삼계

자: 2015.1.3) 참조].

8) 義天, 『大覺國師文集』권20, 「讀海東敎迹」: 著論宗經閘大猷, 馬龍功業是其儔, 如今
惰學都無識, 還似東家有孔丘.

9) 이에 대해서는 김상현, 『역사로 읽는 원효』(서울: 고려원, 1994) pp.205-210 참조.

10) 당시 함께 유학을 시도한 의상은 26세였다. 1차 행로는 고구려를 지나 당나라로
가려는 계획을 세우고 압록강을 넘었으나 고구려의 순라군에게 간첩혐의로 잡혀
감옥에 갇히게 된다. 그들은 함께 기회를 틈타서 탈출하게 된다. 결국 1차 유학은
실패로 끝나고 만다.(고영섭, 고영섭, 『위대한 한국인』(서울: 한길사, 1997), pp.
81-82 참조.)

11) 정확한 지역이 어딘지 알 수 없다.

12) 일반적으로 암벽이나 벽 등을 약간 움푹 파거나 혹은 방의 형태를 이러한 모양으
로 만들어 이곳에 불상이나 신주(神主) 등을 모셔두는 공간을 감(龕) 혹은 감실
(龕室)이라 한다. 곧 사찰을 의미한다고 하겠다. 따라서 토감(土龕)이란, 다음의
무덤[墳](즉 '예토=사바세계'의 은유)에 대해서, '정토=극락세계'를 은유하는 것
으로 보면 좋겠다.

가 오직 마음이요, 만법이 오직 식이다. 마음 밖에 진리가 없으니 어찌 별달리 구하겠는가?(心生故種種生法, 心滅故龕墳不二, 又三界唯心, 萬法唯識, 心外無法, 胡用別求)」라는 내용이다. 그는 이런 깨달음을 얻고나서, 당시 새로운 학문을 배우러 찾으려 했던 중국 유학을 포기하고 의상과 헤어져 되돌아오게 된다.[13] 이후 대각국사 의천(大覺國師 義天)은「신라의 의상(義湘)은 당나라에 유학하여 부처님의 원음(圓音)을 전해오셨고, 원효는 독학한 견해로 깊은 뜻(幽)을 궁구함이 매우 깊었다. (두 사람이) 세상에 나아가기도 하고, 숨기도 하였으나, (깨달은 이치가) 한마음처럼 딱 들어맞았네.」[14]라고 평가하기도 한다.

원효가 무덤[墳]에서 해골에 든 물을 마시고 깨달았던 '심외무법(心外無法)'은 양명이 좌천지 중국 서북단 귀주성(貴州省) 용장(龍場)의 동굴(=陽明洞)에 연결된 완역와(玩易窩)의 석관(石棺)에서 생활하다 깨달았던 '심즉리(心卽理)'와 유사한 경지라 할만하다.

3) 양명의 깨달음 : '심즉리'

일찍이 카를 야스퍼스(Karl Jaspers. 1883-1969)는 왕양명(본명 王

---

13) 贊寧, 『宋高僧傳』卷4,「唐新羅國義湘傳」: 釋義湘,俗姓朴,雞林府人也,生且英奇,長而出離,逍遙入道性分天然,年臨弱冠聞唐土教宗鼎盛,與元曉法師同志西遊,行至本國海門唐州界,計求巨艦,將越滄波,倏於中塗遭其苦雨,遂依道旁土龕間隱身,所以避飄濕焉,治乎明旦相視,乃古墳骸骨旁也,天猶霮霒地且泥塗,尺寸難前逗留不進,又寄堂覽之中,夜之未央俄有鬼物爲怪,曉公歎曰,前之寓宿謂土龕而且安,此夜留宵託鬼鄕而多崇,則知心生故種種法生,心滅故龕墳不二,又三界唯心萬法唯識,心外無法,胡用別求,我不入唐,卻攜囊返國,湘乃隻影孤征誓死無退.(밑줄은 인용자)
14) 義天,「靈通寺碑」,『大覺國師外集』권12: 義湘西學, 傳佛圓音, 元曉獨見, 窮幽極深, 或出或處, 脗然同心.

守仁, 1472-1528)(이하 양명)을 '중국 고대 이후 형이상학자로 최후의 인물'이라 평가한 바 있다.[15]

양명은 스스로 말하듯이 '百死千難(백번의 죽을 고비와 천번의 난관)'[16]에 살면서 치양지(致良知)설 등의 사상을 펼쳤다.

양명의 학문적 친구 담약수(湛若水, 호는 甘泉, 1466-1560)가 쓴 「양명선생묘지명(陽明先生墓誌銘)」(『陽明集』권38)에는 '오닉(五溺)'이라는 개념으로 양명의 생애를 가로지른 문제의식을 총괄하고 있다. '오닉'이란 다섯 가지 영역으로의 몰두 즉 정신적·지적 편력을 가리킨다. 즉 ① 임협(任俠: 약자를 도와 불의한 강자를 물리치는 의협심) → ② 기사(騎射: 승마와 활쏘기) → ③ 사장(辭章. 시문을 짓는 등의 사장학=문학) → ④ 신선('도가·도교=신선·불로장생) → ⑤ 불씨(=불교(禪))라는 단계적인 전회가 그것이다. 한편, 양명의 뛰어난 제자 전덕홍(錢德洪, 호는 緖山, 1496-1574)이 쓴『각문록서설(刻文錄序說)』(『陽明全集』의 舊序)에는 스승 양명의 '교삼변(敎三變)'을 「심즉리(心卽理)」(37세) → 「지행합일(知行合一)」(38세) → 「치양지(致良知)」(49-50세)로, 또 '학삼변(學三變)'을 「사장(辭章)」 → 「이씨(二

---

15) 야스퍼스는 당시 일본의 한 젊은 철학자 노다 마따오(野田又夫, 1910-2004)에게 왕양명에 대한 깊은 감동을 다음과 같이 말한 바 있다. "나는 나치의 탄압 하에서 침묵할 수밖에 없을 때 성경이나 동양의 철학을 읽고 인간성이 이어지고 있음을 찾을 수 있었다…왕양명이라는 사람이 있는데, 그 사람한테는 얻어맞았다. 왕양명은 중국의 고대 이후 형이상학자로서 최후의 사람이 아닌가? (중략) 왕양명 이후의 철학은 중국적인 실증주의(=고증학: 옮긴이 주)가 되어버렸는데 유가(儒家)에서 혁명적인 활력을 강하게 보여 주었던 학파는 왕양명 학파다."[野田又夫,『自由思想の歷史』(東京: 河出書房, 1957), p.176 참조.]

16) 『陽明全集』下,「年譜」50세조: 某於比良知說, 從百死千難中得來, 不得已與人一口說盡, 只恐學者得之客易, 把作一種光景玩弄, 不實落用功, 負比知耳.

氏)」(道 · 佛) → 「성현(聖賢)」(=儒學)이라 보았다. 이 내용들을 요약하면 다음 표와 같다.

[표1] 왕양명 학문 및 사상의 변천 과정

오닉	임협 →	기사 →	사장 →	도가도교 →	불교	⇒	유학
학삼변			사장 →	도교 · 불교			
교삼변							심즉리 → 지행합일 → 치양지

이처럼 양명이 도가 · 도교, 불교를 거쳐 35세 때(1507년) '성현의 학문' 즉 유학(儒學)에 회귀하는 '학삼변', 그리고 「심즉리」 → 「지행합일」 → 「치양지」로 나아가는 '교삼변' 과의 사상 · 정신의 중층적인 조합은 결국 '유교적 유(有)'와 '노장 · 불교의 무(無)'의 경계(=경지)[17]의 통합을 통해 '새로운 심학(新心學)'[18]의 다양한 내용을 구축하는 과정이었다.[19] 양명은 인간의 횡적인(=평등한) 관계를 중시하는

---

17) 이러한 관점은 陳來, 『有無之境-王陽明哲學的情神』(北京: 人民出版社, 1991)을 참고 바람.

18) '신심학'이라는 표현은 荒木見悟, 『佛教と陽明學』(東京: 第三文明社, 1979)에서 시작한 이후 張學智, 『明代哲學史』(北京大學出版社, 2003) 등 최근 중국에서 양명학을 지칭하는 경우 일반적으로 사용된다.

19) 참고로 이 이후 창출되는 양명의 주요 학설은 다음과 같다: : ① 심즉리설(心卽理說) : '心'이 곧 '理'다 라는 설. 이것은 주희의 '성즉리(性卽理)'에 반대되는 학설이 아니라 그 '격물궁리'에 대한 안티테제이다. ② 지행합일설(知行合一說) : '지'와 '행'은 '선후'를 나눌 수 없는, 본래 '합일'이라는 설. ③ 치양지설(致良知說) : 일반인도 성인과 마찬가지로 고유한 선천적 덕성인 양지(맹자의 양지와 양능을 합

새로운 사상적 지평을 열었다. 따라서 양명의 등장은 근세 사상사뿐
만 아니라, 근대의 동아시아 세계에서도 큰 의의를 갖는다. 그가 이룬
업적은 바로 '내 마음이 이치이다(心卽理)'라는 기본 자각에 토대를
두고 있다.

그런데 '심즉리(心卽理)'라는 간명한 이치를 깨달았던 곳은 당시 문
명의 불모지인 귀주성(貴州省) 용장(龍場)의 동굴(=陽明洞)에 연결
된 '완역와(玩易窩)' 속의 석관(石棺)이라는 폐쇄 공간이었다. 말하자
면 '무덤'에서 깨달음을 얻은 것이다.

이 대목이 중요하기 때문에 좀 더 설명을 해두기로 한다. 즉 양명은
35세(1506년) 되던 해 당시의 권력자인 환관 유근(劉瑾)을 탄핵하려
했다는 이유로 양명은 무종의 화를 불러서 투옥되었고, '정장(廷杖)
40대' 즉 궁전의 계단 아래[廷]에서 관리를 몽둥이[杖]로 내려치는 가
혹한 형벌을 받고 최악의 상태로 투옥된다. 이듬해 정덕 2년(1507년)

친 말)를 자각 실현하라는 설. ④ 만물일체설(萬物一体說) : 만물은 본래 한몸이
라는 설. ⑤ 사상마련설(事上磨鍊說) : 각각 처해있는 현실과 구체적 활동의 장에
서 수행·공부하라는 설. ⑥ 아동교육설(兒童敎育說) : 아동이 저마다 가진 개성
과 덕목을 개화시키는 방향으로 교사가 도와주면서 교육한다는 설. ⑦ 친민설(親
民說) : 民(=인간을 포함한 천지만물)을 가까이 아끼고 '가르침[敎]'으로 인도하
여 '양육[養]'한다(=親)는 설. ⑧ 사민평등설(四民平等說) : 덕성의 측면에서 四民
(만인)은 모두 평등하다는 설. ⑨ 만가성인설(滿街聖人說) : 거리의 모든 사람들
이 다 성인이라는 설. ⑩ 삼교합일설(三敎合一說) : 유교·불교·도교는 (良知에
있어서) 합일 가능하다는 설. ⑪ 육경개사설(六經皆史說) : 《六經》은 무두 역사라
는 설. ⑫ 발본색원설(拔本塞源說) : 악의 근본을 뽑고 그 원천을 막는다는 설. ⑬
성의설(誠意說) : 경(敬)을 사족으로 보고, '성의(誠意)'에 중점을 두고 의(意: 마
음의 지향)를 참되게 해야 한다는 설. ⑭ 사구교설(四句敎說) : 〈선도 없고 악도 없
는 것이 마음의 본체(無善無惡是心之体)·선과 악은 의(意)의 발동(有善有惡是
意之動)·선과 악을 아는 것은 양지(知善知惡是良知)·선을 행하고 악을 제거하
는 것은 격물(爲善去惡是格物)〉이라는 설.[이것은 최재목, 『왕양명의 삶과 사상』
(서울: 이학사, 2003), pp.32-33을 참고.]

36세 때, 양명은 지난해 받은 정장의 형벌로 인해 고통스러운 몸을 이끌고, 좌천지 귀주성 용장을 향해 긴 여행길에 나서서 이듬해(1508년, 37세) 봄, 용장에 도착하였다. 출발한 지 1년, 북경에서 약 5,000킬로미터나 떨어진 변방, 귀주성에서도 산간 벽지로, 혈거(穴居)하는 원주민인 묘족(苗族)이 살고 있었다. 이곳은 풍토병이 많고 문명의 손길이 미치지 못하는 미개 지역으로, 중원(中原)에서 죄를 짓고 망명한 자들이 살고 있었다. 처음에는 말도 통하지 않았다. 관사 같은 것은 따로 없었다. 양명은 폐가 좋지 않았던 탓에 습기 있는 곳에서는 기거할 수 없었다. 그래서 한 곳을 정하여 가시덤불을 끊어 헤치고 울타리를 만들고, 그 안에다 풀로 지붕을 덮고 갈대로 벽을 엮어서 움집을 지었다. 그러나 바람이 새고 비가 스미는 데다 저녁이 되면 사방에서 원숭이 떼가 모여들어 밤새도록 소란을 피웠다. 또 시일이 지나자 원주민들이 진기한 듯이 구경하러 몰려왔다. 지위와 명예도 잃어버렸고, 오랫동안 배양해왔던 학문과 사상도 여기서는 아무런 도움이 되지 않는 이곳에서 양명은 이민족과 더불어 새로운 생활을 시작한다. 그의 뒤를 좇던 유근의 자객에게 언제이든 화를 당할지 모를 큰 불안감-위기감을 껴안고 살았다. 「연보」 37세조를 보면, 「나에 대한 유근의 분노는 여전했다. 일생의 영달부침(榮達浮沈)은 조금도 걱정되지 않지만, 생사(生死)에 대한 것은 떨쳐버릴 수 없었다.」고 술회하고 있다. 생과 사, 특히 죽음이라는 생명의 종말에 대한 공포는 그의 수행에서 최대 과제였던 셈이다. 같은 「연보」에는 「이에 석곽(石槨)을 만들고 스스로 맹세하여 '나는 다만 천명[命]을 기다릴 뿐이다'라고 말하였다」고 되어 있다. 단지 이 기록만을 보면, 양명은 돌로 이루어진 동굴, 현재의 '양명동(陽明洞)' 속에 석관(石棺)같이 생긴 눕고 앉을 자리, 즉 석곽

(石槨)을 만들고 밤낮으로 정좌하며 도를 구했던 것으로 보인다. 황관
(黃綰, 1480-1554)이 쓴 「양명선생행장(陽明先生行狀)」(『양명전집』
권37)에는 '석곽(石廓)'으로 되어 있다. 또한 호직(胡直, 1517-1585)
은 양명이 「석관을 만들어 누워서 스스로 연마하였다」(『명유학안』권
22)고 말한다. 이런저런 기록에서 말하는 석곽은 아마도 양명이 유근
의 자객을 두려워하여 위기를 모면하고 목숨을 건질 목적으로 만든
비밀 공간이었을 가능성이 높다. 그런데 「완역와기(玩易窩記)」(『양명
전집』권22)를 보면, 그는 용장에 도착해서도 산록에 굴[窩]을 파서 거
실로 만들고 거기서 『주역』을 읽었다고 되어 있다. 이 『주역』을 완색
하는 굴인 '완역와'는 '양명동' 속에도 있지만 실제 이곳 양명동에 있
는 완역와는 가짜로 만들어 놓은 것이며, 진짜는 그곳에서 남서쪽으
로 4킬로미터 남짓 떨어진 곳에 있다. 당시에는 어떠했는지 알 수 없
으나 현재는 굴이 평지보다 낮게 위치해서 지하로 들어가는 형태로
되어 있으며, 굴 위에는 명대 만력(萬曆) 연간에 귀주선위사(貴州宣
慰使) 안국형(安國亨)이 직접 쓴 '완역와'라는 글씨가 또렷이 새겨져
있다. 굴속으로 내려서서 안으로 들어가면 가장 캄캄하고 구석진 안
쪽의 좁은 공간 오른편에 사람 하나가 누울 정도의 관 모양의 돌이 놓
여 있다. 그렇다면 양명이 「석곽을 만들고 스스로 맹세하여 '나는 다
만 천명을 기다릴 뿐이다' 라고 말하였다」는 「연보」의 내용은 바로 이
곳을 두고 한 말이다. 이 '완역와'는 '용강산'의 '양명동'까지 이어져 있
었는데 농사짓는 사람들이 농사를 짓기 위해 이어진 굴의 중간 부분
을 허물었다고 한다.[20]

---

20) '완역와'에서는 논밭을 사이에 두고 멀리 '양명동'이 있는 '용강산'이 보인다. '완역

삶과 죽음이 공존하던 땅, 생사일념으로 번민하던 '동굴-석관'이라
는 막다른 폐쇄공간에서 그는 '성인지도(聖人之道), 오성자족(吾性自
足)'의 이치 즉 '심즉리'를 대오하였다[밑줄은 심즉리와 관련 있는 구
절임. 이하 같음]

성인의 도리는 나의 본성만으로 충분하며, 이전에 (바깥의) 사물에
서 이치를 구한 것은 잘못이라는 것을 비로소 알았다[始知聖人之道, 吾
性自足, 向之求理於事物者誤也][21].

이후 양명은 '심즉리'라는 입장을 펼친다. 천하의 사사물물에 대한
합당한 이치는 모두 마음에서 생겨나는 것이라 본다. 참고로 이와 관
련된 주요 구절을 발췌해 두면 다음과 같다.

마음은 텅 비고 영명하여 어둡지 않으니, 모든 이치가 갖추어져 있고
온갖 일이 나온다. 마음 밖에 이치가 없고, 마음 밖에 일이 없다[虛靈不
昧, 衆理具而萬事出. 心外無理, 心外無事][22]

와'는 다행히 현재 잘 보존되어 있다. '완역와'를 보존하기 위해 만들어진 집 대문
의 오른쪽 기둥에는 양명이 오랜 옛날부터 성인을 통해서 전해오는 양지의 이치
를 깨달은 용장의 한 동굴임을 알리는 '천고양지용장일동(千古良知龍場一洞)'이
란 문구가 겨우 알아볼 수 있을 정도로 흐릿하게 적혀 있다. 그런데 왜 진짜 '완역
와'가 최근까지 공개되지 않고 방치되어 왔을까? 좀 우스운 이야기이지만 용장 현
지인의 설명에 따르면, 이곳은 최근까지 쓰레기장이었고, 또 동굴 속에서 사람들
이 돼지를 길렀기 때문에 외부의 관람객에게 차마 보여줄 수가 없었다고 한다.(이
부분은 최재목, 『왕양명의 삶과 사상』(서울: 이학사, 2003), pp.113-115을 참고,
인용하였음.)
21) 「年譜」37세조
22) 「傳習錄」上.

서애가 "지극한 선을 단지 마음에서만 구한다면 온 천하 사물의 이치를 구하지 못할까 염려됩니다." 라고 말하였다.

선생이 말하기를, "마음이 곧 리(理)인데 천하에 다시 마음 밖의 일과 마음 밖의 이치가 있겠느냐?"[愛問, 至善只求諸心, 恐於天下事理有不能盡. 先生曰, 心卽理也. 天下又有心外之事, 心外之理乎.] 23)

"마음 밖에 물(物)이 없다. 예컨대 내 마음에서 부모에게 효도하려는 생각이 떠올랐다면, 부모에게 효도하는 것이 바로 물이다."[心外無物. 如吾心發一念孝親, 卽孝親便是物.] 24)

천하에 또 마음 밖의 일이 있고, 마음 밖의 이치가 있겠는가[天下又有心外之事, 心外之理乎.] 25)

선생[양명]이 남진(南鎭)에서 노닐 때 한 친구가 바위 속에 피어 있는 꽃나무를 가리키며 이렇게 물었다. "[자네의 주장처럼] 천하에 마음밖에 사물(物)이 없다(天下無心外之物)"고 하는데, 이같이 꽃나무의 꽃은 [자네의 마음과 아무런 관계없이] 깊은 산 속에서 저절로 피었다가 저절로 떨어진다. 나의 마음과 무슨 상관이 있는가?"

선생이 다음과 같이 말했다. "자네가 아직 이 꽃을 보지 못했을 때는 이 꽃이 자네의 마음과 함께 고요함에 돌아가 있었다(歸於寂). 자네가 이 꽃을 보았을 때는 이 꽃의 색깔이 일시에 또렷해졌다. 이것을 보면 이 꽃이 자네의 마음 밖[儞的心外])에 있지 않음을 알 수 있다."[先生遊

---

23)「傳習錄」上.
24)「傳習錄」上.
25)「傳習錄」上.

南鎭, 一友指岩中花樹問曰, 天下無心外之物, 如此花樹, 在深山中自開
自落, 於我心亦何相關. 先生曰, 你未看此花時, 此花與汝心同歸於寂. 你
來看此花時, 則此花顏色一時明白起來. 便知此花不在你的心外.]26)

이처럼 왕양명은 심즉리 자각 이후 천하사물의 이치는 모두 나의
마음에서 생겨나는 것이라는 관점에서 논의를 전개하였다.

3. 원효의 '옹종(癰腫)', 양명의 '노신성질(勞神成疾)' 해소: '이원론'의 극복

1) 원효의 '옹종(癰腫)' 해소

원효는 요석공주와의 만난 뒤, 설총을 낳고 스스로 소성거사(小姓
居士) 또는 복성거사(卜姓居士)를 자처했다.27) 그야말로 자발적으로
〈제일 낮고 별 볼 일 없는 이른바 아랫것=하빠리=찌질이(小, 卜) 계
층의 백성[姓]으로서, 스님에서 환속한 속인[居士]〉이 된 것이다. 그
는 '불기(不羈: 얽매임 없음)'와 '무애(無碍: 걸림 없음)'의 삶을 택했
다. 그것은 결국 '중생심=일심'의 근원에 돌아가서 중생들을 풍요롭고

---

26) 「傳習錄」下.
27) 점술이 유행하던 중국 고대에 거북딱지에 홈을 파고 이것을 불로 지지면 거북딱
지가 단단하기 때문에 갈라짐이 곧게 나타나는데 그 모양을 복(卜)이라 한다. 그
래서 卜에 '점치다'는 뜻이다. 짐을 싣는 것을 의미한다. 그리고 첩을 얻을 때 동성
(同姓)을 피하여 고르는 것을 복성(卜姓)이라고 한다. 참고로 여자를 골라 첩으로
들일 때 성(姓)이 다른 여자를 첩으로 고르는 것을 복첩(卜妾)이라 말한다. 따라
서 복성은 아주 낮은 백성을 은유한다.

이익 되게 하는(=歸一心源而饒益衆生) 일환이었다. 이것은 수행과 세속, 나와 세계, 상구보리(上求菩提)와 하화중생(下化衆生)의 일원·일체화였다. 그러나 그 일체화는 언어-문자로 상정된 상(相=想)의 양극단을 벗어나는 것이지만 그렇다고 어정쩡한 '중(中)'을 설정하고 그것을 지향하는 것이 아니다. 그 중(中)마저 공으로 보는 것, 썼다가 지워버리는 일이다.『금강삼매경론』에서는 「무이이불수일(無二而不守一)」, 「융이이불일(融二而不一)」, 「이변이비중(離邊而非中), 비중이이변(非中而離邊)」이란 레토릭을 사용하나 핵심은 이원론, 이분법이라는 '분별의 마음-눈'을 극복하는 것이다.

개인과 사회와 세계를 갈래갈래 찢어버리는 '분별의 마음(=의지)-눈(=표상)'은 다름 아닌 우리 몸과 사회와 세계의 '변계소집성(遍計所執性)'이다. 마음속의 의심(心疑)이 암귀(暗鬼)를 만들고, 눈에 병이 들면(眼病) 어지러이 휘날리는 허깨비 꽃(空華)을 만난다.[28] 그것은 바로 찬녕의『송고승전』「元曉傳」에 「신라왕의 왕후(王后)의 머리에 종기(='뇌영옹종(腦嬰癰腫))이 났는데 아무런 의약도 효험이 없었다」의 '뇌영옹종'이었다.

'뇌영옹종(腦嬰癰腫)'이란 무엇인가? '뇌'는 머리, 정신을 말한다. '영'은 '더하다. 가하다, 두르다, 돌다'는 뜻이다. '옹종'은 기혈이 막혀

---

28)『金剛經五家解』끝 부록에 실린 부대사(傅大士)의 시 가운데 하나를 들어둔다.「偏計: 妄計因成執, 迷繩爲是蛇, 心疑生暗鬼, 眼病見空華, 一境雖無異, 三人乃見差, 了玆名不實, 長馭白牛車(망령된 계교로서 집착함으로 해서, 노끈을 잘못 알아 뱀이라 여기도다. 의심하는 마음속에 귀신이 생기고, 눈이 병들면 허공꽃을 보도다. 하나의 경계가 비록 다르지 않으나, 3인이 보는 것에 차별이 생기니, 이런 이름들이 알맹이 없음을 깨닫는다면 길이 길이 白牛車를 타고 갈텐데)」.

서 생기는 종기를 말한다.[29] 간단히 말하면, 머리에 난 종기인데, 노이로제나 정신병=정신질환이라 할 수 있다. 더욱이 '왕후'라는 '사회적 몸(social body), 정치적 몸(political body)'이기에 당시 신라 사회에 내외적으로 생겨난 온갖 골치 아픈 일들, 분열상 즉 정신적 번뇌로 보인다. 이러한 머리 아픈 일들의 암시는 '『금강삼매경(金剛三昧經)』의 이각(二覺: 本覺·始覺) 원통(圓通) 보살행', '두 뿔 사이에 붓과 벼루를 두고 처음부터 끝까지 소달구지에서 경소(經疏) 5권을 조성하였다.'는 등의 내용에서 그 본질을 추량할 수 있다. '두 뿔', '소(牛)', '흔들리는 소달구지'는 모두 사회적, 정치적 은유이다.

　　신라 왕후(王后)의 머리에 종기(癰腫)(=정신병)가 났는데, 어떤 의약도 효험이 없었다. 왕과 왕자와 신하들이 산천의 영험스런 사당에 기도하여 이르지 않은 곳이 없었다. 어떤 무당(巫覡)이 "사람을 다른 나라에 보내어 약을 구해와야 고칠 수 있다"고 말했다. 왕이 사자(使者)를 보내어 바다 건너 당나라로 가서 의약을 구해오게 하였다.
　　바다 가운데에서 문득 한 노인이 파도를 헤치고 나타나 훌쩍 배 위로 올라와서는 사자를 맞이하여 바닷속으로 들어갔다. (사자가) 보니 장엄하고 화려한 궁전이 있었다. 용왕을 알현하였는데 이름은 검해(鈐

---

29) 기혈(氣血)이 사독(邪毒)을 받아 옹색(壅塞)하여 통하지 않음으로써 국부적으로 일어나는 종창(腫脹)의 증상이라고 한다. 즉 『素問』「生氣通天論」에는「영기(營氣)가 순조롭게 운행(運行)되지 못하여 육리(肉理)에 역(逆)하면 이에 옹종(癰腫)이 생긴다(營氣不從, 逆於肉理, 乃生癰腫)고 하였고, 『靈樞』「癰疽」에는「한사(寒邪)가 경락(經絡)의 속에 침범하면 혈(血)이 응읍(凝泣)하고, 혈(血)이 응읍(凝泣)하면 통하지 않고, 통하지 않으면 위기(衛氣)가 돌아가 다시 돌아오지 못하는 까닭에 옹종(癰腫)이 된다(寒邪客于經絡之中則血泣, 血泣則不通, 不通則衛氣歸之, 不得復反, 故癰腫)고 하였다(http://terms.naver.com/entry.nhn?docId=250876&cid=42313&categoryId=42313).

海)였다. (용왕은) 사자에게 "너희 나라 왕비는 청제(靑帝)의 셋째 딸
이다. 우리 궁중에 『금강삼매경(金剛三昧經)』이 있으니, 이각(二覺: 本
覺·始覺) 원통(圓通)의 보살행을 보인 경이다. 이제 그대 나라 왕후
의 병에 의탁해서 상승(上乘)의 인연(增上緣)을 짓고자, 이 경을 내놓
아 그대 나라에 유포하려고 한다"고 말하고는 30장(紙)이나 되는 뒤죽
박죽 흐트러진 경전을 사자에게 주면서 "이 경이 바다를 건너다가 마사
(魔事)에 걸릴지도 모른다"고 하였다.

(이에) 용왕은 칼로 사자의 장딴지를 찢고는 그 속에 경을 넣고 봉하
여 약을 발랐는데 감쪽같았다. 용왕이 말하기를 "대안(大安) 성자로 하
여금 이 흐트러진 경의 차례를 바로잡아 책을 매게 하고, 원효법사를
청하여 경소(經疏)를 짓고 강석(講釋)하게 한다면 부인(왕후)의 병은
틀림없이 나을 것이다. 가령 설산의 영약(아가타약)도 이보다는 못하
리라"고 하였다. 바다 위까지 용왕의 전송을 받은 사자는 다시 배를 타
고 귀국하여 왕에게 보고를 하였다.

그때 왕이 보고를 듣고 기뻐하며 먼저 대안(大安) 성자를 불러들여
경의 차례를 정하고 책을 완성하도록(成册) 하였다. 그런데 대안은 예
측할 수 없는 사람이었다. 특이한 복장으로 항상 시장판(市廛)에 있으
면서 동발(銅鉢)을 쳐대며 '대안! 대안!' 이라고 외쳐댔기에 사람들이
그를 대안이라고 불렀던 것이다. 왕의 부름을 받은 대안은 "왕의 궁궐
에 들어가고 싶지 않으니 경만 가져오시오"라고 하였다. 가져온 흐트러
진 경을 대안은 순서를 맞춰서 배열하여 8품으로 만들었다. 모두 부처
님의 뜻에 합치되었다. 그러고 나서 대안은 "빨리 가져가서 원효로 하
여금 강석하게 하라. 다른 사람은 안 된다"고 하였다.

원효가 그 경을 받은 것은 바로 그의 고향에 있을 때였다. 그는 사자
더러 "이 경은 본각(本覺)과 시각(始覺)이라는 두 각을 종(宗)으로 삼

고 있다. 내가 각승(角乘)을 잡도록 안궤(案几)를 마련해달라" 하고는, 두 뿔 사이에 붓과 벼루를 두고 처음부터 끝까지 소달구지에서 경소(經疏) 5권을 조성하였다. 그래서 왕의 청에 의해 황룡사에서 강설하기로 하였다.

그때 경박한 무리가 그 새로 지은 소(疏)를 훔쳐 가버렸다. 그래서 원효는 왕에게 이 사실을 알리고, 사흘을 더 연기하여 다시 소를 써서 3권을 짓고 약소(略疏)라 불렀다. 이렇게 한 뒤 (강석을 베풀자) 왕과 신하 및 출가자와 재가자가 구름같이 법당을 둘러쌌다. 원효가 열변을 토하거늘 위의가 있고, 얽힌 것을 푸는 데 조리 있고도 딱딱 들어맞아 논리정연 했다. (그렇지! 그렇지! 하며) 사람들의 칭찬이 손가을 퉁겼고 그 소리가 허공을 울려댔다. 원효가 다시 큰 소리로 말하기를, "지난날 100개의 서까래를 고를 때에는 비록 내가 들지 못했지만, 오늘 하나의 대들보를 가로지르는 곳에서는 나만이 할 수 있구나!"라고 하였다. 그곳에 자리했던 명덕(고승)들은 부끄러워 얼굴을 숙이고 마음속으로 참회하였다.

(……)『소』에는 광본과 약본 두 본(廣略二本)이 있는데 모두 신라에서 유행하였다. 약본소가 중국에 수입되었는데 나중에 번경(飜經) 삼장이 『소』(疏)를 『논』이라 고쳤다.[30]

---

30) 贊寧,『宋高僧傳』권4,「唐新羅國黃龍寺元曉傳(大安)」: 釋元曉. 姓薛氏. 東海湘州人也. 丱髮之年惠然入法. 隨師稟業遊處無恆. 勇擊義圍雄橫文陣. 仡仡然桓桓然. 進無前却. 蓋三學之淹通. 彼土謂爲萬人之敵. 精義入神爲若此也. 甞與湘法師入唐. 慕奘三藏慈恩之門. 厥緣旣差息私遊往. 無何發言狂悖示跡乖疏. 同居士入酒肆倡家. 若誌公持金刀鐵錫. 或製疏以講雜華. 或撫琴以樂祠宇. 或閭閻寓宿. 或山水坐禪. 任意隨機都無定檢. 時國王置百座仁王經大會遍搜碩德. 本州以名望擧進之. 諸德惡其爲人. 譖王不納. 居無何. 王之夫人腦嬰癰腫. 醫工絕驗. 王及王子臣屬禱請山川靈祠無所不至. 有巫覡言曰. 苟遣人往他國求藥. 是疾方瘳. 王乃發使泛海入唐募其醫術. 溟漲之中忽見一翁. 由波濤躍出登舟. 邀使人入海睹宮殿嚴麗. 見龍王王名鈐海. 謂使者曰. 汝國夫人是靑帝第三女也. 我宮中先有金剛三昧經. 乃二覺圓通示菩薩行

사회적 정치적 번뇌는 '뇌영옹종(腦嬰癰腫)'이란 말로 표현되었다. 그것은 결국 '두 뿔'을 원융하는 방식, 「융이이불일(融二而不一)」이었다. 흔들리는 소달구지 위, 소의 '두 뿔(二角＝二覺) 사이' 즉 그 요란스런, 분열된 국정과 사회상을 책상으로 두고, 붓과 벼루 즉 '불교적 통합의 지혜'의 스토리텔링, 서사(내러티브)를 펼치는 것이다. 깨달음에 이르는 소(牛)의 흔들거리는 수레. 깨달음을 찾아나선 그림 심우도(尋牛圖)를 상상해봐도 좋겠다. 대승(大乘)은 중생심(衆生心)이자 일심(一心)이다. 일심에는 이문(二門) 즉 생멸심(生滅心)＝시각(始覺)과 진여심(眞如心)＝본각(本覺) 사이의 불안히 흔들거리는 마음, 그러나 그 흔들흔들 흔들리면서 가는 중생심이라는 달구지＝수레(乘) 없이는 다가갈 수도 없는 깨달음의 세계, 바로 이런 혼란상을 '지(地)'로 삼아 '도(圖)'를 그려내는 원효의 지성, 인문학은 '뇌영옹종(腦嬰癰腫)' 즉 신라왕의 왕후(王后)의 머리에 난 종기를 씻어내는 '약(藥)' '의술(醫

也. 今託伇夫人之病爲增上緣. 欲附此經出彼國流布耳. 於是將三十來紙. 重沓散經付授使人. 復曰. 此經渡海中恐罹魔事. 王令持刀裂使人腨腸而內于中. 用蠟紙纏縢以藥傅之. 其腦如故. 龍王言. 可令大安聖者銓次綴縫. 請元曉法師造疏講釋之. 夫人疾愈無疑. 假使雪山阿伽陀藥力亦不過是. 龍王送出海面. 遂登舟歸國. 時王聞而歡喜. 乃先召大安聖者黏次焉. 大安者不測之人也. 形服特異恆在市廛. 擊銅体唱言大安大安之聲. 故號之也. 王命安. 安云. 但將經來不願入王宮閫. 安得經排來成八品. 皆合佛意. 安曰. 速將付元曉講. 餘人則否. 曉受斯經正在本生湘州也. 謂使人曰. 此經以本始二覺爲宗. 爲我備角乘將案几. 在兩角之間 置其筆硯 始終於牛車造疏成五卷. 王請剋日於黃龍寺敷演. 時有薄徒竊盜新疏. 以事白王. 延于三日. 重錄成三卷. 號爲略疏. 洎乎王臣道俗雲擁法堂. 曉乃宣吐有儀解紛可則. 稱揚迪指聲準于空. 曉復昌言曰. 昔日採百椽時雖不預會. 今朝橫一棟處唯我獨能. 時諸名德俯顏慚色伏膺懺悔焉. 初曉示跡無恆化人不定. 或擲盤而救衆. 或噴水而撲焚. 或數處現形. 或六方告滅. 亦孟渡誌公之倫歟. 其於解性覽無不明矣. 疏有廣略二本. 俱行本土. 略本流入中華. 後有翻經三藏. 改之爲論焉. 系曰. 海龍之宮自何而有經本耶. 通曰. 經云. 龍王宮殿中有七寶塔. 諸佛所說. 諸深義別有七寶篋滿中盛之. 謂十二因緣總持三昧等. 良以此經合行世間. 復顯大安曉以神異. 乃使夫人之疾爲起教之大端者也.

術)'이었다.

이런 처방전은 다른 방식으로 말하면 열 개의 문(十門)을 열고 들어가며 화쟁(和諍)하는, 기혈이 막힌 불인(不仁)한 사회의 응혈된 피를 풀어내어, 인(仁)의 사회로 이끌어가는, 깨달음을 향한 소달구지에 비유된다. 기혈이 엉겨서 만들어진 사회적 옹종(癰腫)이 원효의 원융 화쟁으로 해소되는 것이다. 어떤 문이든 잠긴 문을 열고 진리의 길로 들어서는 방법을 찾기 위해서는 '암호'를 알아내야 한다. 원효의 소달구지는 당시 불교가 제시하는 깨달음의 암호를 찾아 길을 나선, 방편적 사건이라 하겠다. 그러나 그 암호는 단일한 것이 아니라 적어도 은유적으로 제시된 문(門)=아젠다=진정한 세계에 이르는 통로로 안내해줄 문자적 설명체계로 되어 있다.[31]

그것은 원효가 제시하는 '달구지=수레(乘)'를 타야만 도달할 수 있다. 즉 그는 『대승기신론소(大乘起信論疏)』에서 '대승(大乘)'의 '승

---

31) 이에 대해서는 아도르노는 『부정변증법』의 다음 말을 참고할 필요가 있다:
   짜임관계 만이 내부에서 개념이 잘라내 버린 것, 즉 개념이 될 수는 없지만 또한 그만큼 되고자 원하는 것, 개념 이상의 것을 외부로 표현한다. 개념들은 인식되어야 할 사물의 주위에 모임으로써 잠재적으로 그 사물의 내적 측면을 규정하며, 또 사유가 필연적으로 자체로부터 배제해버린 바에 사유로써 도달한다. (중략) 어떤 사물에 위치해 있는 짜임관계를 인식한다는 것은 형성된 것(=개별자의 침전된 역사. 이것은 개별자의 내부에 있기도 하고 외부에 있기도 하다. 인용자 주)으로서 그것이 자체 내에 담고 있는 짜임관계를 해독하는 것이기도 하다. 외부와 내부라는 이원론도 역사적 조건 하에 생겨났다. (중략) 대상이 처해 있는 짜임관계 속에서 대상을 인식한다는 것은, 대상이 자체 내에 저장하고 있는 과정에 대해 인식하는 것이다. 이론적 사상은 자신이 해명하고자 하는 개념의 주위를 맴돈다. 마치 잘 보관된 금고의 자물쇠들처럼 그 개념이 열리기를 희망하는 것이다. 이 때 그 열림은 하나의 개별적인 열쇠나 번호가 아니라 어떤 번호들의 배열에 의해 이루어진다.[테오도르 아도르노(홍승용 옮김), 『부정변증법』(서울: 한길사, 2010), 240-2쪽.]

(乘)'은 비유에 붙인 이름이니 운반하는 것을 공으로 삼는다(乘是寄喻之稱, 運載爲功)고 말한 뒤, 다음처럼 당시 신라의 수레에 맞춰 설명한다. 여기서 멋진 '법의 수레' 한 대가 만들어진다.[32]

> 승(乘)이란 사섭법(四攝法)에 바르게 머무르는 것으로써 바퀴(輪)를 삼고, 십선업(十善業)을 깨끗이 닦는 것으로 바퀴살(輻)을 삼으며, 공덕(功德)의 자량(資糧)을 깨끗이 하는 것으로 속바퀴(轂)를 삼으며, 견고하고 순수하고 한결같은 뜻으로 관할(輨轄)과 강섭(釭鍱)을 삼으며, 모든 선의 해탈을 잘 성취하는 것으로 끌채(轅)를 삼으며, 사무량(四無量)으로 잘 길들여진 말을 삼으며, 선지식(善知識)으로 수레를 모는 사람(馬夫)으로 삼고, 때와 때가 아닌 것을 아는 것으로 발동(發動)을 삼으며, 무상(無常), 고(苦), 공(空), 무아(無我)의 소리로서 채찍을 삼으며, 칠각지(七覺支)의 보배로운 끈으로써 가슴걸이(靳靷)를 삼으며, 오안(五眼)을 맑게 함으로써 말 모는 끈(索帶)을 삼으며, 홍보(弘普), 단직(端直), 대비(大悲)로써 깃발과 깃대를 삼으며, 사정근(四正勤)으로써 바퀴굄목(軔)을 삼으며, 사념처(四念處)로써 평탄하고 곧은 길(平直)을 삼으며, 사신족(四神足)으로써 속히 나아가게 하며, 수승한 오력으로써 대오를 살피며, 팔성도(八聖道)로써 곧바로 나아가게 하며, 모든 중생에 대한 장애 없는 지혜의 밝음으로써 수레(軒)를 삼으며, 주착(住着)함이 없는 육바라밀로써 살반야(薩般若)에 회향(迴向)하며, 걸림이 없는 사제(四諦)로써 피안(彼岸)에 건너 이르니 이것이 곧 대승이 된다.[33]

---

32) 元曉, 『大乘起信論疏別記』, 은정희 역, (서울: 일지사, 1990), pp.29-33. 번역은 이에 따른다.
33) 乘者以正佳四攝法爲輪. 以善淨十善業爲輻. 以淨功德資糧爲轂. 以堅固淳至專意爲

이 수레는 '신라 왕후의 머리에 종기 즉 옹종'을 다스리는 '황금열쇠
=마스터 키'라 할 수 있다. 마치 정약용이 『주역』 공부를 통해 천문만
호(天門萬戶)를 여는 '황금열쇠'를 손에 넣듯이 말이다.[34] 원효의 찾

管轄釭攝. 以善成就諸禪解脫爲轅. 以四無量爲善調. 以善知識爲御者. 以知時非時
爲發動. 以無常苦空無我之音爲驅策. 以七覺寶繩爲靳靮. 以淨五眼爲素帶. 以弘普
端直大悲爲旒幢. 以四正勒爲靮木輪也. 以四念處爲平直. 以四神足爲速進. 以勝五
力爲鑒陣. 以八聖道爲直進. 於一切衆生無障礙慧明爲軒. 以無佳六波羅密廻向薩般
若. 以無礙四諦度到彼岸. 是爲大乘.

34) 예컨대, 정약용이 부친의 어깨 너머로 『주역』을 훔쳐보던 10세 때로부터 31년이
지난 41세 되던 해(1803, 癸亥年), 마침내 활연관통의 순간이 찾아왔다. 정약용의
「與尹畏心」(『定本 與猶堂全書』4)에는 이렇게 기술되어 있다. : 「지금 「설괘전(說
卦傳)」의 글과 변동(變動)의 방법을 취하여 384효의 역사(易詞)에서 차분하게 찾
아보면, 글자마다 부합하고 글귀마다 계합(契合)하여 다시 터럭만큼도 의심이 없
고 통하지 않는 곳이 반점(半點)도 없게 될 것입니다. 홍공거유(鴻工巨儒)들도 해
결할 수 없어 문(門)만 바라보고서 달아나던 오묘한 말들이 파죽지세(破竹之勢)
처럼 해결되지 않는 것이 없을 것입니다. 비교하자면 마치 건장궁(建章宮)에 천문
만호(天門萬戶)와 종묘(宗廟)의 아름다움과 백관(百官)의 풍부함이 모두 그 속에
있으나 다만 그 자물쇠가 견고히 채워져 있고 경첩도 단단하게 붙어 있어 만 명의
사람이 문 앞에 이르더라도 감히 내부를 엿볼 수 없습니다. 그런데 갑자기 한 개의
열쇠를 손에 넣게 되어, 그것으로 외문(外門)을 열면 외문이 열리고 중문(中門)
을 열면 중문이 열리고, 고문(皐門)과 고문(庫門)을 열면 바깥문과 그 안쪽의 문
이 열리고 응문(應門)과 치문(雉門)을 열면 정문과 중문이 열립니다. 이렇게 되면
천문만호(天門萬戶)가 모두 활짝 열려 일월(日月)이 비추고 풍운(風雲)이 피어올
라 종묘의 아름다움과 백관의 풍부함이 밝게 드러나서 하나하나 손가락으로 가리
킬 수 있을 정도이니, 천하에 이런 통쾌함이 어디 있겠습니까?」[방인, 『다산 정약
용의 『周易四箋』, 기호학으로 읽다』(서울: 예문서원, 2014), 22쪽 참조. 아래 인용
문은 같은 책, 22-23쪽에서 재인용]. 천자의 왕궁은 고문(皐門)·고문(庫門)·치
문(雉門)·응문(應門)의 5문으로 되어있다. 건장궁(建章宮)은 한(漢)나라 장안성
(長安城)의 삼대궁(三大宮) 중의 하나인데, 둘레가 10여 km에 달할 정도로 엄청
나게 커서 천문만호(天門萬戶)라고 불렀다. 그런데 단 한 개의 열쇠로 왕궁의 모
든 문들을 차례로 열어젖힐 수 있게 되었으니, 요즘말로 하자면 마스터 키(master
key)를 손에 넣은 셈이라고 하겠다. 정약용의 외손(外孫) 윤정기(尹廷琦: 舫山,
1814-1897)가 그의 저서 『역전익(易傳翼)』에서 효변(爻變)을 '금약시(金鑰匙)'
즉 황금열쇠라고 부른 것은 참으로 적절하다고 하겠다. 일단 기본적 해법을 알아
내자 그 다음부터는 파죽지세로 독파해 내려 갈 수 있었다.[방인, 『다산 정약용의

고자 했던 황금열쇠는 '뇌영옹종(腦嬰癰腫)'을 해소하는 달구지이다.
그러나 그것은 불안히 흔들리는 중생심=일심의 수레였다. 그는 '두 뿔
(角=覺) 사이'에 설치된 '붓과 벼루' 즉 불교인문, 불교철학을 구사하
며, 사람들을 일심의 근원에 돌아가게 하고 잘 살도록 하는 일(歸一心
源而饒益衆生)을 떠 맡고 있었다.

2) 양명의 '정신질환(勞神成疾)' 해소

주자학에서 제기된 '심', '리'의 이원적 파악에 대한 왕양명의 문제
제기는 일찍부터 시작된다. 양명학의 탄생은 그야말로 왕양명의 수많
은 죽을 고비와 난관(百死千難)[35]으로 표현되는 파란만장한 생애와
무관하지 않다. 이러한 생애를 통한 체험 속에서 자득·체인해 낸 개
념이었던 것이다. 바로 이 점은 양명학의 역사적 전개면에서 볼 때 양
명학을 개성있는 학문으로 만드는 역활을 해 주는 것이다.

왕양명은 20세 전후로 해서 주자의 저서를 널리 읽던 중, '모든 사물
에는 반드시 겉과 속, 정밀함과 거침이 있고 풀 한 포기 나무 한 그루
에도 모두 지극한 이치를 담고 있다'는, 주자학의 외적인 공부방법인
격물 궁리설(格物窮理說)에 관한 말에 접하고 집 뜰에 자라는 대나무
를 잘라 와서 며칠 동안 바라보며 그 속에 갖추어진 이치를 발견하고
자 심사숙고하였으나 끝내 별다른 성과를 얻지 못하고 노이로제(疾)
에 걸려 버린다.[36]

『周易四箋』, 기호학으로 읽다』, (예문서원, 2014), 23쪽.]
35) 「年譜」50세조.
36) 「年譜」21세조 : 是年爲宋儒格物之學, 先生始待龍山公于京師, 徧求考亭遺書讀之,

주자학에 대한 왕양명의 좌절의 체험은 결국 사물에 이르러서 그 이치를 궁구한다고 하는 주자학의 「격물궁리(격물치지)설」에 대한 회의로 이어져 간다.

양명이 27세 되던 해에는 주자의 독서방법에 충실하려고 하였으나 여기서도 그는 별다른 성과를 얻지 못하고 '사물의 이치와 나의 마음이 끝내 둘로 분리되어 통일되지 않는다(物理吾心, 終若判而爲二也)'[37]는 중요한 자각을 하게 됨으로써 이전에 부딪힌 문제의 핵심을 보다 명료하게 파악하게 된다. 이것은 「사사물물개유정리(事事物物皆有定理)」[38]나 「일초일목역개유리(一草一木亦皆有理)」[39]로 표현되는, 세계와 인간을 꿰뚫는 근본 실재인 천리가 선천적으로 주어져 있다[40]고 하는 주자학적 '정리(定理)'론을 정면에서 회의하는 주요한 사건인 것이다.[41]

양명은 "풀 한 포기 나무 한 그루에도 모두 지극한 이치가 있다[一草一木皆涵至理]"는 말을 순진하게 그대로 믿었다. 그래서 그는 관사(官舍)에서 자라는 대나무를 잘라 며칠 동안 바라보며 그 속에 갖추어진 이치를 발견하고자 심사숙고했으나 끝내 별다른 성과를 얻지 못하

一日思先儒爲衆物必有表裏精粗, 一草一木皆含至理, 官署中竹多, 卽取竹格之, 沈思其理不得, 遂遇疾.(이에 대해서는 「傳習錄」下에도 기록되어 있음.)

37) 「年譜」27세조.
38) 朱熹, 『朱子語類』권2(葉賀孫錄).
39) 朱熹, 『朱子語類』권2(徐萬錄).
40) 定理에 대한 언급은 여러 곳에서 발견된다. 예컨대 「천지간에는 원래부터 일정한 바꿀 수 없는 이치가 있다(天地之間, 自有一定不易之理)」[『晦庵先生朱文公文集』上, 「答黃叔張」].
41) 「傳習錄」上에서는 「事事物物, 皆有定理」에 대한 비판이 보이며, 「傳習錄」下에서는 「一草一木, 亦皆有理」에 대한 비판이 보인다.

고 노이로제에 걸려버렸다고 한다. 이것은 「연보」 21세조에 실린 내용이지만, 『전습록』 하권에는 황이방黃以方(이름은 直, 이방은 자)의 기록으로 다음과 같이 나와 있다.

　　선생께서 말씀하셨다.

　　"뭇사람들은 단지 격물은 주자에 의거해야 한다고 말하지만, 일찍이 그의 말을 실행한 적이 있었던가? 나는 착실하게 실행해보았다."

　　"젊었을 때, 나는 전이라는 친구[錢友][42]와 함께 '성현이 되려면 천하 사물[의 이치]에 이르러야[格] 하는데 어떻게 하면 그와 같이 커다란 역량을 얻을 수 있을까'에 대해서 토론한 일이 있었다. 그리하여 [나는 그에게] 정자 앞에 있던 대나무를 가리키면서 [그 이치에] 도달해보자고 하였다. 전씨[錢子]는 밤낮으로 대나무의 도리[竹子的道理]를 궁구하여 [그곳에] 이르고자[窮格] 생각[心思]을 다하다가 3일이 되어서는 그만 지쳐서 병이 나고 말았다. 처음에는 [나는] 그가 정력이 부족하기 때문이라고 말하고서 나 자신이 직접 탐구해갔다. [나 또한] 밤낮으로 해도 그 이치를 얻지 못했고, 7일이 되어서는 역시 너무 생각을 한 나머지 병이 나고 말았다[勞思致疾]. 결국 우리는 '성현은 될 수 없는 것인가보다. 사물[의 이치]에 다다를 커다란 역량이 없구나' 하며 함께 한탄하였다."

---

42) 글 가운데서 '젊었을 때'가 언제인지는 정확치 않으나, 양명이 북경에 있을 때인 11세-17세 사이일 것이다. 그리고 '전錢이라는 친구'는 전서산錢緖山(1496-1574)을 가리킨다고 하는 사람도 있다. 그러나 전서산이 왕용계王龍溪(1498-1583)와 함께 양명의 문하에 입문한 것은 정덕 16년(1521년), 양명이 50세 되던 해 9월, 그가 고향인 소흥으로 돌아와 일가친척, 친구·제자들과 만나 자연에서 노닐며 양지의 학문을 논하는 즐거운 날을 보낼 때이다. 따라서 전서산이라는 설은 옳지 않다.

"그후 용장에 3년간[夷中三年, 1507~1509] 있는 동안 겨우 그 의미를 얻고 나서야 천하의 물(物)에는 본래 이르러야 할 것이 없으며 사물에 이르는 공부[格物之功]는 다만 몸과 마음에서 하는 것이다[在身心上做]는 것을 알게 되었다. 그리고 성인이란 것은 어떤 사람이든 도달할 수 있는 것[聖人爲人人可到]이며, 스스로 감당해낼 수 있는 것이라고 확고하게 생각하였다. 이러한 생각을 그대들이 알 수 있도록 말해주겠다."[43]

한편 우리가 보다 깊이 들여다본다면, 주자학이 송학宋學의 집대성이라고 하지만, 그 내용은 성(性)과 이(理)를 중심으로 이른바 성리학(性理學)이 지닌 형이상학적인 성격과 그로 인한 사변적 측면의 번쇄함을 지녔다는 사실을 눈치 챌 수 있을 것이다. 그 번쇄함 위에 양명의 인문적 성찰(원효를 통해 말한다면 '붓과 벼루')에 놓여있었다.

왕양명은 주자가 『대학혹문(大學或問)』에서 「사람이 학문하는 까닭은 심(心)과 리(理)에 있을 뿐이다」라고 언급한 것에 다음과 같이 응수했다. 「심이 곧 성(性)이며 성(性)이 곧 리이다. 심과 리라고 할 때의 '과(與)'라는 글자는 심, 리를 두 가지로 하는 것을 면할 수가 없다」라고.

---

43) 「傳習錄」下: 先生曰, 衆人只說格物要依晦翁, 何曾把他的說去用. 我著實曾用來. 初年與錢友同, 論做聖賢, 要格天下之物, 如今安得這等大的力量. 因指亭前竹子, 令去格看. 錢子早夜去窮格竹子的道理, 竭其心思, 至於三日, 便致勞神成疾. 當初說他這是精力不足, 某因自去窮格. 早夜不得其理, 到七日, 亦以勞思致疾. 遂相與嘆聖賢是做不得的, 無他大力量去格物了. 及在夷中三年, 頗見得此意思乃知天下之物本無可格者. 其格物之功, 只在身心上做, 決然以聖人爲人人可到, 便自有擔當了. 這裏意思, 卻要說與諸公知道."

어떤 사람이 여쭈었다. "회암(晦庵)선생은 '사람이 학문으로 삼는 것은 '심'(心) '리'(理)일 뿐이다'[44]라고 말했는데, 이 말을 어떻게 생각하십니까?"

선생께서 말씀하시기를, "마음이 곧 본성이고, 본성이 곧 리(理)다. '여'(與)자를 넣은 것은 심과 리를 둘로 나누어 본 것이다. 이것은 학문하는 사람들이 잘 살펴보아야 한다."[或問, 晦庵先生曰, 人之所以爲學者, 心與理而已. 此語如何. 曰, 心卽性, 性卽理. 下一與字, 恐未免爲二. 此在學者善觀之.][45]

즉 우리가 일상적으로 'A와 B', '이것과 저것'이라고 할 때의 '와·과(與)'에 대해 왕양명은 이의제기를 하고 있다. '와·과'를 씀으로 하여 결국 나눌 수 없는 것을 둘로 나누어 버리고(=이원화하고)만다는 점을 지적한다.

왕양명의 번민은 '나와 사물', '나의 마음(吾心)과 사물의 이치(物理)' 사이의 좁혀지지 않는 깊은 간극, 그 머나먼 거리감(=이원성)에 있었다.

---

44) 朱熹, 『大學或問』, 「論第五格物章」: "말했다: 그렇다면 선생께서 학문을 하는 것은 마음에서 구하지 않고 자취에서 구하며, 안에서 구하지 않고 밖에서 구하는 것입니다. 나는 성현의 학문이 그와 같이 천근하고 지루하지는 않다고 생각합니다. 말씀하셨다: 사람이 학문을 하는 것은 마음과 리일 따름이다. 마음은 비록 한 몸을 주재하지만 그 체의 허령은 천하의 이치를 충분히 관할 수 있으며, 리는 비록 만물에 있으나 그 용의 미묘함은 실제로 한 사람의 마음에서 벗어나지 않는다. 애초에 안과 밖, 정밀함과 거침으로 논할 수 없다.(然則子之爲學, 不求諸心而求諸迹, 不求之內而求之外. 吾恐聖賢之學不如是之淺近而支離也. 曰: 人之所以爲學, 心與理而已矣. 心雖主乎一身, 而其體之虛靈, 足以管乎天下之理; 理雖散在萬物, 而其用之微妙, 實不外乎一人之心, 初不可以內外精粗而論也.)
45) 「傳習錄」上.

주자의 이른바 격물이라는 것은 "사물에 이르러서 그 이치를 탐구하는데 있다(在卽物而窮其理)"는 것이다(『대학장구』格物補傳의 말). 사물에 이르러서 이치를 탐구한다는 것은 사사물물에 있어서 그 이른바 정리(定理)를 탐구하는 것이다. 이것은 나의 마음을 가지고 이치를 사사물물 속에서 구하여 마음과 이치를 쪼개어서 둘로 하는 것이다(析心與理爲二).[朱子所謂格物云者, 在卽物而窮其理也, 卽物窮理是就事事物物上求其所謂定理者也, 是以吾心而求理於事事物物之中, 析心與理爲二矣.][46]

그러나 그는 심즉리 자각 이후「심과 리를 합하여 하나로 하는(合心與理而爲一)」경지를 얻는다. 그것은「오심(吾心)의 양지를 이루는」'치지=치양지'론의 확립이기도 하다.

나의 이른바 치지격물과 같은 것은 나의 마음의 양지를 사사물물에 다하는 것이다. 내 마음의 양지(良知)는 이른바 천리(天理)이다. 오심(吾心)의 양지·천리를 사사물물에 다하면 사사물물은 모두 그 리(理)를 얻게 된다. 오심(吾心)의 양지를 이루는 것이 치지(致知)이다. 사사물물이 모두 그 이치를 얻는 것은 격물(格物)이다. 이것이 심(心), 리(理)를 합하여 하나로 한다는 것(合心與理而爲一)이다[若鄙人所謂致知格物者, 致吾心之良知於事事物物也, 吾心之良知卽所謂天理也, 致吾心之良知之天理於事事物物, 則事事物物皆得其理矣, 致吾心之良知者致知也, 事事物物皆得其理者格物也, 是合心與理而爲一者也.][47]

---

46)「傳習錄」中,「答顧東橋書」.
47)「傳習錄」中,「答顧東橋書」.

양명이 「심과 리를 합하여 하나로 한다」(合心與理而爲一)는 자신의
관점을 분명히 정립하게 됨으로써, 이전의 「심과 리를 둘로 나누는 폐
단(心理爲二之幣)」[48]에서 비롯한 고뇌(「物理吾心, 終若判而爲二」·
「析心與理爲二」)가 '내 마음의 양지를 실현한다[致良知]'는 것으로써
해결된 것이다. 이것은 「마음이 이치와 합하여 하나로 된다」(「合心與
理而爲一」)[49]는 심즉리설의 전개인 것이다.

4. 결어

위에서 살펴보았듯이 원효와 왕양명은 시공간을 달리하는 사상가
였음에도 불구하고 궁극적으로 유사한 문제의식을 통하여 깨달음에
이르렀음을 알 수 있다.

먼저, 이 두 사상가는 자유분방한 성격의 인물로서 통합적 안목과
실천적인 성향을 가졌다.

다음으로, 두 사람이 보여주는 깨달음의 결론도 매우 유사한 것이
었다. 즉 원효가 무덤에서 해골에 든 물을 마시고 깨달았던 '심외무법
(心外無法)'은 양명이 그의 좌천지 귀주성 용장 생활에서 깨달았던
'심즉리(心卽理)'와 흡사한 경지였다.

왕양명은 나와 세계의 분리, 이분법적인 분열을 어떻게 통일할 것
인가가 주요 과제였다. 즉「심과 리를 합하여 하나로 한다(合心與理而

---

48) 「傳習錄」中.
49) 「傳習錄」下에는 「此區區心理合一之體」라는 표현도 보인다.

爲一)」는 과제를 해결할 열쇠는 결국 바깥에 있지 않고 '오심(吾心)'
에 자족한 것이었음을 깨닫는 것으로 그의 번민을 끝낸다. 원효 또한
국가, 사회적인 고뇌의 날카로움, 즉 '두 뿔(角=覺) 사이'에 돋아난 '뇌
영옹종(腦嬰癰腫)'을 중생심=일심의 수레를 끌고서 해소해간다. 이
원효의 심외무법(心外無法)과 왕양명의 심즉리는 결국 나와 세계라
는 두 축의 통합이라는 유사한 번민을 껴안고 있었다. 모두 인간에 대
한 성찰과 인문적 방법론을 모색함으로써 그 돌파구를 마련한다.

　시공을 초월하여 사상적 문제의식의 일치를 보여주었던 두 사람의
걸출한 사상가는 나와 세계를 만들어 내는 '나'(=주체)의 존재양식을
철저히 '통찰'함으로써 나와 세계의 이분화=분열이 결국 '나'에서 비
롯됨을 자각하였다. 그 고뇌는 해소는 내 마음의 장애를 넘어 '하나 ·
하나 됨(一 · 合一)' 지평을 만남으로써 가능하였다.

5장

탄허의 철학사상에 보이는 '會通'적 사유의 근저

– 예언 · 민족주의 · 신비주의의 '풍류도적 방법'에 대해 –

1. 서언

탄허(呑虛, 1913-1983)는 스승 방한암(方漢岩, 1876-1951)선사에게 받은 법명 '삼킬 탄(呑)' '빌 허(虛)' 즉 '탄허'를 법명으로 받았다. '허'는 '허공' 등으로 읽는 수 있지만 필자는 '우주'라 생각한다. 다시 말해서, 의상(義湘) 「법성게(法性偈)」 속의 '일미진중, 함시방(一微塵中, 含十方)'의 시방세계=우주를 말하는 것이 아닐까. 그래서 '탄허'는 곧 '함시방(含十方)' 곧 '우주를 틀어 삼켜라'는 의미일 것이다. 실제 그의 학문적 관심의 폭이 대단히 넓기 때문에 이런 해석이 지나친 것은 아닐 것이다.

그런데, 탄허의 철학사상에 대해 어떻게 접근하는 것이 좋을까? 이 물음은 「탄허의 철학사상」 부분을 써 달라는 부탁을 받고서 줄곧 필자가 가져왔던 것이다. 탄허의 생애와 철학사상에 대해서는 이미 고영섭 교수의 「吞虛宅成의 생애와 사상- 한국불교사적 지위와 한국불학사적 위상」[1]에 잘 정리되어 있다. 유사한 절차에 의해 탄허의 철학사상의 또 다른 경지를 당장 이끌어내기란 힘든 점이 있다.

따라서 필자는 시야를 좀 넓혀서 탄허의 철학사상 그 근저에 있는 여러 문제들 즉 '회통(會通)'·'예언'·'민족주의'·'신비주의'에 대해 좀 더 거시적으로 조망해보는 형태로 논의에 접근해보려고 한다. 그러나 여기서는 이 네 가지 문제들이 결국은 '회통'이라는 한국 특유의 풍류도적 방법의 사유 전통에서 유래되었다고 보고, 논의를 진행하고자 한다.

2. '통(通)'의 한국적 에토스

1) 한국적 에토스에 대한 성찰의 눈

우선 탄허의 생애와 이력을 살펴보면, 그는 당시 식자층들의 관습대로 사서삼경 등의 전통 한학(漢學) - 주로 '유가(儒家)'(①) - 을 관습대로 섭렵한다.[2] 그런 뒤에 노자와 장자 등의 '도가(道家)'(②)로 들

---

1) 고영섭,「吞虛宅成의 생애와 사상- 한국불교사적 지위와 한국불학사적 위상」,『한국불교학회학술발표논문집』, (한국불교학회, 2012).
2) 탄허는 말한다.「학교 문턱에도 안 갔어. 사서, 삼경과 주역 등 한문학을 했습니다. 수백 독했어요. 줄줄 외웠습니다. 지금도 마음만 먹으면 책을 통채로 외워댈 수 있어요. 한문 성경도 읽었어요.」(탄허불교문화재단,『피안으로 이끄는 사자후』, (서울: 교림, 1997), 192쪽.

어서고, 그 철학적 고뇌=문제의식에서 '불가(佛家)'(③)에 귀의한다.

> 내가 노장사상을 연구하다가 중이 된 사람이거든, 내가 이십대 시절
> 부터 노장사상에 파고들다가 선생님이 없어서 그래서 선생을 구하다가
> 방한암 스님이 유명하다는 말을 듣고 편지를 해보고 참 도반이 넓은 것
> 같아서 3년간 편지로 굉장히 연애가 깊어서, 그러다가 따라와서 중이
> 되었거든[3]

시간적 추이로 보면 ① → ② → ③이지만 내용적으로는 세 가지가
'회통적'으로 합일되어 있다.(보다 구체적인 것은 아래 내용을 참조)

그런데 이러한 합일적 지식 정보 입수와 공부(=수행)의 기본적 과
정은 탄허만이 겪는 독자적인 과정이라기보다는 기본적으로 한국의
지성들이 힘입은 한국적 에토스에 바탕한다는 점을 상기할 필요가 있
다. 이것은, 다음과 같이, 인도 불교가 중국에 수용될 때 중국적 전통
이 어떤 식으로 관여하는가를 살펴보면 잘 알 수 있다.

(1) 중국의 경우

풍우란(馮友蘭. 1895-1990)은 아래와 같이 중국적 전통의 세 가지
기초 위에서 인도의 불교를 수용, 전개하였다고 본다. 따라서 세계-존
재와 인간-인생 방면의 문제가 인도의 사유와 동일하지 않은 방향에
서 특징을 보인다고 지적한다.[4]

---

3) 이 부분은 탄허의 유·불·선, 동양사상 특강(1983.1)의 테이프에 있는 내용임(12
개 중, 3번 테이프의 뒷면)(김광식, 「탄허의 시대인식과 종교관」, 『한국불교학회학
술발표논문집』, (한국불교학회, 2012), 145쪽에서 재인용.)
4) 풍우란, 『중국철학사』하, 박성규 옮김, (서울: 까치, 2007), 231-232쪽 참조.

첫째, 외계 실재론을 근거로 출발하였기에 공(空) 이해에 변화가 일어난다. 불교는 일반적으로 「제행무상(諸行無常), 제법무아(諸法無我)」를 표방하여, 외계를 허망하다고 보는 「공(空)」사상이 강하지만, 중국인은 실재론의 입장이어서 외계를 '객관적 실재의 세계'라고 한다. 그래서 「공」의 해석이 달라진다. 즉, 이 세계는 이미 있는 것(有. 실재)이긴 하다. 그러나 諸法은 거짓 명칭이고 진실이 아니기(假號不眞)에 유니 무니 하는 실체를 갖지 않는다. 그러므로 진실[眞]이 없는 것이고 '공'이라는 논리를 편다(→ 僧肇의 「不眞空論」의 '不眞空義[5]').

둘째, 인간의 부단한 활동을 중시하기에 열반(涅槃) 이해의 변화가 일어난다. 불교는 「열반적정(涅槃寂靜)」으로 열반, 다시 말해서 최고의 경지를 영적부동(永寂不動. 영원히 적막부동)한 것이라 하나 중국인은 사람의 '활동'(→ 天行建, 君子以自强不息.)[6]을 중시한다. 여기서 「열반」의 존재방식이 변한다. 그래서 인간의 최고목표는 天人合一(合德)의 '성인(聖人)'이란 인생 경지에 오르는 것이다.[7]

셋째, 자기완성에 대한 낙관·긍정이 있기에 수행법의 변화가 일어난다(積漸 → 頓悟成佛). 불교에서는 수행의 과정이 계급제(카스트제도)와 윤회의 사상의 영향 때문에 일반적으로 '시간'을 들여서 추진하는 단계적인 것(시간의 경과를 중시: 積漸)인 특징을 갖는다. 그런데 중국인은 「누구나 요순이 될 수 있다(人皆可以爲堯舜)」[8]는 낙관적·성선론적 전통에 기반하기에 '일천제(一闡提: 부처가 될 가능성이 없

---

5) 구체적인 것은 풍우란, 위의 책, 255-257쪽 참조.
6) 『周易』乾卦·象傳.
7) 풍우란, 『간명한 중국철학사』, 정인재 옮김, (서울/대구: 형설출판사, 2007), 31-35쪽 참조.
8) 『孟子』「告子下」.

는 자)⁹⁾도 성불(成佛)할 수 있다'하며 '단박에 깨닫는 것'(頓悟)을 주류로 한다(→ 道生의 頓悟成佛).

위의 풍우란의 정리에 따르면 중국인들의 사유는 대단히 합리적이고 현실적인 측면을 볼 수 있다. 마찬가지로 중국 사상의 한국 유입 또한 한국이라는 공간에서 맞게 합리적으로 재조정되어 수용되었음을 추론해볼 수 있다.

(2) 한국의 경우

한국의 사상 공간에서는 타 지역의 문화가 전래될 때 반드시 그것의 번역-이해 과정에서 지역 전통문화(에토스)와의 충돌과 재조정이 이루어진다.

예컨대, 행단(杏壇)의 행(杏)이 원래 중국에서는 '살구나무'였지만 '은행나무'로 해석되어 우리나라의 성균관과 향교에 은행나무가 심겨진 것도 그 하나의 예이다.¹⁰⁾

---

9) 이칸티카(Icchantica)의 音譯. 본래 '욕망을 가진 사람'이란 뜻이나 교리적으로는 '선근을 단절한 자'(斷善根), '불교의 신심을 갖고 있지 않은 자'(信不具足), '불교 교리(특히 대승의 법)을 비방하는 자'(謗法) 등으로 풀이된다. 부처가 될 가능성(佛性)이 없다는 의미에서 '無性'이라고도 한다.

10) 향교나 서원을 찾아갈 때는 대개 큰 은행나무가 있는 곳을 향한다. 향교 등의 강당 앞에는 으레 은행나무가 심겨 있는 행단(杏壇)이 있기 때문이다. 행단은 본래 중국 산동성의 곡부현(曲阜縣) 공자 묘(廟) 앞에 있는 단의 이름이다.『장자(莊子)』에 「공자(孔子)가 행단(杏壇) 위에 앉아 있고 제자는 그 밑에서 책을 읽었다(孔子 …休坐乎杏壇之上, 弟子讀書)」(『莊子』,「漁父」)는 기록이 있다. 우리나라의 성균관(成均館) 대성전(大成殿) 앞, 명륜당(明倫堂)에는 은행나무가 심겨져 있는데, 각각 세종, 중종 때 심었다고 한다. 그런데 이 행단의 '행(杏)'은 '은행나무'가 아니라 본래 '살구나무'로 추정된다. 중국 곡부현 공자묘의 행단은 북송 때인 1018년 공자의 45대손이 조성했다고 하는데, 그 당시 은행나무는 남방에서만 자랐으며, '은행'이란 명칭이 사용된 것은 1054년이었다. 따라서 공자의 행단의 행 자는 '살

그리고 하늘 '천(天)'은 '푸른(蒼蒼)'의 색인가?[11] 아니면 천지현황 (天地玄黃)의 '거무스름한 혹은 검푸른(玄)' 색인가? 이러한 색깔 인 식을 둘러싸고 양반과 하층민(쌍놈) 사이의 지적 갈등을 엿볼 수 있 다. 아래는 춘향전 판소리 중의 「천자문 풀이」의 한 대목을 『완판춘향 전(完版春香傳)』과 『창본춘향전(唱本春香傳)』을 대비해본 것이다.[12]

天開子時生天하니 太極이 廣大 하늘天.

地闢於丑時하니 五行 八卦로 따地.

三十三天 空復空에 人心指示 검을玄.

二十八宿 金 木 水 火 土之正色 누르黃.(『완판춘향전(完版春香傳)』)

이것은 이도령이 읊은 부분인데, 이도령은 양반 계층답게 중국적 지식을 원용하여 읊고 있다. 아래에서 방자의 풀이와 대비해보면 좀 더 선명하게 드러난다. 식자층인 이도령의 풀이가 고급 한문투임에 비해 방자의 풀이는 조선의 정서가 물씬 풍기는 일상 한글 투로 시골

구나무'지 '은행나무'가 아닌 것이다.

11) 燕巖 朴趾源(1737-1805)이 兪漢雋에게 보내는 편지에서 이렇게 말하고 있다: 「마을의 어린애[里中孺子]에게 천자문을 가르치는데, 읽기에 싫증을 내는 것을 꾸짖으니, 하는 말인즉 '저 하늘을 보면 푸르기 짝이 없는데, 천(天) 자는 푸르지 가 않잖아요. 그래서 읽기가 싫어요.' 이 아이의 총명이 창힐을 굶겨 죽이겠습니 다.('視天蒼蒼, 天字不碧, 是以厭耳.' 此兒聰明, 餒煞蒼頡.")」(「答蒼厓之三」, 『燕巖 集』).

12) 이에 대해서는 최재목, 「朝鮮時代における経書の暗記,身体化,唱劇化の一面-『春 香伝』の中の『千字文』プリ(唱)を中心に-」, 『經書解釋の思想史-共有と多樣の東 アジア』, (東京: ぺりかん社, 2010); 최재목, 「漢文の訓讀,階層性,トポス-『春香 伝』の「千字文プリ(唱)」を手掛りとして-」, 『續訓讀論-東アジア漢文世界の形成 -』, (東京: 勉誠出版, 2010)을 참고 바람.

의 색깔, 소리, 냄새를 동반한 풍경화를 연상케 한다.

　　(방자 왈)「千字풀이 말씀이요.」
　　(이도령 왈)「네가 千字풀이를 어떻게 아느냐.」
　　「小人도 그것쯤은 안다오.小人이 한번 외울 터이니 들어 보시요.반짝
반짝 별 달렸다.玉皇님 계신 하늘天 밀보리 잘 자란다.논밭많은 따地 揮
揮칭칭이 감을玄 밥 누를나 누루黃 섬거적도 만들고 새끼 꼬는 집宇.」
　　「에라 치워라 그렇게 외우면 無識해서는 못쓰는 法이니라.내가 읽을
것이니 들어보아라.」(唱)
　　높기도 높을시고 넓기도 넓을시고 大丈夫 氣慨같이 浩浩蕩蕩 하늘天.
　　高山深海 품에 안고 萬物을 生育하니 이아니 慈悲하냐 養生萬物 따地.
　　三月이라 三辰날 春風細雨 好時節에 江南갔든 옛 제비가 잊지않고
찾아오니 감을 감을 감을玄.
　　金風에 익은 穀食 一望無際 바다로다 時節만나 익은 이상 누릇 누릇
누루黃.(『창본춘향전(唱本春香傳)』)

　　조선이 유교를 국가의 통치 이념으로 도입한 이후 유교적 방식에
따라 생활하는 것은 바로 유교의 '교학'(discipline)을 실천(practice)
하는 것이었다. 특히 관혼상제(冠婚喪祭)라는 중요한 인생 의례를 유
교식으로 행하는 것이 중요시되었다.
　　유교의 이념 및 유교식 의례의 실천은 처음에는 상층지배 계급에게
수용되었는데, 특히 유교 의례는 주희(朱熹)의 『주자가례(朱子家禮)』
에 따라 이루어졌다. 이후 이재(李縡, 1680-1746, 자는 熙卿, 호는 陶
菴 등)이 『주자가례』를 조선의 실정에 맞게 편찬한 『사례편람(四禮便
覽)』이 1844년에 간행 보급되었다. 이후 모든 예제가 이것을 기반으

로 하여 행해졌다. 조선의 유교식 의례는 지배계급뿐만 아니라 민간
에까지 정착하여 일반화되는 계기가 되었다. 상층부에서 민간에까지
이르는 예의 정착과정은 실제로 오랜 시간을 필요로 했지만, 형이상
(形而上) · 추상 원리인 '천(天)의 리(理)'가 조선의 주자학 사회라는
형이하(形而下)의 일상세계에까지 구체적으로 실천되는 것(=제도화)
을 리얼하게 잘 보여주고 있다.[13] 모두 중국적 지(知)의 체계를 조선
이라는 시공간에 재조정하는 과정이다.

　예를 들지만, 퇴계가 『심경부주(心經附註)』를 받아들일 무렵을 돌
이켜 볼 필요가 있다. 퇴계와 『심경(心經)』과의 인연은 깊은데, 『심경』
을 이야기 할 경우 『심경부주』에 대한 언급을 빠뜨릴 수 없다. 송대의
서산(西山) 진덕수(眞德秀. 1178-1235)가 편찬한 『심경』에다 명대
의 정민정(程敏政)이 부주(附註)하여 간행한다. 이 『심경부주』는 간
행 이후, 그 정확한 연대는 알 수 없지만, 조선에도 전래되어 중종18
년(1523) 이전에 이미 광주(光州)에서 간행되며, 퇴계는 성균관에 유
학할 때 여관에서 처음으로 『심경부주』를 구입하여 읽었다고 한다(23
세). 그러나 그 주(註)가 모두 정주(程朱)의 어록(語錄)에서 발췌한
문장들이었기에 구절을 떼어 읽기조차 어려웠다고 한다. 그래서 그는
수개월동안 고심하고 다른 책을 참고하기도 한 끝에 자연히 마음속으
로 이해할 수 있게 되었다. 만일 이해하지 못하는 곳이 있더라도 억지
로 알려하지 않고 시간이 지난 뒤 다시 펼쳐서 마음을 비우고 그 의미
를 풀이하여, 마침내 이해하지 못하는 곳이 하나도 없었다고 한다. 이

---

13) 이 내용은 최재목, 「朝鮮時代の「儒教」と「樂」について」, 『동북아문화연구』28집,
　　(동북아시아문화학회, 2011.9.15) 참조.

처럼 『심경부주』는 퇴계에게 심학의 연원과 마음을 다스리는 방법을 알게 해주었고, 심학에 감동하고 분발하도록 만들었다. 퇴계는 『심경부주』를 신명(神明)처럼 믿고 엄부(嚴父)처럼 존경하여, 평생 《사서(四書)》나 『근사록(近思錄)』에 못지 않다고 믿었다.[14]

우리가 탄허의 철학사상을 고려할 때도 한국적 에토스를 충분히 고려할 필요가 있을 것이다. 무엇보다도 그에게 보이는 '삼교회통'은 그의 독자적인 점이지만 아래와 같은 한국적 '통(通)'의 전통을 충실히 계승하고 있다고 본다.

2) '통(通)'의 전통들

해방 후 함석헌과 양주동은 탄허로부터 장자 강의를 들었다고 한다. 양주동은 1주일간 장자 강의를 듣고 탄허에게 오체투지로 절까지 할 정도로 그 학문적 깊이에 탄복했다고 전해진다. 회통의 정신은 거슬러 오르면,「우리나라에는 현묘한 도(道)가 있다. 이를 풍류(風流)라 하는데 이 도(道)를 설치한 근원은 『선사(仙史)』에 자세히 실려 있거니와, 실로 이는 3교(三敎)를 포함(包含)한 것으로 모든 민중과 접촉하여 이를 교화(敎化)하였다(國有玄妙之道, 曰風流, 設敎之源, 備詳仙史, 實乃包含三敎 接化群生)」는 최치원의 「난랑비서문(鸞郎碑序文)」(『삼국사기』)의 '포함' 정신에 닿는다고 생각한다.

---

14) 이 부분은 최재목,「李退溪의 陽明學觀에 대하여 - 退溪의 독자적 心學 형성 과정에 대한 一試論 -」,『퇴계학보』제113집, (퇴계학연구원, 2003), 20-21쪽을 참고.

(1) 횡설수설(橫說竪說), 무애(無碍)의 전통

우리는 지식 정보의 근저에서 표층까지 훤히 꿰뚫고 그것을 맘대로 주무를 수 있는 지성인을 존중해왔다. 횡설수설(橫說竪說)이 가능한 사람 말이다. 횡설수설은 한국의 지성사에서 새롭게 부각되는 개념이다. 즉 고려 말의 정몽주가《사서집주(四書集注)》에 대해 막힘없이 설명하자 목은 이색(李穡)이 「몽주의 논리가 가로로도 설명하고 세로로도 설명하여(橫說竪說) 이치에 맞지 않는 것이 없다.」[15] 했듯이, 여말 선초부터 쓰이기 시작한다.[16]

이 횡설수설은 거슬러 오르면 「일체무애(一切無碍)」정신을 체현한 원효의 '무애'라는 지(知)의 기법에도 닿는다.

사전에서는 횡설수설은 보통 '말을 이렇게 했다가 저렇게 했다가 하는 것' '두서가 없이 아무렇게나 떠드는 것'이라 한다. 그러나 횡설수설은 원래 가로(橫)로도 말하고 세로(竪)로, 즉 '자유자재로=종횡으로' 말할 수 있는 것을 뜻한다. '걸림 없는 스토리텔링'이 가능한, '무애의 화법'을 갖춘 사람은 그리 많지 않다. 그러니 함부로 지껄여댄다면, 말을 이랬다저랬다 두서없이 아무렇게나 떠드는 것으로 보일 수 있다.

(2) '통(通)', '툭 트인 인간' = 상철(上哲)

'회통적' 인간은 사방팔방으로 '통(通)'하는 인간이다. '툭 트인' 인

---

15) ?,「圃隱先生集本傳」,『圃隱集』:「(前略) 十六年, 以禮曹正郎, 兼成均博士, 時經書 至東方者唯朱子集註耳, 夢周講說發越, 超出人意, 聞者頗疑, 及得胡炳文四書通, 無 不脗合, 諸儒尤加嘆服, 李穡亟稱之曰, 夢周論理, 橫說竪說, 無非當理.」이에 대한 기록은 鄭道傳의「圃隱奉使稿序」(『三峯集』卷3), 咸傅霖의「圃隱先生集行狀」(『圃 隱集』) 등등 많은 곳에 나타나 있다.(한국고전번역원「한국고전 DB」참조)

16) 이에 대한 상세한 논의는 다른 기회로 돌린다.

간이다. 이렇게 '툭 트인' 인간은 단순히 '아는 것'(知), '지키는 것'(保)과는 차원이 다르다. 다시 말해서, 『삼일신고(三一神誥)』에서 「으뜸 밝은이를 '통(通)'이라 하고, 중간 밝은이로 '지(知)'라고 하고, 아래 밝은이로 '보(保)'라고 한다(上哲通, 中哲知, 下哲保)」[17]고 하듯이, '통(通)'은 상철(上哲)로 취급된다. 한국 철학사상가들 가운데서 내로라 하는 개성 있는 사람들은 대체로 '통(通)'을 지향하였다.

(3) '포함삼교(包含三敎)'의 풍류론적(風流論的) 사유틀

'통'은 소통. 달통, 통달, 관통, 회통 등의 어법에서 알 수 있듯이, 지식과 사유가 어느 특정의 영역에 막히지 않고 사방팔방, 자유자재로 두루 뻗어나가 닿는다.

원효(元曉, 617-686), 수운(水雲) 최제우(崔濟愚, 1824-1864), 범부(凡父) 김정설(金鼎卨, 1897-1966), 함석헌(咸錫憲, 1901-1989) 등에서 보여지는 지식체계의 특징이 그렇다. 이것은 최치원의 「난랑비서(鸞郎碑序)」에 제시된 '포함삼교'(包含三敎)의 정신에 해당한다. '포함'이란 무언가를 사물이나 범위 속에 함께 들이거나 넣는 것을 말하는데, 각종 재료를 넣어서 담거나 섞을 수 있는 '그릇'을 말한다. 비빔밥 그릇처럼 각양각색의 재료가 섞이는 공간이 '포함'이라는 개념틀이다. 그래서 '포함'이란 말은 단순한 '합일', '융합'을 의미하는 것이

---

17) 『三一神誥』: 人物同受三眞, 曰性命精, 人全之物偏之, 眞性無善惡, 上哲通, 眞命無淸濁, 中哲知, 眞精無厚薄, 下哲保. 참고로 『三一神誥』는 대종교(大倧敎)의 주요경전이다. 이 책은 1906년 나철(羅喆)이 일본에서 귀국하여 세종로 방향으로 걸어 가는 도중 어떤 신령스러운 노인으로부터 받은 것이라고 한다. '삼일'(三一)은 '삼신일체'(三神一體), '삼진귀일'(三眞歸一)을 의미하고, '신고'(神誥)는 '신이 신명(神明)스럽게 하신 말씀'이라는 뜻이다.

아니며, '삼교'를 담아내는 그릇이다. 그러므로 삼교 그것의 내용을 넘어서 있는 틀(메타 텍스트)이다.[18] 포함은 온갖 이념-지식-학술을 다 담아내는 그릇이기에 필자는 '풍류론적(風流論的) 사유틀'이라 부르고자 한다. 「난랑비서」에서 말하는 '삼교'는 당시의 중심적 학문-지식 영역을 상징하므로 오늘날에는 오늘날의 그것을 삼교로 보면 된다.

이러한 '포함'이라는 사유의 틀은 일종의 다문화적 이해의 형식이기도 하다.[19] 이것은 신라시대 최치원(崔致遠)이 쓴 지리산 쌍계사의 「진감선사대공탑비문(眞鑑禪師大空靈塔碑)」) 앞머리에서 잘 드러나 있는 '이무이국(人無異國)'의 정신과도 통한다.

> 대저 도는 사람으로부터 멀지 않고, 사람에겐 다른 나라(異國)란 없다. 그래서 우리나라 사람으로서 유학자도 되고 불학자도 되었으며, 기필코 서쪽으로 대양을 건너가 이중통역을 하더라도 학문을 하고자 하였던 것이다.[20]

---

18) 김정설은 포함 삼교의 포함은 특별한 의미가 있다고 본다. 삼교란 유불선이며, 그 것을 담는 것으로서 포함은 그 삼자에 앞선, 이미 주어진 선행하는 틀이라고 본다. 그것을 그는 풍류도 혹은 국풍이란 말을 사용하고 있다. '풍류'나 '국풍'이란 崔致遠의 「鸞郎碑序」에 나오는 '國有玄妙之道曰風流'에 근거를 둔다. 풍류, 국풍은 현묘지도의 다른 표현이다. 범부는 '玄妙之道'란 것을 「儒·佛·仙의 三教를 包含한 것」이란 표현에서 '포함'이란 말에 주목하여 "三教보다 더 廣大"한 사상 범주로 격상시킨 뒤 "風流道가 이미 儒佛仙 그 以前의 固有精神일진대는 儒佛仙的 性格의 各面을 內包한 동시에 그보다도 儒佛仙이 所有하지 않은 오직 風流道만이 所有한 特色이 있는 것"(김범부, 「風流精神과 新羅文化」, 『凡父 金鼎卨 단편선』, 최재목·정다운 엮음, (서울: 도서출판 선인, 2009), 38쪽)(강조는 인용자)이라 하여 '風流道'로 단정한다.
19) 아래 부분은 최재목, 「어울림, 한국인의 심성에 흐르는 강물」, 『한국인의 문화유전자』, (서울: 아모르문디, 2012) 참조.
20) 夫道不遠人, 人無異國, 所以東人之子, 爲儒爲釋, 必也西浮大洋, 重譯從學.

이것저것 가리고 따지며 배척하지 않고 포용, 포섭하는 다문화적, 국제적 사유를 보여준다.다문화적 사유는 어울림의 풍류이자 세상의 다양한 꽃을 가꾸는 마음이다. 이것은 김정설이 『화랑외사(花郎外史)』에서 백결선생의 면모를 스토리텔링한 부분에서 '꽃씨를 진' 백결선생의 '망태'와도 닮아 있다.

> (백결선생은) 그리고 자기 취미, 아니 취미라기보다는 생활은 첫째, 음악을 좋아하였었지만, 그러나 날씨나 좋고 할 때는 문을 닫고 앉아서 거문고를 타는 일은 그리 없었다. 가끔 그는 큼직막한 망태를 메고 산으로 들로 다니면서 꽃씨를 따 모아 가지고, 꽃 없는 들판이나 산으로 돌아 다니면서 꽃씨를 따 모아 가지고, 꽃 없는 들판이나 산으로 돌아 다니면서 뿌리곤 하였다. 선생은 이 일을 무엇보다도 오히려 음악 이상으로 재미스럽게 생각하였다. 혹시 누가 멋 모르고 그것이 무슨 취미냐고 물으면 그는 『이것이 治國 平天下야.』라고 대답하는 것이었다. 이것은 선생에게 있어서는 꼭 농담만은 아니었다. 그러기에 수백리 길을 멀다 생각하지 않고 꽃씨를 뿌리러 다닐 때가 많았다. 그리고 백결선생이 망태를 메고 지나간 곳마다 온갖 꽃이 다 피어나는 것이었다. 그리고 나무나 꽃 없는 산, 그 중에도 벌겋게 벗겨진 산을 볼 때는 어떤 바쁜 일을 제쳐 두고라도 근처 사람을 불러가지고 그 산을 다 집고는 길을 떠나는 것이었다. 그리곤 사람을 벗겨두면 나랏님이 걱정하는 것처럼 산을 벗겨두면 산신님이 화를 낸다고 말했다.[21]

'큼지막한 망태를 둘러메고 산으로 들로 다니면서 꽃씨를 따 모아

---

21) 김범부, 「백결선생」, 『화랑외사』, (대구: 이문출판사, 1986)(3판), 146쪽

가지고, 꽃 없는 들판이나 산으로 돌아다니면서 뿌리곤 하는' 백결선
생에게 이것이 무슨 취미냐고 물으면 '이것이 치국 평천하야'라고 대
답하였다는 것이다. 이런 사고는 우리 전통 속에 풍부하게 남아있다.
접화군생(接化群生: 뭇 생명체들에 응접하여 교화함), 요익중생(饒益
衆生: 중생들을 풍요롭고 이익되게 함), 홍익인간(弘益人間: 인간들을
널리 이롭게 함. 무한 리필, 보태주는(give) 정신)이 그것이다.

　모두 어울림을 향한 깊고 두터운 포용력, 균형감 있는 사고들이다.
그리고 십문화쟁(十門和諍) 같은 사상도 제반 이념들이 어울릴 수 있
는 회통의 철학 아닌가.

　「통즉불통(通卽不痛), 불통즉통(不通卽痛)」(『東醫寶鑑』)이란 말
이 있다. 기혈이 막히지 않고 통하면 통증이 없고, 그것이 막혀서 통하
지 않으면 통증이 생긴다는 말이다. 일이나 인간관계에서 잘 통하는
것을 중요하다. '링크'=접속=접촉=터치에 따라 점, 점들이 임의적으
로 연결된 관계 속으로 들어오듯이, 여러 조각의 자투리 천을 모아 보
자기를 만든 우리의 전통 '조각보'에도 위의 '망태'에서처럼 '조각+조
각+...' 이상의 정신과 의미가 들어있다. 다산 정약용이 '인(仁)'을 사
람과 사람의 〈사이(間)'+'어울림(際)'〉으로 인식한 것과 같다. 즉 그는
'인(仁)'을 사람과 사람 사이(間)에서 생기는 윤리적 능력(덕)인 동시
에 사람과 사람의 어울림(際)에서 생기는 규범개념으로 인식한 바 있
다(仁之爲德生於人與人之間, 而仁之爲名成於人與人之際)[22]

---

22) 丁若鏞,「中庸講義補」권1.

(3) '집약'의 전통 : 종요(宗要), 절요(節要), 집요(輯要)

'통' 정신의 바탕이 된 '포함' 정신은 우리나라 사상사에서 특징을 드러내는 '집약'의 사유와 상통한다. 집약은 「도설(圖說), 종요(宗要), 절요(節要), 집요(輯要)」의 형태로 나타난다.

물론 이 집약이라는 전통은 한국에서만 드러나는 특징이 아니다. 서양의 도상학(圖像學. iconography)·도상해석학(圖像解釋學. iconology)에서, 중국 역학(易學) 및 『삼재도회(三才圖會)』[23], 황윤석(黃胤錫. 1719-1791)의 『이수신편(理藪新編)』 등의 도상 집약의 전통[24]에서도 잘 드러나는 특징이다.

한국에서는 한국적 에토스에 기반하여 중국의 사상적 흐름을 새롭게 집약하고 이해-해석하는 형태를 보인다. 일찍이 금장태 교수는 다음과 같이 지적한다. 불교 방면에서는 신라의 원효(元曉. 617~686)가 많은 불경 연구를 『화엄경종요(華嚴經宗要)』·『열반경종요(涅槃經宗要)』등 '종요(宗要)'의 형태로 제시하였고, 의상(義湘. 625~702) 또한 『화엄일승법계도(華嚴一乘法界圖)』를 그려서 화엄(華嚴)의 광대한 세계를 7언 30구 210자로 집약시켰으며, 유학 방면에서는 일찍이 양촌(陽村) 권근(權近. 1352~1409)이 『입학도설(入學圖說)』에서 '도설(圖說)'의 형식을, 퇴계(退溪) 이황(李滉, 1501~1570)이 『주자서절요(朱子書節要)』의 편찬에서 '절요(節要)'의 형식을, 울곡(栗谷) 이이(李珥, 1536~1584)는 『성학집요(聖學輯要)』편찬에서 '집요(輯要)'의 형식을, 그리고 정조대왕 때는 고전 편찬에서 '백선(百選)'의 형식을

---

23) 明代 王圻 편찬(1607)의 類書. 80권.
24) 이에 대해서는 유권종, 「儒敎 圖像의 분류체계에 관한 연구」, 『儒學硏究』제20집, (忠南大儒學硏究所, 2009.12)을 참조.

활발히 활용한 바 있다. 이것은 다름 아닌 '집약' 중시의 학문 전통을 잘 보여주는 것이다.[25)]

(4) '행행도처(行行到處) 지지발처(至至發處)'의 달관

이러한 사유의 근저에는 일종의 달관이 들어있다. 마치 의상대사가 태우고 남은 화엄경의 내용을 '법성계(法性偈)'로 집약했고, 이것을 더 압축하여 '행행도처(行行到處) 지지발처(至至發處)' 즉 '걸어도 걸어도 그 자리, 가도 가도 떠난 자리'로 말해버린 것과 같다. 유행가에서 인생과 우주의 원리를 「花無十日紅이요 달도 차면 기우나니(=日月盈昃)」로 요약한 것처럼 말이다.

이처럼 갔다가 돌아오는 '원환적(圓環的)' 원리는 '통'의 사유에 들어있다. 고려가요 「가시리」에서 「가시는 듯 돌아오소서」라 하듯이, 윤동주의 「자화상」이란 시에서도 「...한 사나이가 있습니다./어쩐지 그 사나이가 미워져 돌아갑니다.//돌아가다 생각하니 그 사나이가 가엾어집니다./도로 가 들여다보니 사나이는 그대로 있습니다./다시 그 사나이가 미워져 돌아갑니다./돌아가다 생각하니 그 사나이가 그리워집니다.」처럼, 가다가 돌아오고 가다가 돌아오고 있다. 이은상의 시 「그 집 앞」에서는 「오가며 그 집 앞을 지나노라면/그리워 나도 몰래 발이 머물고/오히려 눈에 띌까 다시 걸어도/되 오면 그 자리에 서 졌습니다.」라 한다.

이런 어울림의 원환적(圓環的) 구조는 바로 「걸어도 걸어도 그 자

---

25) 금장태, 『『聖學十圖』와 퇴계철학의 구조』, (서울대 출판부, 2003, 초판 4쇄), 3쪽 각주1) 참조.

리, 가도가도 떠난 자리(行行到處 至至發處)」의 달관 아닌가. '통'의
사유가 수많은 얼굴로 자신을 드러낸다. 그야말로 '통'은 「천의 얼굴
을 가진 영웅」인 셈이다.[26]

3. 탄허의 '회통(會通)'의 풍류도적 방법

1) '회통'의 중층성과 풍류도적 연관

탄허의 회통 문제는 철학사상이라는 학문적 차원, 그리고 학문 외
적 차원(예언, 민족주의)으로 나눌 수가 있다.

우선 탄허의 동양 삼대 사상의 '회통적' 이해는 다음에 잘 드러난다.

　　유교 서적 수천 권을 종합해 놓으면 존심양성 또든 진심지성으로 정
　리할 수 있다. 또 불교 서적 수천 권을 종합해 놓으면 명심견성明心見
　性, 즉 "마음을 밝혀 성을 본다"로 요약할 수 있다. 그리고 도교 서적 수
　천 권을 모아 핵심을 정리하면 수심연성修心練性, 즉 "마음을 닦아서
　성을 단련한다"가 된다. 결국 도교의 수련, 유교의 존양, 불교의 명견,
　이 모두가 심성心性을 말한 것이다. 즉 철학적으로나 학문적으로 접근
　하는 과정에서 조금 차이가 있을 뿐 모두 같은 것을 일컫는 말이다. 그
　러므로 옛 조사의 말씀에 다음과 같은 내용이 있다. "유교가 뿌리를 심

---

26) 이런 저런 수많은 모습으로 변모해가는 영웅의 이야기는 조셉 캠벨, 『천의 얼굴을
　　가진 영웅』, 이윤기 역, (서울: 민음사, 2004)을 참조 바람. 이러한 영웅담처럼 '통'
　　의 이야기는 우리 문화 속에 수없이 많다.

는 것이라면 도교는 뿌리를 북돋워 주는 것이고, 불교는 뿌리를 뽑는 것이다(儒植根, 道培根, 釋拔根)"[27]

탄허는 도교의 수련(修練), 유교의 존양(存養), 불교의 명견(明見)이 모두 '심성'을 말한 것이므로, 철학적 학문적으로 접근 과정에 조금 차이가 있을 뿐 모두 같은 것을 일컫는 말이라 본다. 그래서 그는「유교가 뿌리를 심는 것이라면 도교는 뿌리를 북돋워 주는 것이고, 불교는 뿌리를 뽑는 것이다(儒植根, 道培根, 釋拔根)」라는 옛 조사의 말을 들고 있다.

탄허의 회통 문제는 단순히 삼교(불·유·도) 방면에서만이 아니고, 그의 예언, 민족주의, 신비주의 측면까지 포괄하여 논의할 때 진면목을 드러낸다.

먼저 탄허의 '이력'의 주요 부분[28]을 눈여겨 보자.

- 1919년(6세). 이때부터 1928년 16세 때까지 10여 년 간 부친 김홍규(金洪奎)과 조부 김병일(金炳日) 그리고 향리의 선생으로부터 사서(四書) 삼경(三經)을 비롯한 유학(儒學)의 전 과정을 마치다.
- 1919년부터 부친이 독립운동을 하다 체포수감 되어 1924년까지 옥바라지를 하였다.
- 1929년(17세) 이 해 충남 보령으로 옮겨서 기호학파 면암 최익현의 재전(再傳) 제자 이극종(李克宗)으로부터 다시 『시경(詩經)』

27) 김탄허, 『탄허록』, (서울: 휴, 2012), 116-117쪽.
28) 김탄허, 「탄허스님의 연보」, 『탄허록』, (서울: 휴, 2012), 248-253쪽 참조(일부 인용자 수정).

을 비롯한『삼경(三經)』과『예기(禮記)』·『춘추좌전(春秋左傳)』
등의 경서(經書)를 수학하였다.

• 1932년(20세) 이즈음『도덕경(道德經)』과『장자(莊子)』등 도가의
경전을 읽으면서 노장의 '도(道)란 무엇인가?'라는 새로운 주제
에 관심을 갖기 시작하였다. 또 이 해 음력 8월 14일 처음으로 한
암(漢岩) 스님에게 서신을 보내다. 이후 22세에 입산하기가지 3년
동안 약 20여 통의 서신을 주고받다.

• 1939년(27세) 이즈음 '강원도 3본산 승려 연합 수련소와 선원의
고참 선객인 고암, 탄옹 스님 등의 청에 의하여『화엄경』과『화엄
론』강의가 개설되다. 이 강의 역시 한암 스님의 증명 하에 탄허 스
님이 강의하였는데, 11개월 만에 강의가 끝나자 한암 스님은 제자
탄허 스님에게『신화엄경합론(新華嚴經合論)』에 대하여 현토 간
행을 유촉(遺囑)하다. 이것이 계기가 되어서 결국『신화엄경합론』
(47권)을 비롯한『사교(四敎)』·『사집(四集)』·『사미(沙彌)』등
불교내전(佛敎內典) 총 14종, 70권의 불교 경전을 현토 역해하게
되다.

• 1956년(44세) 4월 1일 오대산 월정사에 대한불교 조계종 오대산
수도원을 설치하다. 기간은 5년, 자격은 승속불문하고 강원의 대
교과 졸업자나 대졸자, 또는 유가의『사서(四書)』를 마친 자에 한
하였다. 교과목은 내전으로는『화엄경(華嚴經)』·『기신론(起信
論)』·『영가집(永嘉集)』·『능엄경(楞嚴經)』등이었고, 외전(外
典)으로는 노자의『도덕경(道德經)』· 장자의『남화경(南華經)』·
『주역선해(周易禪解)』등이었다. 강의는 탄허 스님께서 전담했고,
식량 및 재정은 주로 월정사와 양처우 스님이 전담했다. 또 외부강
사를 초빙하여 동서철학 특강도 있었다. 오대산 수도원은 불교와

사회 전반에 걸쳐 인재를 양성하겠다는 이상 아래 이루어진 최초
의 교육 결사였다.

• 1975년(63세) 8월 1일 번역에 착수한 지 18년 만에 드디어 『신화
엄경합론』이 화엄학연구소에서 간행되다. 『신화엄경합론』은 한
장(漢裝)으로 총 47권재판은 양장으로 23권으로 되어 있음이며,
자비출판으로서 조판에서 완간까지는 약 3년이 걸렸다.

참고로 위의 연보에서는 잘 드러나 있지 않지만, 탄허가 가르침을
받은 김홍규(金洪奎)는 「유학자였지만 천도교 신자로 개종한 항일 독
립운동가」였다. 그리고 탄허는 「13세(=1925)까지는 정읍의 증산교의
일파 차천자교(車天子敎)에 있는 서당에서 한문과 서예를 배웠」다.[29]
여기서 '차천자교(車天子敎)'란 차천자(車天子)(='車'+'天子')로 불
린, 강증산(姜甑山)의 수제자 '차경석(車京石)'이 만든 교단을 말한다.
잠시 차경석(車京石. 1880-1936)의 행적을 살펴보자.[30] 차경석은 탄
허 사상의 근본성격을 이해하는 데 중요한 단서가 된다.

차경석(車京石)

1880(고종17)~1936. **보천교(普天敎)의 창시자**. 호는 월곡(月谷). 차
천자(車天子)라고도 불렀다. 전라북도 고창 출생. 동학접주를 역임한

---

29) 탄허 공식 웹사이트(http://www.tanheo.com/home/bbs/board.
php?bo_table=01_1)및 위키백과(http://ko.wikipedia.org/wiki/%ED%
83%84%ED%97%88) 참고(검색: 2013.5.31).

30) 아래는 〈甑山宗團親睦會, 『甑山宗團槪論』(甑山宗團, 1971); 李正立, 『甑山敎史』
(甑山敎本部, 1977); 洪凡草, 『甑山敎槪說』(創文閣, 1982)〉을 참고로 작성된 네이
트 한국학(http://koreandb.nate.com/history/people/detail?sn=12630)(검색일
자: 2013.5.31)의 자료를 편의상 이용한다.

아버지를 따라 동학운동에 가담하였고, 천도교(天道敎) 전남북 순회관
(巡回官)을 지내기도 하였다.

1907년 강증산(姜甑山)을 만나 그의 수제자가 되면서 교통을 이어
받았다.

그러나, 1909년 증산이 사망하자 신도들은 뿔뿔이 흩어졌고, 그 역
시 당시 훔치교라고 불리고 있던 증산교에 대하여 회의를 품고 금산사
등 여러 곳을 다니며 수도에 전념하였다.

1911년 증산의 부인인 고씨가 증산탄신기념치성을 드리던 중 졸도
하였는데, 그 뒤부터 고부인이 증산의 평소 언동과 비슷한 행동을 하게
되자 증산의 영이 감응되었다면서 많은 사람들이 모여들었다.

이를 계기로 하여 차경석은 고부인을 앞세워 전라북도 정읍군 입암
면 대흥리에서 선도교(仙道敎, 太乙敎)라는 이름으로 포교를 시작하였
다. 교단이 커짐에 따라 실권을 장악한 그는 1918년 고부인이 이곳을
떠나자 교주가 되었다.

**1920년에는 천지운도(天地運度)에 따라 자기가 동방연맹(東邦聯
盟)의 맹주(盟主)가 되고, 조선은 세계통일의 종주국이 될 것이라고
선언하면서 제도를 혁신하여 전국의 신도를 60방주로 나누어 묶고 이
를 통솔하기 위하여 많은 간부를 임명하였다.(a)**

1921년 일본경찰의 체포령과 비상망을 뚫고 경상남도 석유산 기슭
의 황석산(黃石山)에서 대규모 천제를 지내고 국호를 시국(時國), 교명
을 보화교(普化敎)라고 선포하였다.

그 뒤 신도들 간에는 그가 천자(天子)로 등극하게 될 것이라는 소문
이 퍼져나갔고 그를 차천자로 부르게 되었다.

**1922년에는 서울 창신동에 보천교라는 간판을 걸게 되면서 보천교
로 세상에 널리 알려지게 되었다. 그해 정읍 본부에 대규모 교당을 신**

축하였는데 백두산에서 목재를 운반하여 사용할 만큼 교세가 확장되었다.(b)

교세가 커지자 일제는 회유정책으로 전환하였으며, 교단의 명맥을 유지하기 위하여 친일로 돌아서게 되었다. 조선총독부와 일본총리대신에게 사절단을 보내는 한편, 시국대동단(時局大同團)이라는 단체를 만들어 전국을 순회하면서 대동아단결을 강조하는 친일행각을 하였다.

많은 교단간부들은 차경석의 친일행동에 크게 반발하여 보천교를 탈퇴, 따로 교파를 만들어 독립해나가면서 교세가 기울기 시작하였다.(강조는 인용자)

탄허가 차천자교(車天子敎)에 있는 서당에서 1925년까지 한학 공부를 배우는 가운데, 차천자(車天子)가 1920년에 천지운도에 따라 자신이 동방연맹의 맹주가 되고, 조선은 세계통일의 종주국이 될 것이라고 선언한 점 등은, 거의 탄허에게 학습되고 또한 큰 감동을 주기에 충분했을 것으로 보인다. 이 점은 이미 탄허에게 보이는 예언자적+민족주의적 성격과 입장에 많은 적지 않은 영향을 미쳤을 것이라 판단된다. 결국 차천자교가 친일로 결말을 보게되지만, 그 부분까지 탄허가 연결되어 있지는 않다.

그리고 1919년부터 부친이 독립운동을 하다 체포수감 되어 1924년까지 옥바라지(①)를 한 점은 탄허의 예언자적+민족주의적 성격을 강화해 갔을 것이다.

또한 한학, 유가의 사서삼경, 주역 등의 학습(②)은 단순한 한학이 아니라 증산교 일파인 차천자교(車天子敎)(③)의 종교적 학습이 가미되는 형태로 '예언+민족주의(호국)'라는 한국 전통의 에토스를 보다 일상적 차원에 밀착하여 지적, 인문적인 상상력으로 키워가는 원동력 역할을 하는 것이었다. 증산교는 거슬러 오르면 동학에, 동학은 풍류도에 닿게 된다.

'예언+민족주의(호국)'에 도가의 노자, 장자(④), 불가의 화엄 등(⑤)이 융섭하여 그의 철학사상이 초월적, 일체적인 웅대한 규모를 갖추게 되는 역할을 한다.

아울러 그의 예언자적+민족주의적 성격은 더 세련화, 정교화 된다. 탄허의 회통이란 우리 민족의 이런 복잡한 중층적 성격을 갖는 좀 독특한 것이다.

이것을 도표화하면 다음과 같다.

탄허의 회통적 세계		
③	불가의 화엄	초월, 일체 종교
②	도가의 노자, 장자	
①	한학, 유가의 사서삼경, 주역 등의 학습 + 독립운동가 부친 옥바라지 + (동학→) 증산교의 일파 차천자교(車天子敎) 훈습	예언+민족주의 (호국) 사회-일상

이러한 탄허의 모습은 한국 고유의 전통인 '포함삼교'의 풍류도적 방법론을 유감없이 발휘하는 부분이다. 아울러 화랑들에게 '포함삼교'의 풍류도 외에도 '무속적=종교적'+'심미적=예술적'+'호국적=군사적'이라는 세 요소를 포함하고 있듯이, 탄허에게도 유사한 사유 방법의 전통을 읽어낼 수 있다.

김범부는 그의 「국민윤리특강」에서 화랑의 세 요소를 이렇게 피력

한 바 있다.

　　이 花郞을 眞正하게 認識을 할려면 花郞精神 가운데 세 가지 要素를
먼저 規定을 하고 그 規定 밑에서 이 花郞精神을 살펴야 花郞의 全貌를
觀察할 수 있습니다. 그 세 가지는 무엇이냐 하면 첫째는 宗敎的 要素
입니다. 둘째는 藝術的 要素입니다. 셋째는 軍事的 要素입니다. 그런데
一般的으로 花郞에 對한 常識은 대개 어떠한 觀念으로 規定되어 있느
냐 할 것 같으면 軍事面으로 主로 置重되어 있을 것입니다. 一般의 常
識化해 있는 花郞에 對한 觀念이 宗敎面과 藝術面이라는 것이 缺如해
있을 것으로 생각합니다.[31]

　범부는 화랑이 가지는 세 요소를 무속적=종교적, 심미적=예술적,
군사적=호국적인 것으로 보고, 이 세 요소가 조화를 이룬 것으로 보고
있다.

　애당초 범부는 3,4천년전 몽고계의 고대문화와 공통성을 가진 동방
사상=神道思想이었던 '샤머니즘=무속'(→ 萬神=神仙)의 정신이 우
리나라 신라에서 다시 융성하여 '나라의 샤먼'인 '화랑의 도'(=화랑
도)='국선(國仙)의 도'(국선도, 선도)='풍류도'가 독창적으로 성립하
였다고 본다. 화랑은 기본적으로 샤먼, 신관(神官)이며 그 지위는 당
시 사회에서 최고위였으며, 그들의 습속이었던 화랑도가 곧 풍류도=
국교였는데 줄여서 국풍(國風)이라고도 하였다. 그리고 그는 이와 같
은 풍류도의 도통은 수운-갑오 동학란-3.1운동-4.19로 면면 이어져

---

31) 金凡父, 「國民倫理特講」, 『花郞外史』(삼판), (대구: 이문출판사, 1981), 218쪽.

왔으며[32], 그때 중심 역할을 한 사람을 모두 화랑도를 체현한 '화랑'으로 간주하고 있다.[33] 적어도 이 관점에 선다면 탄허도 화랑적인 면모를 갖춘 인물이라고 볼 수 있다. 그래서 그에게서 샤먼적+예언자적+민족주의적+호국적 요소를 발견할 수 있는 것이다.

2) 예언적 특성: 신비주의와 민족주의의 결합

탄허는 자신이 열반하는 일자와 일시를 맞추었음은 물론 6.25전쟁 등, 『주역』의 원리에 근거해서 세계 열강들의 관계와 미래상을 예측하고, 한국이 세계사의 주역으로서 우뚝 서게 될 것임을 주장하였다.[34]

이처럼 탄허는 우리 사회에서 예언가로 이해되어 온 측면이 강하다. 그런데, 탄허는 「왜 예측을 하느냐?」는 상좌의 질문에 「성인은 길을 제시하는 것뿐이고, 사람들은 세월을 지내면서 그 길로 가기만 하면 되는 것이라.」라고 하였다고 한다. 이를 거론하며 혜거는 「탄허 스님을 예언가, 도참사상가 차원으로 보면 안 된다.」고 강조하였다.[35]

필자는 탄허의 예언은 단순히 그 개인의 차원에서 이해될 것이 아

---

32) 이 부분은 김범부, 「崔濟愚論」, 『風流精神』, 진교훈 교열, (경산: 영남대학교출판부, 2009), 141-143쪽을 참조 바람.
33) 이에 대해서는 최재목, 「범부 김정설의 〈최제우론(崔濟愚論)〉에 보이는 동학 이해의 특징」, 『동학학보』21호, (동학학회, 2011.4)을 참조.
34) 김상회, 「무분별 개발, 과욕이 지구촌 멸망 재촉」, 『한국대학신문』(2010. 10. 13) 참고.
35) 불교닷컴(http://www.bulkyo21.com/news/articleView.html?idxno=20482), 「탄허 스님, 학승 아니다」(2013년 02월 24일) 오대산 월정사 주지 정념 스님은 23일 월정사에서 탄허 스님 탄신 100주년 다례에 앞서 기자회견을 열고, "탄허 스님은 교학의 대가였을 뿐만 아니라 禪敎一致를 강조했던 선사"라고 강조했다.

니라 우리나라의 전통 즉 풍류도의 무속(샤먼)적 전통에서 바라볼 필
요가 있다고 본다. 다시 말해서 탄허의 예지는 우리 고대로부터 내려
오는 오랜 무속(샤먼)적 전통을 잇는 것으로 보인다. 그는 우리나라의
미래예측=예언의 전통을 이렇게 말한다.

> 우리 조상들 중에는 대국난이 닥쳐올 것을 예견한 선지자가 많았다.
> 대표적인 인물이 임진왜란 때 이토정(李土亭)이나 남사고(南師古)와
> 같은 철인들이다. 이들 말고도 정치지도자 중에 이율곡 선생 같은 분들
> 이 있는데, 이들은 국운을 미리 내다보고 대책을 세웠다.[36]

탄허는 자신의 예언자적 의의를, 토정(土亭) 이지함(李之菡. 1517-
1578)[37] → 격암(格庵) 남사고(南師古. ?-?) → 율곡(栗谷) 이이(李珥,
1536-1584)의 예언을 잇는 것으로 인식하고 있다. 물론 그의 예언은
대한민국이라는 일국의 '국운'에만 그치지 않는다. 나아가서는 그는
문명사적 차원의 예언을 한다. 어쩌면 그는 현대판 샤먼이었다.

이스라엘의 예언자나 고대 희랍의 소크라테스의 경우[38]나 동양의
현자들에서나 예언자들은 대부분 꿈을 통해 직접 하늘의 뜻에 도달하
여 해답을 얻고자 하였다. 성인, 군자들의 수준은 몽점(夢占)을 통해
서 미래를 예측하는 능력과 기술에 있었다. 몽점이야말로 천문점, 주

---

36) 탄허, 『탄허록』, (서울: 휴, 2012), 39쪽.
37) 일반적으로 『토정비결(土亭秘訣)』의 저자로 알려져 있지만 근거는 없다.
38) 소크라테스는 다이몬(δαίμων, daimon. 내면의 소리=양심)을 꿈에서 만나고 믿고 하
　　였다고 한다. 그래서 소크라테스는 결국 "아테네 시민들이 믿고 있는 여러 신을 부
　　정하고 다이몬이라는 새로운 신을 믿으며, 젊은 사람들을 타락시키고 있다"는 죄
　　목으로 시민법정에 제소되었다.

역점보다도 더 고급의 심층적 점이었다. 흔히 선사들은 꿈이나 직관
으로 죽는 날짜도 알아맞히듯 공자 또한 자신이 죽음을 꿈으로 예측
한다.[39] 공자는 표층적으로는 예문화(인의와 고전 등)에 심취했지만,
천문관측(日月星辰, 점성술), 나아가서는 주역점(周易占), 더 나아가
서는 몽점(夢占)으로 의식의 심층에 닿아 하늘의 뜻과 이상적 인물들
의 비밀(秘密)스런 의지를 캐치하고자 하였다. 주공(周公)[40]은 주(周)
나라 예제(禮制)를 창설한 문화의 영웅이었다. 공자는 그 영웅이 이룬
문화적 성취를 재현하는 여망 속에서 지속적으로 주공을 그린 나머지
꿈을 꾸고 있었다. 그런데, 그 주공이 더 이상 꿈에서 만날 수 없게 되
자 그는 그것이 자신의 노쇠함 때문이라고 해석한다.[41] 이처럼 공자는
꿈을 술수적(術數的)인 것이 아니라 직관적·상징적인 것으로 파악
하는데 관심이 있었다. 그에게 꿈은 신의 의지에 접하는 길이었다.

그런데, 탄허는 인간의 예지력을 동물 본래의 예지본능이라 본다.

하늘을 나는 새나 땅에 구멍을 파고 사는 동물들도 비가오고 바람 불
것을 미리 알듯이, 개미가 높은 곳으로 올라가면 장마가 올 것이라는
것을 예고해 주고, 개미가 낮은 곳으로 가면 심한 가뭄이 들 것을 우리

39) 『禮記』,「檀弓·上」: 夫子曰, 賜爾來何遲也, 夏后氏殯於東階之上, 則猶在阼也, 殷人
殯於兩楹) 영: 기둥.之間, 則與賓主夾之也, 周人殯於西階之上, 則猶賓之也, 而丘也
殷人也, 予疇昔之夜, 夢坐奠於兩楹之間, 夫明王不興, 而天下其孰能宗予, 予殆將死
也, 蓋寢疾七日而沒.
40) 周公은 주나라 文王의 아들로 무왕의 동생이며, 노나라의 시조이다. 초기 주나라
의 문물 제도를 완비시킨 현인이다. 공자는 그를 이상으로 삼고 그의 업적을 재현
하려고 힘썼다. 주공은 제도면에서 예악을 집대성했다면 공자는 그 정신과 이상
즉 내용면에서 크게 발전시키고자 노력하였다.
41) 『論語』,「述而篇」: 子曰, 甚矣, 吾衰也, 久矣, 吾不復夢見周公.

는 알 수 있습니다. 까치가 집을 지을 때 남쪽으로 입구를 내면 북풍이 강하게 불 것이고, 북쪽으로 입구를 내면 남풍이 강하게 불 것이라 합니다. 이렇게 날짐승이나 동물들도 예지본능(豫智本能)을 가지고 있는데, 하물며 사람에게야 어떠하겠습니까?[42]

탄허는 도가 깊어지면 예지도 깨어난다고 보았는데, 그가 예지력을 발휘한 예는 고영섭 교수가 밝히듯이[43] 무수히 많다 : ① 6.25 동란, ② 1968년 동해안 울진 삼척 지방 공비, ③ 6.25사변 발발을 예감하고 통도사로 이주, ④ 울진, 삼척 공비 사태를 예감하고 번역 원고를 옮김. ⑤ 마오쩌뚱(毛澤東)의 사망(1976년 사망), ⑥ 박정희가 1978년 金氣로 인해서 사망할 것이라 예언(그러나 1979년 사망), ⑦ 1980년 광주민주화운동 이전에 얼마 후 많은 희생이 있을 것이라고 예측. ⑥ 10.26이후 김대중, 김영삼, 김종필의 이른 바 '3김'이 대권을 향하여 각축을 벌일 때, 셋 모두 안 되고 제3의 인물이 집권할 것이라고 예측.

탄허의 예지적 특성은 사실 신비주의적 특성으로 해석할 소지도 있다. 실제로 탄허의 예지력에서 신비주의적 측면을 부정할 수 없다. 탄허 자신이 「서구에서는 동양 사상을 신비 철학이라 한다. 서구의 사상 학문을 철학이라고 번역한다. 구체적으로 말하면 사색, 명상, 침묵, 영감, 즉 '사지사지(思之思之)하야 사지부득(思之不得)이면 신명(神明)이 자통(自通)이라.'」[44]라고 하여, 그것을 인정하고 있다.

---

42) 김탄허, 『부처님이 계신다면』, (서울: 예조각, 1980), 115쪽.
43) 탄허가 예지력을 발휘한 사례에 대해서는 고영섭, 「吞虛宅成의 생애와 사상- 한국불교사적 지위와 한국불학사적위상」『한국불교학회학술발표논문집』, 한국불교학회,2012,54 - 58쪽 참고.
44) 김탄허, 『탄허록』, (서울: 휴, 2012), 242쪽.

함석헌은 우리의 전통사상을 '신비주의(mysticism, occultism)'[45]로 파악한 바 있다. 즉

> 우리 사상이야말로 우주를 한 몸으로 보는 것이었다. 崔致遠이 國有玄妙之道라고 한 것은 그것이다. 玄妙라니 요샛말로 하면 신비주의인데 왕양명도 신비주의요, 노자도 신비주의다. (중략) 우리나라 옛날의 선비, 온달이, 처용이, 검도령, 원효, 모든 화랑 하는 사람들이 다 우주는 하나로 살았다는 것을 믿었다. (중략) 이름을 '한'이라 할진대, 한을 이상으로 삼았기 때문일 것이다. 그 잃어버린 것을 찾아야 하지 않을까.[46]

라고 말한다. 마치 중국사상사에서 주자 이후 소거되어 버렸던 유교의 종교성을 다시 살리고자 한 왕양명의 학문적 경향성[47]처럼 함석헌은

---

45) 보통 신비주의는 서구의 개념이며, 그 적용범위 또한 매우 넓다. 일반적으로 서양의 언어 환경 속에서 신비주의는 두 가지 다른 단어, 즉 mysticism과 occultism으로 표현된다. mysticism은 철학이나 종교에서 논의되는 신비주의 사상이나 학설을 지칭하며, occultism은 사람이 사물 내부의 드러나지 않는 역할이나 그 힘의 움직임을 조종함으로써 과학이 측정할 수 없는 경험이나 효과를 나타나게 하는 것을 가리킨다.[한성구, 「中國 近代哲學에 나타난 神秘主義 경향 연구」, 『中國學報』 56, (한국중국학회, 2007), 506쪽.]

46) 함석헌, 『함석헌전집20: 씨올의 옛글풀이』, (서울: 한길사, 1990), 242-249쪽.

47) 야마시타 류지(山下龍二)는 「陽明學의 宗敎性」이라는 논문에서 왕양명은 공자 이래 전승되어오던 종교성을 합리성이란 명분으로 배제시킨 주자학과 달리 '宗敎性'을 다시 부활한 측면을 강조한다.
주자학은 공자의 가르침에다 철학적인 이론을 덧붙인 것으로 기독교 신학과 유사하다. 기독교 신학이 성서의 가르침을 전제로 그 올바름을 증명하기 위해서 머리를 짜내어 철학적으로 논리를 도입한 것과 같이 주자학은 禪宗의 脫洒, 解脫이나 傳燈의 사상으로부터 脫然貫通, 道統의 이론을 도출하고 또 理事의 사상을 흉내내어 理氣의 이론을 형성하였다. 道統, 理氣의 이론은 물론 經書의 가르침을 전제

우리 전통사상이 갖는 신비주의적 경향을 지적하고 있다. 이런 맥락에서 본다면 탄허의 철학사상 또한 한국 신비주의의 전개선상에 있다.

물론 탄허의 예지는 단순한 신비주의적인 직관에만 의존하는 것이 아니다. 그는 전통 학문체계가 갖는 예측방법을 적극 동원한다. 『주역』과 음양오행설에 근거하는 것이 그것이다. 그리고 그는 여기에 토인비의 미래예측을 원용하기도 한다. 그 결과 그는 한국 나아가서 "동아시아가 세계사를 주도하리라"는 확신을 한다. 다만 탄허는 토인비의 문명사관적 방법을 이야기하면서도 그의 미래예측 방법보다는 역학의 원리에 근거하여 미래를 보는 눈이 그보다 훨씬 더 포괄적이며 나아가서 인류 사회의 미래를 우주적인 차원에서 볼 수 있다는 큰 장점을 가지고 있다고 보았다.[48]

로 하여 그것을 정당화 한 것으로 유교신학이라고 해도 좋다.

양명학은 주자학과 다른 이론을 제공한 것이었는데, 역시 유교의 경서를 전제로 하고 理事無碍, 理事不二와 같은 사상을 도입하여 그것을 致良知라는 개념에다 집약하였다. 왕양명이 도교나 불교쪽에 경사해가는 것을 벗어나 유교로 회귀했다고 하는 경우, 그것을 일반적으로 종교의 부정으로 보는 것은 정당하지 않을 것이다. 양명은 그 생애를 통해서 종교적인 심정을 계속 유지해왔고, 그것은 구체적인 행위로써 드러났다. 종교적인 문제는 생사, 영혼, 신, 하늘 등이었는데 이들 문제를 어떻게 해결할까가 양명의 생애를 건 과제였다. (공자가) 怪力亂神을 피하고 일부러 말하지 않은 것을 종교적 관심의 결여로 해석하고 유교를 倫理敎의 圈內에 가두어두려는 이론은 주자학에서 시작된다. 공자는 천을 믿고 조상신을 받드는 사람이었다. 유교가 가지고 있는 고유의 종교성을 부활한 것이 양명학이다. 良知는 內在하는 神의 관념에 가깝다. (山下龍二, 「陽明學の宗敎性」, 『陽明學』第7號, (二松學舍大學陽明學硏究所, 1995), 2-3쪽.)

48) 즉 탄허는 이렇게 말한다.
후천 세계가 오는 것을 '후천도수後天度數'라 하는데, '문왕팔괘文王八卦'가 후천이면 '복희팔괘伏羲八卦'가 선천先天이 된다. 하지만 정역正易의 시대가 오면 '정역팔괘正易八卦'가 후천이고 문왕팔괘가 선천이 된다. 이렇게 순환되는 정역의 원리로 보면 간도수가 이미 와 있기 때문에 후천도수는 곧 시작된다고 하겠다. 모든 역학의 원리가 그렇듯이, 후천도수가 오는 것을 인간의 눈으로 확인할 수 있는 것

어쨌든 탄허는 김일부(金一夫, 1826-1898)의 『정역(正易)』을 해석
함으로써 정치와 사회는 물론이고 지구의 지질학적 변화까지 예측하

은 아니다. 낮 12시가 지나면 이미 밤이 온 것인데 사람들은 문밖이 밝은 낮이라고
하여 낮으로 알고 있다. 이와 마찬가지로 이미 오래 전부터 간도수가 시작되었고,
후천의 세계가 눈앞에 와 있는데도 사람들은 알지 못한다.

세계적인 역사학자 토인비 교수는 미래 세계에 대해 다음과 같이 예측했다.

"미래 세계는 중국을 중심으로 동아시아가 주역이 되어 세계사를 주도해 나갈 것
이다."

그리고 그 근거를 다음과 같이 열거했다.

첫째, 전 세계적으로 세계 국가의 지역적 모델이 되는 제국을 과거 21세기 동안 유
지해 온 중국 민족의 경험

둘째, 중국사의 장구한 흐름 속에 중국 민족성이 가지고 있는 세계정신

셋째, 유교적인 세계관에서 나타나는 휴머니즘

다섯째, 동아시아 사람들이 지닌 우주의 신비성에 대한 감수성과 인간이 우주를
지배하려고 하면 자기좌절을 초래하게 된다는 도교의 직관

여섯째, 인간과 자연과의 조화를 바탕으로 하는 중국 철학의 근본성

일곱째, 동아시아 여러 국민은 이제까지 서양인들이 자랑으로 삼아 왔던 군사·
비군사非軍事의 양면 그리고 과학을 기술에 응용하는 근대의 경기競起에서도 서
구제국민西歐諸國民을 이길 수 있음을 입증한 것

여덟째, 동아시아 제국諸國들의 용기

이러한 근거를 들며 중국을 중심으로 동아시아 시대의 전개를 내다보았다. 토인
비 교수가 '중국이 동아시아의 미래를 좌우하는 것은 물론 세계를 주도해 나갈 것
이다'라고 한 예측은 어디까지나 현실을 바탕으로 한 역사적이며 철학적인 논거
에 의한 견해다. 그의 견해는 현실적으로 보면 정당하고 타당한 것으로 받아들일
수 있다. 하지만 현실을 초월하여 우주의 섭리라는 관점에서 보면 나의 견해와 많
은 차이가 있다. 앞으로 동아시아의 미래에 있어 토인비 교수의 예측과 달리 중국
의 주도적 역할보다는 우리나라의 역할이 더 강화될 것이다. 이러한 견해에 대하
여 우리나라의 지식인들뿐만 아니라 서구의 경제학자들 사이에서도 긍정적으로
받아들여지고 있다. 이것은 특히 젊은이들에게 큰 반향을 일으키는 주제이기도
하다. 미래를 예측할 때 물론 토인비 교수처럼 역사적·철학적 논리적으로 현실
을 분석하고, 수학적·지리적 현실을 파악함으로써 미래를 내다볼 수도 있을 것
이다. 또 그렇기 때문에 그의 견해가 역사적 현실로 보면 틀린 것은 아니다. 하지
만 역학의 원리에 근거하여 미래를 보는 눈은 그보다 훨씬 더 포괄적이며 나아가
서 인류 사회의 미래를 우주적인 차원에서 볼 수 있다는 큰 장점을 가지고 있다.
[김탄허, 『탄허록』, (서울: 휴, 2012), 56-58쪽.]

였다. 신라 말의 도선(道詵, 827-898)국사나 여말선초의 무학(無學, 1327-1405)대사와 같은 고승들에게 예언이나 도참은 여기(餘技)와 같았듯이 탄허의 경우도 그랬다. 그러나 일반대중들은 탄허의 학문이나 선지(禪旨)보다 예언에 더 많은 관심을 보였다.[49]

그래서 탄허는 자신의 예언이 '술객(術客)이 하는 짓'이 아님을 말한다.

> 그런데 요즈음 공부하는 사람들 말인데, 6.25사변 같은 것이 언제 날까 이런 것들을 아는 것을 도(道)인 줄 알어. 그건 술가(術家)의 사상이야. 술객(術客)이 하는 짓이지. 도(道)자리는 아는 것이 끊어진 것이 도(道)지, 아는 것은 도(道)가 아니에요[50].

탄허는 우리 민족사상으로는 최제우의 동학이나 강증산의 증산교가 있는데, 우리가 우리 민족적 주체성에 서 본다면 불교를 제외한 최고의 철학은 《주역》이라 하여 『주역』을 중시한다. 하지만 그는 『주역』의 문왕 이전 사상을 『천부경』이라고 본다. 다시 말하면, 최초의 『주역』을 한국의 것으로 보고, 역학을 우리 '단군의 것'이라고 해도 좋다고 한다.

그는 "『주역』이나 『천부경』에 대해 간단히 설명해 주십시오."라는 질문에 이렇게 답한다.

---

49) 김성철, 「탄허 스님의 도참설, 그 배경과 의의」, 『한국불교학』63집, (한국불교학회, 2012), 154쪽.
50) 김탄허, 『부처님이 계신다면』, (서울: 예조각, 1980), 88쪽.

『주역』이란 태극太極이 생양의生兩儀, 양의가 생사상生四象, 사상이 생팔괘生八卦, 팔괘가 생육십사괘生六十四卦이다. 태극은 우주가 생기기 전 면목, 태극의 원리가 죽은 물건이 아니기 때문에 반드시 동정動靜의 요소를 갖추었다. 동정의 요소를 갖추었기 때문에 한 번 동한 것이 하늘의 형상이 되고, 한번 고요한 것이 땅의 형상이 되었다. 하늘이 하늘만 되지 않은 것이 음양학이다.

따라서 사람 생긴 것도 이 콧구멍이 둘이면 속에서는 하나요, 눈이 두 개면 속에서는 하나가 되고, 입이 하나면 속에 들어가 둘이 된다. 누가 그렇게 만들었는가? 하늘이 하늘만 되지 않고, 땅이 땅만 되지 않고, 눈이 윗꺼풀만 동動하지 밑꺼풀은 동하지 않는다. 밑까지 같이 동한다면 주역이 아니다. 입은 밑에만 동하지 윗입술은 가만히 있다.

누가 이렇게 만들었는가? 이것이 『주역』의 역리易理다. 동정이 동정을 갖추었기에 사상이 나온다. 사상이 시간적으로 춘하추동이고 방위로 말하면 동서남북이다. 사상에서 팔괘가 나온다. 동서남북 그리고 간방間方하면 팔방, 팔팔은 육십사, 육십사괘가 나온다. 부연하자면 이것은 육십사괘만 되는 것이 아니다. 육천사백, 육만사천 얼마든지 만들 수 있다. 이것이 『주역』의 역리다. 역리란 태극의 원리가 죽지 않는 산물건이기 때문에 반드시 우주 만유를 자전해 내고야 만다는 것, 역리 하나가 우주 만유가 된다는 것, 이것이 연역演繹이다.

서양학의 연역은 이렇게 되어 있지 않다. 하나가 우주 만유를 만들고야 만다면 만들지 않고는 쉬지 않는다는 것이 연역이다.

그러면 귀납歸納이란 무엇인가? 복희伏羲, 문왕文王, 주공周公, 공자孔子 4성인의 철학이 바로 귀납이다.

먼저 우주 만유가 어디서 나왔느냐? 육십사괘다. 육십사괘는 어디서 나왔느냐? 팔괘다. 팔괘는 사상, 사상은 음양, 음양은 태극, 태극은 나온 곳이 없다. 태극, 나온 곳이 없다는 것을 소위 부처라 한다.

민족 사상으로는 최제우의 동학이나 강증산의 증산교가 있다. 우리가 우리 민족적 주체성에 서 본다면 불교를 제외한 최고의 철학은《주역》이다.

복희 때《주역》이 창작되었는데 그때는 그림뿐이었다. 그림만 보고도 다 알 수 있었다. 우주 만유의 진리를 문자화한 것이 복희, 신농, 황제, 요·순·우·탕·문·무, 즉 문왕 때 비로소 완성되었다. 이를 단사彖辭라 한다.

괘를 2개 놓고서 총명한 것을 단사, 괘사卦辭라 하고, 문왕의 아들 주공이 효사爻辭를 지었다. 공자는 십익十翼을 부연했다. 열 가지 돕는 것, 그래서《주역》14권이 되었다.

역사에 단군 국조가 '요堯로 병립'이라 한다. 복희, 신농, 황제, 요, 순, 우, 탕, 문왕에서의 '요임금과 병립'이라면《천부경》은 단군의 사상으로서《주역》보다 몇 백 년을 앞선다.

《천부경》은 81자다. 81자를 가지고 주역 14권을 함축해 놓은 것이《천부경》이다. 왜 81자가 되었느냐? 천·지·인, 3재 원리를 3×3=9, 9×9=81,《천부경》의 대의가 어렵다.

처음 일一은 시무시始無始의 일一이다. 끝의 일一은 종무종終無終의 일一이다. 이것이《천부경》의 핵심이다.

《주역》의 문왕 이전에 사상은《천부경》이다. 역학을 '우리 단군의 것'이라고 해도 좋다. '조직적인 견지에서 볼 때' 말이다. 그러므로 최초의《주역》을 한국의 것으로 보아도 좋다.

서구에서는 동양 사상을 신비 철학이라 한다. 서구의 사상 학문을 철학이라고 번역한다. 구체적으로 말하면 사색, 명상, 침묵, 영감, 즉 '사지사지思之思之하야 사지부득思之不得이면 신명神明이 자통自通이

라.' 유교에서는 물물物物이 일태극이다. 우주 만물이 물건마다 하나의
일태극을 갖추었다. 즉 통째로 일태극이다.[51]

더욱이 그의 예지는 국운과 관련된 문제에 깊은 관심을 보였듯이
민족과 국가의 안위라는 공적 차원에 관련된다. 그의 문제의식은 일
제강점기라는 불운의 위기 상황, 독립의지, 그리고 동학의 후천개벽
사상과 깊이 맞물려 있었던 것이다. 이것은 거슬러 오르면 수운 최제
우의 동학으로, 더 거슬러 오르면 신라의 화랑의 문제의식으로 연결
되어 간다. 즉 화랑들에게 생활신조로 내린 원광법사(圓光法師)의 세
속오계(世俗五戒)[52]에서 보이는 호국정신을 탄허의 사유 속에서도
깊이 느낄 수 있다. 다시 말해서 탄허의 미래에 대한 예지는 포함삼교
의 풍류도적 방법을 넘어서지 않는다.

　불교에는 인과응보(因果應報)의 원리가 있는데 이는 선조의 죄과를
후대의 자손들이 떠맡아야 하는 원리입니다. 또한 이것은 권선징악(勸
善懲惡)의 원리와 일맥상통하는 것입니다. 동양사상에 있어서의 대표
적인 세 가지 사상인 유교 · 불교 · 선교는 이러한 점에서 공통점을 가
지고 있습니다. 나는 역사발전을 유 · 불 · 선의 동양사상을 중심으로
파악하고 있으며 그렇기 때문에 일반 역사학자들과는 달리 과거의 역
사보다는 미래의 역사에 대하여 더 많은 관심을 가지고 있습니다.[53]

---

51) 김탄허, 『탄허록』, (서울: 휴, 2012), 240-242쪽.
52) 진평왕 때 승려였던 圓光法師가 원광이 수(隋)나라에서 구법(求法)하고 귀국하
　　자, 화랑 귀산(貴山)과 추항(箒項)이 그를 찾아와서 일생을 두고 지킬만한 계율을
　　요청하였는데, 이때 원광이 세속오계를 주었다고 한다.
53) 김탄허, 『부처님이 계신다면』, (예조각, 1980), 115쪽.

탄허는 인과응보(因果應報)-권선징악(勸善懲惡)의 원리가 유교 · 불교 · 선교에 공통하며, 역사발전을 유 · 불 · 선의 동양사상을 중심으로 파악하고 있다. 그래서 그는 과거의 역사보다는 미래의 역사에 대하여 더 많은 관심을 가지고 있었다. 미래는 숙명적으로 오는 것이라 체념하거나 수동적인 자세로 기다릴 것이 아니다. 탄허는 「우리는 역학의 원리에만 매달려 있을 것이 아니고 우리 스스로 노력을 더 많이 계속해야 될뿐더러 우리의 정신무장을 더욱 강화해야 할 필요가 있다」[54]고 한다. 그가 역학의 원리를 중시하지만 주체적인 '정신무장'을 강조하는 대목이다.

그의 학문적 관심도 여전히 정신무장과 연결되어 있었다. 탄허는 역학(易學), 노장학(老莊學), 화엄학(華嚴學)을 후진들이 쉽게 이해할 수 있도록 교재로 만들어 내는 것을 평생의 과업으로 삼고 있었는데,[55]마침내 1975년 8월, 10년간에 걸쳐 이루어진 역사적인 작업의 결실인 『신화엄경합론(新華嚴經合論)』출간이 완료되었다. 탄허는 그 책의 서문에서 말하였다.

이 經이 流布하여 新羅佛敎의 花郞徒와 같이 三千萬 大衆에 精神武裝이 되어 南北 問題는 勿論이요 나아가서 宇宙가 法界化한다면 나의 願이 만족이라 하겠다.[56]

탄허는 화엄경 번역본이 3천만 대중의 정신무장으로 이어져, 남북

54) 김탄허, 『부처님이 계신다면』, (예조각, 1980), 124쪽.
55) 탄허불교문화재단, 『피안으로 이끄는 사자후』, (서울: 교림, 1997), 202쪽.
56) 김탄허, 『탄허강설집 - 懸吐譯解 新華嚴經合論(卷一) -』, (서울: 불광출판부, 2003), 36쪽.

문제 해결, 불교대중화에 기여하기를 원하였다. 여기서 그가 정신적
모본으로 삼은 다름 아닌 '신라불교의 하랑도(花郎徒)'였다. 그런 만
큼 그는 신라의 삼국통일처럼 조국통일, 그리고 조국의 발전에 대한
열망을 잊지 않는다.

> 오늘날 우리가 당면하고 있는 가장 중요한 일은 조국통일이다. 만대
> 의 자손에게 통일된 조국을 물려줘야 할 입장에서 국민적 자각을 어떻
> 게 세우느냐가 관건이라고 하겠다. 우리나라는 그동안 꾸준한 경제 성
> 장으로 중진국 대열에 섰고, 선진국 대열에 설 날도 그리 멀지 않았다.
> 그러나 급속한 경제 성장만큼 국민 정신의 계발이 뒤따르지 못하고 있
> 는 것이 현실이다. 그 결과 배금사상, 낭비, 사치풍조 또는 청소년 문제
> 등등의 사회문제가 일어나고 있다. 이러한 문제를 해결하기 위한 가장
> 좋은 처방에는 무엇이 있을까?......현실적 조화를 위해서는 어릴때부터
> 도덕 뿐만 아니라 종교적 가르침이 필요하다. 또한 종교적 가르침을 실
> 천할 줄 알 때 생활에서 변화가 온다.[57]

그래서 그는 민족적 예언자로서의 사명감을 보이며, 희망과 서광의
민족사가 새로 열릴 것을 전망한다.

> 나는 분명히 말해서 5천년 동안 고난과 역경 속에서 살아온 우리 민
> 족의 불행한 역사는 멀지 않아 종결될 것이고 희망과 서광에 찬 새로운
> 민족사가 전개될 것이라는 것을 확신합니다.[58]

---

57) 김탄허, 『탄허록』, (서울: 휴, 2012), 171-172쪽.
58) 김탄허, 『부처님이 계신다면』, (서울: 예조각, 1980), 158쪽.

탄허는 한국 민족의 역사가 아니라 오욕(汚辱)에서 순정(純淨)으로, 불행에서 희망으로 진전된다는 확신을 갖고 있었다. 이러한 그의 확신은, 국난이라는 위기의식을 국가적, 문명사적인 미래 예측으로 연결하여 대중과 함께 공유하려는 대승적 차원의 사명감에서 발로한 것이라 보인다. 이것은 한국 사상사의 오랜 전통인 풍류도적 방법의 구체적 활용이라 생각된다.

4. 결어

이 글에서는 탄허의 철학사상 그 근저에 있는 여러 문제들 즉 '회통(會通)'·'예언'·'민족주의'·'신비주의'를 한국 특유의 풍류도적 방법의 사유 전통에서 유래되었다는 관점에서 서술하였다.

탄허는 1919년부터 부친이 독립운동을 하다 체포수감 되어 1924년까지 옥바라지를 하면서 예언자적, 민족주의적 성격을 강화해 갔던 것으로 보인다. 또한 그에게 한학, 유가의 사서삼경, 주역 등의 학습에, 증산교 일파인 차천자교(車天子敎)의 종교적 학습이 가미되는 형태로 '예언+민족주의'이라는 민족적 에토스를 키워가는 역할을 하였다. 증산교는 거슬러 오르면 동학에, 동학은 풍류도에 닿게 된다. 이러한 '예언+민족주의'에 도가의 노자, 장자, 불가의 화엄 등이 융섭하여 그의 철학사상이 초월적, 일체적인 웅대한 규모를 갖추게 되는 역할을 한다.

탄허는 그는 '신라불교의 화랑도(花郎徒)'처럼, 한국 민족의 역사가 불행에서 희망으로 진전된다는 확신을 갖고 국가를 위기에서 구하려는 열정적인 염원을 가졌다. 그리고 그는 그 염원이 반드시 실현되리라 확신한다. 이 확신은 그가 가진 민족적 예언자로서의 사명감에서 발로된 것이었다. 다시 말하면 그에게서 소년기부터 배태되었던 우환의식과 국난극복의 의지를 국가적, 문명사적 미래 예측으로 연결하여 그 내용을 대중과 함께 공유하려는 강한 의식을 엿볼 수 있는 대목이다. 또한 이러한 그의 사유는 근본적으로 한국의 지성들이 공통적으로 보여주는 한국적 에토스인 '풍류도'적 방법에 소급된다고 할 수 있다.

6장
효당(曉堂)과 다솔사(多率寺)의
김범부(金凡父)

1. 서언

이 글은 '曉堂 崔凡述(1904-1979)(이하 효당)과 多率寺의 凡父[1] 金鼎卨(1897-1966)(이하 범부)'에 대해 논의하는 것이다. 효당과 범부는 일제강점기 약 10년간(1933-1943), 다솔사라는 불교신앙·학술 공간을 통해서 역사적 만남을 가졌다. 거기서 두 인물은 독립운동을 통한 救國, 조선의 혼-생명을 담은 '멋-風流'의 傳承이라는 과업에 교감하고 동참한다. 현재『효당 최범술 문집』에 남아있는 효당과 범부가 함께 찍힌 기념사진은 한편으로는 두 인물의 '부재'를 웅변하지만 다

---

1) 김정설의 호를 보통 '凡父(범부)'라 하나 원래 '父'는 아비 '부' 외에, '남자의 미칭'으로 '보'(=甫)로도 읽는다. 생존 당시 범부는 자신을 '그저 평범한 남자'라는 의미로 '범보'라 겸양하였는데, 주변인들이 '범부'(=범인들의 아비라는 의미가 됨)라 부르게 되어 이후 '범부'로 정착하였다. 이 논문에서는 일반적으로 부르는 '범부'라 하나 그 뜻은 '그저 평범한 남자'로 새기기로 한다.

른 한편으로는 부재하는 인물들의 역사적 의미를 당당하게 기억하게
해주고 있다.

　최근 《시사저널》(2017.03.22.(수))에서 '김범부-박정희, 김평우-박
근혜의 2대에 걸친 인연이 화제'라는 기사로 김범부가 정치적 맥락에
서 다시 주목을 받은 바 있다. 김범부가 '박정희의 5·16 이후 사상적
스승'이었다는 내용인데, 최근 대한변호사협회장을 지낸 김평우 변호
사가 현 대한민국의 탄핵 정국에서 박근혜 전 대통령의 대리인단으로
활동하면서 였다. 김평우는 김범부의 동생 김동리의 아들인데[2] 우리
가 간과해서는 안 될 것이 있다. 다시 말해서 김범부가 박정희의 재야
이데올로그였다는 사실은 팩트이지만 그렇다 해서 김범부=우익이라
는 논리는 합당하지 않다. 왜냐하면 김범부는 박정희가 한국을 새롭
게 건설하는데 필요한 건국철학과 국민윤리론을 제공하는 정도였으
며, 유신체제 수립 이전 사망하였고 더구나 그의 사상과 이념을 계승
하는 후계자는 없었으며, 박정희의 통치철학에 그다지 활용되지도 않
았다.[3]

　이 논문은 다솔사에서 맺은 효당과 범부의 관계를 구체적으로 밝히
는데 목적이 있는데, 세부적으로는 〈多率寺의 범부와 효당〉, 〈효당의
기억 속 '범부'〉, 〈효당과 범부의 사상적, 미적 공감: '멋-風流'〉 순서로
논의할 것이다. 특히 〈효당과 범부의 사상적, 미적 공감: '멋-風流'〉 부
분은 종래의 논의에서 거의 언급된 적이 없지만, 범부에게서 발원한

---

2) 《시사저널》(http://www.sisapress.com/journal/article/166324) [2017.03.22.(수)]
　　(검색일자: 2017년 4월 6일)
3) 이에 대해서는 최재목, 「근현대기 사상가 凡父 金鼎卨과 朴正熙의 이념적 연관성」,
　　『日本思想』24, (한국일본사상사학회 2013.6) 참조.

'멋-풍류' 논의가 효당에게 거의 공감, 공유되고 있음을 확인할 수 있는 중요한 대목이다.

이러한 논의를 통해서 효당과 범부 연구가 한 단계 더 진척되고, 일제강점기에 구국을 꿈꾸던 주요 인물들의 활동이 재인식되는 계기가 마련되었으면 한다.

2. 多率寺의 범부와 효당

흔히 효당이라 하면 다솔사를 떠올리고, 다솔사라고 하면 일제강점기 독립운동의 모태로 기억한다. 그것은 한용운, 김범부, 김법린, 변영만, 변영로 등의 독립 운동가, 지식인들이 들락거렸기 때문이다. 더욱이 다솔사는 효당과 범부, 아울러 범부의 아우인 김동리와 깊은 인연이 있어 이들(범부·동리)을 연구하는데 다솔사는 필수적인 장소이다.

범부가 다솔사와 인연을 맺게 된 것은 당시 다솔사 주지였던 효당이 그의 일가족이 거주할 수 있도록 도왔기 때문이다. 이에 대해서는 《국제신보》에 연재한 비망록 '청춘은 아름다워라'를 통해 잘 알 수 있다.[4]

현재 『효당 최범술 문집』(이하 『효당문집』)의 연보 속에 들어 있는 범부와 효당의 다솔사 인연 내용을 발췌해 보면 다음과 같다.[5](밑줄 및 강조는 인용자. 각주는 원래대로 이며, 인용자 각주는 [ ]로 표시함)

---

4) 여기서는 편의상 蔡貞福 편, 『효당 최범술 문집』1권(민족사, 2013)에 수록된 '청춘은 아름다워라'를 인용하기로 한다.

5) 蔡貞福 편, 『효당 최범술 문집』1권, (민족사, 2013), 30-34쪽.

1933년 6월 14일

다솔강원 창립: "다솔사 주지 최영환의 신안으로 현대불교도에게 필
요한 불교교리와 일반 학술에 관한 지식 기능을 교수하여 실제 생활에
적절한 인재양성을 목적으로 한 다솔강원이 이 절에서 창립된다고 한
다. 이것은 정히 현학도들의 광명일진저"(금강저21호, 1933,p.56). 이
강원에는 김법린, 최범술, 김범부 등이 강사로 활동.[6]

1934년 3월 5일

다솔사 인근 院田에 농민 자제들의 교육을 위한 光明學院을 설립함
(김범부의 弟인 소설가 김동리씨 교사였음)

1935년 9월 ?일[7]

다솔사 강원을 해인사 강원에 병합하여 개량 강원으로 경영(강사:
김법린 김범부 최영환)

1936년 3월 1일

다솔사 불교전수강원 설립. (김범부, 김법린 등의 일가족이 효당의
배려로 다솔사에 함께 거주)

이후 다솔사는 불교계의 비밀항거결사인 卍黨 등의 경남 일대의 독
립운동 본거지가 됨.

1938년 10월 2일

일제 경기도 경찰국에 卍黨조직 발각으로 4개월간 피검. (8월부터

---

6) 蔡貞福 편, 「曉堂 崔凡述 스님의 年譜」, 『효당 최범술 문집』1권, (민족사, 2013), 31
쪽.
7) [날짜 불명]

시작된 검거선풍으로 김범부, 海光, 靜海, 雨田, 寂音 등과 함께-항일
비밀결사조직인 '만당'이 검거 구속되는 '제1차 만당 구속사건')

1939년 9월 1일

일본 비예산[8] 천태종 大學僧 48인을 초청 다솔사 夏安居 법회 개최,
당시 玄理사상에 대하여 凡夫(凡父의 誤記: 인용자) 金正(鼎의 오기:
인용자)高 선생(卍黨 비밀당원)이 강설하고 吳宗植씨가 통역하여 7일
간 개최함.[9]

1943년 9월 ?일[10]

일제 경남도 경찰국에 김범부 선생과 13개월간 구치. (단재 신채호
선생 문집 수집 건으로)[11]

이상의 『효당문집』의 내용을 보면 다솔사라는 불교 공간에서 '김범
부, 김법린 등의 일가족이 함께 거주'한 것은 '효당의 배려'였음을 알
수 있다. 어쨌든 효당과 범부는 약 '10년 간'(1933-1943) 일제강점기
라는 암울한 시기에 고락을 같이 한 것이다.

『효당문집』에 기술된 내용을, 범부 연구자들의 '범부 연보' 내용과

---

8) [比叡山]
9) 국제신보 1975년 3월 22일 '청춘은 아름다워라' 152회 (최범술 46회).
  국제신보 1975년 3월 23일 '청춘은 아름다워라' 153회 (최범술 47회).
  계간 '茶心'봄 창간호, 김필곤 著, '범부의 풍류정신과 다도사상', pp.84-101.
  계간 다심사, 1992년 3월 31일.
10) [날짜 불명]
11) 국제신보 1975년 4월 5일 '청춘은 아름다워라' 155회 (최범술 50회).
  계간 '茶心' 봄 창간호, 신형로 著, '내가 만난 범부선생과 효당스님', pp.77-81, 계
  간 다심사, 1992년 3월 31일

크로스 체크를 해보기로 한다.

먼저 범부의 막내 사위 진교훈(서울대 명예교수)이 작성한, 김범부 저 『풍류정신』 부록의 「범부 김정설의 생애와 사상」[12](이하 「범부 연보」)을 살펴보자.

[범부] 서른 여덟 살 때(1934년) 최범술(崔凡述. 해인사 및 다솔사의 주지 역임, 다도(茶道)의 중흥자)의 주선으로 경남 사천(泗川) 다솔사(多率寺)에 칩거하여 후학을 가르치기도 했다. 이때 일본 천태종(天台宗)의 대승(大僧)들과 대학교수 40여명에게 청담파(淸談派)의 현리(玄理) 사상[을] 일주일 간 강의하여 일본에서도 명성이 높았고, 그 후 일본 사람들에게 주목을 받게 되었다.

마흔다섯 살 때(1941년) 다솔사에서 소위 해인사(海印寺) 사건으로 일경(日警)에 체포되어 1년 간 옥고(獄苦)를 치르고 병보석으로 가택 연금을 당하기도 해 집은 파산했다.

진교훈의 「범부 연보」 내용은 앞의 『효당문집』과 약간 차이가 있다. 진교훈에 따르면, 범부가 서른 여덟 살 때(1934년) '최범술의 주선으로 경남 사천(泗川) 다솔사(多率寺)에 칩거하여 후학을 가르치기도 했다'고 되어있다. 그런데 1933년 6월 '다솔강원'이 창립되어 김범부 등이 강사로 활동하였고, 1936년 3월에 다솔사 '불교전수강원'이 설

---

12) 진교훈, 「범부 김정설의 생애와 사상」, 『風流精神』, (영남대학교출판부, 2009), 432-433쪽.

립되어 '효당의 배려'로 김범부, 김법린 일가족이 다솔사에 함께 거주하였음을 확인할 수 있다.

그리고 진교훈은 '이때 일본 천태종(天台宗)의 대승(大僧)들과 대학교수 40여명에게 청담파(淸談派)의 현리(玄理) 사상을 일주일 간 강의하였다'고 하나, 『효당문집』의 내용에 따르면 '일본 비예산 천태종 대학승(大學僧) 48인을 초청 다솔사 하안거(夏安居) 법회를 개최한' 것은 '이 때(=1934)'가 아니라 5년 뒤인 1939년 9월이었음을 알 수 있다.

아울러 진교훈은 '마흔다섯 살 때(1941년)' '소위 해인사 사건으로 일경에 체포되어 1년 간 옥고를 치르고 병보석으로 가택 연금을 당하기도 하였'다고 한다.

그런데 『효당문집』에 따르면, 1938년 10월 일제의 경기도경찰국에 항일 비밀결사조직 만당(卍黨)조직이 발각되어 4개월간 피검되었는데 이것이 '제1차 만당 구속사건'이며, 이어서 1943년 9월 단재 신채호 선생 문집 수집 건으로 일제 경남도 경찰국에 효당과 범부는 13개월간 구치된다. 아마도 이것을 '제2차 만당 구속사건'으로 보아야 할 것 같다. 이 때 구치소에서 있었던 상세한 이야기가 「청춘은 아름다워라」(50. 憂國之士 검거 선풍/留置場 감방이 부족)에 기술되어 있다. 진교훈이 '마흔다섯 살 때(1941년)…일경에 체포되어 1년 간 옥고를 치르고 병보석으로 가택 연금을 당하기도 해'라는 대목은 좀 더 고증이 필요하여, 이 부분 전체를 인용해둔다.

내가 日警의 무리들과 절 境內 밖인 金凡父댁에 이르자 그들 일파 3인이 김범부 선생을 억류했다. 내 방안을 수색하듯 그 분 家宅도 샅샅

이 수색하여 다소의 책자를 나한테서 압수한 것과 별도로 묶어서 가져
갔다. 우리는 화물차에 실려서 泗川署로 연행되었다. 김범부 선생은 釜
山慶南道 警察部로 바로 연행되었고 나만은 泗川署에서 3일간 유치되
었다가 4일 만에 道警察部 五號 감방에 수감되었다.

김범부 선생은 第二監房안에서 내가 들어오는 것을 보고 "인제 오는
가?"했다. 그리고 김범부 선생이나 나에 대하여 약 한 달 동안은 그네
들이 말하는 심문이 없었으나 한 달이 지나자 이것저것 그때의 시국,
1940년 7월 4일에 있었던 大西洋憲章, 동년 10월에 總理大臣이 된 군
벌정치가 東條(=東條英機)가 동년 12월 8일 새벽에 급습한 하와이 眞
珠灣폭격과 동시에 태평양전쟁에 대하여 묻기도 하고 범부 선생에게
『鄭鑑錄』의 번역과 해석을 요구하는 등 해괴 막심한 짓도 있었다.

범부 선생은 3개월이 접어들게 되자 일단 이 道警監房에서 풀려 나
간 뒤 한 일주일도 못되어서 陝川경찰서로 피검되었다. 이때의 陝川署
에는 竹浦라는 者가 泗川署長에서 陝川署長으로 전임되었다. 이 자는
당시 해인사 주지 星下榮次라고 創氏한 卞雪醐와 서로 심기 상통한 모
의가 성립되어 万黨의 근거를 이룬 나의 스님 林幻鏡 前住持, 李古鏡,
閔東宣, 朴印峰, 金周成, 金貞泰, 崔性觀, 吳濟峯, 李元九, 李實均 등 16
명과 그 외 김범부 선생이 첨가되어 17명이 감옥으로 들어가게 됐다.
이 분들은 나와는 法緣의 師僧 또는 叔伯, 형제, 제자, 조카제자인 것이
며, 俗族으로는 나의 姪兒 垣鏡 등 수3명이었는데 경찰서 유치장 감방
이 부족하므로 임시 감방을 3개 지었다. 그것도 부족하여 쇠사슬에 番
犬매듯이 손목 발목 허리를 매어 警察署 기둥에 달기도 했다.

그리고 해인사에 있는 四溟大師碑는 과거 日本과 맞서서 싸웠던 사람
의 불온한 碑石이므로 부숴 버리고 西山大師, 四溟大師의 尊影마저 낱
낱이 후면을 칼로 그려 불온문서가 있나 의심하여 경찰서에 가져갔다.

또한 해인사에는 卍黨분자들의 소굴로서 四溟堂思想을 고취하고 있다는 등으로 이 竹浦者의 난폭한 지휘 하에 裵巡査部長이라는 자의 횡포가 극심했다. 그 횡포 무도한 拷問 加刑은 이루다 말할 수 없었다. 이같은 만행으로서 李古鏡 스님 같은 학덕이 겸비하신 큰스님은 드디어 그 곳에서 처절한 최후를 마쳤다. 실로 나의 僧門俗族은 이 같은 혹형에 처하여졌다. 나는 道警 5호 감방에서 凡父 출감 뒤에는 第2호 감방으로 이감되어 있는 신세가 되어 있었다. 그런데 나의 제자이며 凡父 선생의 장자 趾弘군과 金泰明 외 2명이 다시 연행되어 왔다.

이 道警의 감방 안에는 기독교도가 日本의 神社 불참배로 몰리어 朱基徹, 韓相敦, 李約信 등 목사와 崔德智, 金英淑, 傳道夫人 등 骨髓 耶蘇敎人들이 수감되었다. 그 중에 朱基徹은 平壤으로 移監되었고, 나의 조카 垣亨군은 日本 東京에서 피포되어 이곳으로 왔다. 7년형을 받고 대전형무소에서 日帝가 항복하던 그해 2월 8일에 獄死했다. 巴城 薛昌洙도 이곳에서 형무소로 갔다. 그리고 내가 이곳으로 온 약 4개월 후에는 李大川도 晉州署로부터 이곳으로 이감되어 왔다. 그리하여 그와 나와의 丹齋 申采浩의『朝鮮古代史』,『朝鮮古代文化史』에 관한 대질심문을 받게 되었다. 이 같은 감방에서 수용되었던 사람들의 성분은 耶蘇敎人이 32명, 나와 관계된 사람이 5인, 기타 經濟犯 관계인과 그네들이 말하는 사상관계자들이 우리네와 日人을 합하면 대략 60명 전후였다.

監房看守로서는 두 사람씩 24시간 교대로 격일 근무를 했다. 한 조는 申炯魯와 薛應柱였고, 다른 組는 岩本이라고 創氏한 남자 許라는 자와 미나미(南)라는 日人이었다. 이 자는 중국 南京 근처 常德地方 戰爭에서 中國軍砲에 명중되어 궁둥이 한편에 탄환이 박혀 있고 정신도 약간 실신된 자였다. 그리고 앞에 말한 申, 薛 兩人이 당번하는 날이면 全 감

방 사람들은 참 해방된 양으로 모든 편의를 봐주기도 했다.[13]

이 내용은 '한 달이 지나자 이것저것 그때의 시국, 1940년 7월 4일에 있었던 大西洋憲章, 동년 10월에 總理大臣이 된 군벌정치가 東條 (=東條英機)가 동년 12월 8일 새벽에 급습한 하와이 眞珠灣폭격과 동시에 태평양전쟁에 대하여 묻기도 하고…'의 내용으로 보아, 진교훈이 말한 '마흔다섯 살 때(1941년)' '소위 해인사 사건으로 일경에 체포되어 1년 간 옥고를 치르고 병보석으로 가택 연금을 당하기도 하였'다고 하는 대목(?)이거나 최범술이 구술한 '1943년 9월 단재 신채호 선생 문집 수집 건'으로 일제 경남도 경찰국에 효당과 범부가 13개월간 구치된 시기로 보인다. '1941년'으로 보는 진교훈과 '1943'으로 되어 있는 효당 연보의 기록은 서로 맞지 않는다. 추후 고증을 필요로 한다.

다음으로, 범부의 외손자인 김정근(부산대 명예교수)이 작성한, 그의 『풍류정신의 사람, 김범부의 생각을 찾아서』 부록 「새로 구성한 김범부 연보」[14](이하 「새 범부 연보」)를 보자.

1934년(38세)

스님 최범술(崔凡述)의 주선으로 사천 다솔사(泗川 多率寺)에 머물기 시작했다. 이때 일본 천태종의 고위 승직자(天台宗 比叡山門以下 大僧職者)들과 대학교수단 40여 명을 대상으로 청담파(淸談派)의 현리

---

13) 최범술, 「청춘은 아름다워라」(50. 憂國之士 검거 선풍/留置場 감방이 부족), 『효당문집』1권, (민족사, 2013), 657-659쪽.
14) 김정근, 「새로 구성한 김범부 연보」, 『풍류정신의 사람, 김범부의 생각을 찾아서』, (한울 아카데미, 2013), 208-209쪽.

사상강의(玄理思想講義)를 1주일간 진행했다.

　당시 다솔사에는 만해 한용운이 가끔씩 들러 범부와 주지 스님인 최범술과 깊은 대화를 나누고는 했다. 범부는 한용운에게 '형님'이라는 호칭을 사용했고 한용운은 '범부'라고 불렀다.

　이 시기에 다솔사에는 불교계의 지도자들인 김법린, 허영호 등이 함께 머물렀다. 전진한도 가끔 방문했다.

　후일 소설가로서 활약하게 되는 범부의 계씨(남동생) 동리도 한때 절에서 함께 기거했으며, 나중에 그는 절에서 세운 야학인 광명학원에서 교사 생활을 하기도 했다.

1941년(45세)

　다솔사에서 해인사(海印寺)사건으로 일제에 피검되어 1년간 옥고를 치렀다(이종후 원본).

　옥고와 관련하여 범부의 계씨이며 다솔사에서 함께 생활한 소설가 김동리는 다소 다른 증언을 하고 있다. 범부의 옥고는 한 번이 아니고 두 차례 치러졌다는 것이다. 1941년 여름에 경기도 경찰부에 끌려가 여러 달 감방 신세를 졌고, 1942년 봄에는 경상남도 경찰부에 끌려가 역시 장기간 감방 신세를 졌다는 것이다[김동리, 『나를 찾아서』(서울: 민음사, 1997), 200-201쪽].

　해인사사건으로 경상남도 경찰부에 끌려가 치른 옥고와 관련하여 당시 경찰관으로서 범부가 수감된 감방의 간수로 있던 신형로는 자신의 수기에서 또 다른 증언을 남기고 있다. 범부가 그의 평생의 동지인 다솔사 주지 효당 스님(최범술)과 함께 경상남도 경찰부에 끌려간 것은 '1941년 초가을'이었고 비밀감방에서 1년 넘게 영어(囹圄) 생활을 한 끝에 '1942년 가을과 겨울을 전후하여' 풀려났다는 것이다. [신형

로(申炯魯), 「내가 만난 범부 선생과 효당 스님」, 《다심》, 창간호(1993 봄), 77-81쪽]

범부 가족들의 증언에 따르면 다솔사에 머무는 동안 수시로 일제 형사들의 방문이 있었고, 그때마다 형사들은 마루에 올라 일단 큰절을 하고 안부를 물었다고 한다. 그런 다음에는 조사할 일이 있다고 하면서 범부를 포승으로 묶어 연행해 갔으며 며칠씩 경찰서에 붙들어두었다가 돌려보내곤 했다. 이 시기에 단기간으로 유치장 생활을 한 곳은 사천경찰서, 하동경찰서, 진주경찰서 등이었다.

김정근의 「새 범부 연보」는 진교훈의 「범부 연보」를 증보한 것으로 보이는데, 『효당문집』 연보 내용과도 차이가 있다.

『효당문집』에서는 '1939년 9월 1일 일본 비예산 천태종 大學僧 48 인을 초청 다솔사 夏安居 법회 개최, 당시 玄理사상에 대하여 범부가 강설하고 吳宗植씨가 통역하여 7일간 개최함.'으로 되어 있는데, 김정근의 「새 범부 연보」에서는 '1934년(38세) 스님 최범술의 주선으로 사천 다솔사에 머물기 시작했다. 이때 일본 천태종의 고위 승직자들과 대학교수단 40여 명을 대상으로 청담파의 현리사상강의를 1주일간 진행했다.'고 되어 있다. '일본 비예산 천태종 대학승 48인' 초청 강의 시기가 효당 쪽은 1939년, 김정근(-진교훈) 쪽은 1934년이다. 더구나 『효당문집』에서는 '다솔사 불교전수강원 설립되고, 김범부, 김법린 등의 일가족이 효당의 배려로 다솔사에 함께 거주'한 것을 1936년 3월로 보나, 김정근(-진교훈) 쪽은 1934년으로 보고 있다.

그리고 김범부의 옥고 건에 대해서도 시기가 엇갈린다. 김정근은 '1941-42년 정도'로 보나 『효당문집』에서는, '1938년 10월 2일 '일제 경기도 경찰국에 卍黨조직 발각으로 4개월간 피검. (8월부터 시작된 검거선풍으로 김범부…검거 구속되는 '제1차 만당 구속사건')', '1943년 9월 일제 경남도 경찰국에 김범부 선생과 13개월간 구치'처럼 2회 구속으로 되어 있다. 그런데 김정근은 '옥고와 관련하여 범부의 계씨…김동리는 다소 다른 증언을 하고 있다. 범부의 옥고는 한 번이 아니고 두 차례 치러졌다는 것이다. 1941년 여름에 경기도 경찰부에 끌려가 여러 달 감방 신세를 졌고, 1942년 봄에는 경상남도 경찰부에 끌려가 역시 장기간 감방 신세를 졌다는 것이다'라고 하여 김동리의『나를 찾아서』에 나오는 구절을 추가로 인용하여 고증하고 있다. 더불어 김정근은 해인사사건에 대하여 당시 경찰관으로서 범부가 수감된 감방의 간수였던 신형로의 수기「내가 만난 범부 선생과 효당 스님」을 근거로 효당과 범부가 경상남도 경찰부에 끌려간 것은 '1941년 초가을'이었고 비밀감방에서 1년 넘게 감금되었다가 '1942년 가을과 겨울을 전후하여' 풀려났다는 자료를 제시하고 있다. 참고로 앞서서 진교훈은「범부 연보」에서 '마흔다섯 살 때(1941년)'로 보고 있다.

옥고 건을 요약하자면 진교훈은 '1941년', 김정근은 '1941~42년 정도'(김동리, 신형식 증언 포함),『효당문집』은 1938년, 1943년으로 추정하며, 구속 횟수도 1회 혹은 2회로 약간씩 차이가 있다.

위의 논의에서 보듯이 다솔사에서 함께 한 효당과 범부의 행적이 유동적이어서 확증이 어려운 대목이 다소 있다.

어쨌든 다솔사에서 이루어진 효당과 범부의 교류에 대해서는 다각도로 논의할 점이 있다. 특히 일제강점기에 이루어진 국난 극복의 지혜와 교류 내용은 추후 다양한 자료발굴을 통해서 새롭게 다시 구체적으로 검토되어야 할 것이다.

3. 효당과 범부의 사상적, 미적 공감: '멋-風流'

효당과 범부는 일제강점기 약 10년간(1933-1943) 다솔사라는 불교 신앙·학술 공간을 통해서 고락을 같이하면서 역사적 만남을 가졌다. 이 시기에 효당이 범부로부터 받은 영향이 적지 않았다고 생각한다.

범부가 관심을 가졌던 '신라-경주-화랑-풍류-멋' 등등 개념들이 그대로 효당의 텍스트 속에 투영되거나 효당-범부를 헷갈리게 할 정도로 오브 랩 되어 나타나는 장면에서는 솔직히 놀라기까지 하였다. 다시 말해서 범부의 『화랑외사』, 『국민윤리특강』, 『풍류정신』등에 나타나는 어휘, 논조가 그대로 효당에게 유전(遺傳)되고 있음을 발견한다. 이 부분에 대한 미학적, 사상적, 언어학적 연동성(連動性)은 추후 깊이 있는 탐구는 다음 기회로 돌리며, 이 논문에서는 대표적인 것만 발췌하여 제시해보고자 한다.

효당은 『韓國의 茶道』가운데서, 이렇게 말한다.

> 우리 한국 사람들은 인물이나 기타 일상에서 일어나는 일들이며 제반 도구 등을 평할 때 대개는 이 미각을 빌려 논평하는 수가 많다. 이를테면 "그 사람 싱거운 사람이다", "그 여자 참 짭짤하다", "저 사람은 시고 건방지다" 하는 등의 습관….[15]

---

15) 蔡貞福 편, 『효당 최범술 문집』2권, (민족사, 2013), 295쪽.

효당이 시건방지다고 말한 것은 범부가 '설멋'이라 한 것이나 차가 '싱겁다, 짜다'한 것과 통한다. 예컨대 범부는 다음과 같이 말한다.

韓國사람은 그 이외에 善惡도 아니요, 智愚도 아니요, 또는 美醜도 아닌 그 밖에 한가지 것을 꼭 가지고 있단 말입니다. 그것은 무엇이냐 하면 사람을 보고 어떤 말을 하느냐 하면,「싱겁다」,「짜다」이러한 말을 하는데 이때「싱겁다」라는 말은 그것이 결단코 惡하다는 意味가 아니요, 또 못생겼다는 意味도 아니요, 또는 어리석다는 意味도 아닙니다. 또「짜다」는 것은 반드시 善하다는 말이 아니요, 智慧스럽다는 말도 아니요, 아름답단 말도 아니요, 그것이 밉다 이런 말도 아닙니다.「싱겁다」는 것은 무슨 말인고 하니 어울리지 않는단 말이고, 째이지 않는단 말이고, 조화가 되지 않는다, 사우가 맞지 않는다 이런 말입니다.
(…)그런데 사람을 평가할 때에「싱겁다」,「짜다」라는 味覺上의 標準이 우리 한국 사람에게 있어서 어째서 그렇게 重大한 問題냐 할 것 같으면, 그것이 우리의 가장 고유한 價値標準인 것을 그러한 말로서 味覺的과으로 銀表한 것이기 때문입니다. 즉「짜다」라는 말은 지나치게 간이 맞는다는 말이고「싱겁다」는 말은 도저히 간이 안맞는다는 말인데, 이것을 味覺的으로 표시할 때에는 그런「싱겁다」,「짜다」는 말로 表示하지만, 가령 어떤 사람을 싱겁다 라고 말할 때에「싱겁다」는 말은 곧 덜 되었다 설멋지다 설다 이런 뜻을 함축하고 있습니다.[16)]

효당은 화랑들의 대조화의 세계나 멋 생활을 이야기 한다.

화랑들이 일심으로 관찰한 것은 '卽是'光明覺照'의 세계였고, 이 각

---

16) 김범부,「國民倫理特講」,『花郎外史』, (이문사, 2011), 229-230쪽.

조의 세계는 참으로 밝은 것이었으며, 모든 것은 한 방향으로 나갈 것을 널리 비춰준다. 이것은 모든 쟁론(爭論)을 초월한 것으로서 자연 대조화(大調和)의 평화를 이룩하게 하는 멋 생활이었다.…그들은 떨떠름하고 시고 달고 쓰고 짠 인간사회의 모든 맛을 차를 통하여 음미하고 ….[17]

그런데, 효당이 화랑을 이야기 하고, 자연 대조화(大調和), 멋이라 하는 대목도 범부의 논조와 그대로 통한다.[18]

차와 같이 기호의 극과 취미의 특수한 여건 아래에서는 거기에 떠오르는 빛깔(色調)이라는 것이 가장 먼저 우리에게 인상을 주게 된다. 그리하여 이 빛깔에서 향기로 나아가며, 다시 향기로부터 맛으로 전향하는 관계로 차의 선·불선(善·不善)을 가려내는 데에는 색(色), 향(香), 미(味)가 중추라 할 수 있다.[19]

이 대목은 범부가 제 빛깔(自己本色), 제 길수(自然의 妙理), 천인묘합(天人妙合)이라 하는 대목과 통한다. 즉 범부가 말하는 대목을 들어보자.

「사람은 누구나 제빛깔(自己本色)이 있는 법이어서 그것을 잃은 사람은 아무것도 이룰 수 없는 것이고, 잘 났거나 못났거나 이 제 빛깔을 그냥 지닌 사람만에 제길수(自然의 妙理)를 찾게 되는 법이야. 보라, 꾀

17) 蔡貞福 편, 『효당 최범술 문집』2권, (민족사, 2013), 295쪽.
18) 김범부, 『花郎外史』, (이문사, 2011) 참조.
19) 蔡貞福 편, 『효당 최범술 문집』2권, (민족사, 2013), 305쪽.

꾀꼬리 소리는 아름답고 까마귀 소리는 곱지 않다지만 그것이 다 제 빛깔이거든, 노루는 뛰기를 잘 하고 솔개는 날기를 잘 하거니와 뛰는 대로 나는대로 그것 역시 제 빛깔 제 길수야, 까마귀가 꾀꼬리 소리를 내는 체 하거나 노루가 나는 체 하거나 이것은 모두 다 제 빛깔을 잃은 것이니, 백년을 가도 천년을 가도 제 길수를 얻지 못하는 법이야. 어린애 말씨는 말이 되지 않은 체 어른의 귀에 괴이지마는 철든 사람이 이런 흉내를 내다가는 웃음꺼리나 되고 말 것이니 이것이 다 제 빛깔 제 길수를 보이고 있는 것이거든. 그러나 제 빛깔이라는 것은 제 멋(自己趣向)과는 다른 것이야, 누구나 제 멋이 있어, 하지만 제 멋대로 논다고 해서 누구에게나 맞는 것이 아니야, 아무에게나 맞는 제 멋이 있고 한 사람에게도 맞지 않는 제 멋이 있으니, 아무에게나 맞을 수 있는 제 멋은 먼저 제 빛깔을 지녀서 제 길수를 얻은 그 멋이고, 한사람에게도 맞을 수 없는 제 멋이란 제 길수를 얻지 못한 그것이야. 말하자면 제 빛깔과 절로(自然)와가 한 데 빚어서 함뿍 괴고 나면 제작(天人妙合)에 이르는 법인데, 이 〈제작〉이란 것은 사람의 생각이 검님의 마음에 태이는(和合)것이요, 검님의 마음이 사람의 생각에 태이는 것이니 말하자면 사람이 무엇이나 이루었다고 하면 그것은 다른게 아니라 이 제작에 이르렀다는 것이야.」

(…)세상 사람들은 물계자 문인들을 모두 멋(風流)장이라고 말하게 되었다.

아닌 게 아니라 문인들 자신도 모두 멋쟁이로 自處하고 그것을 당연히 받을 徽號라고 생각했다. 그리고 물계자도 이 말을 듣고는

「세상 사람들이 아주 모르기만 한 것은 아니야, 홍 멋장이? 글쎄 딴 말이 있을 수도 없지, 그러나 세상 사람들이 멋(風流)이란 과연 그 무엇인지 알기나 하고 하는 말인지? ……홍 멋(風流)! 하늘과 사람 사이에

서로 통하는 것이 멋이야. 하늘에 통하지 아니 한 멋은 있을 수 없어, 만
일 있다면 그야말로 설멋(틀린 멋)이란 게야, 제가 멋이나 있는 체 할
때 벌써 하늘과 통하는 길이 막히는 법이거든.」

(…) 「참멋과 제작은 마침내 한 지경이니 너희들이 여기까지 아는
지? 사우(調和)맞지 않는 멋은 없는 것이며, 터지지(融通透徹) 않은 멋
도 없는 것이니 사우맞지 않고 터지지 않은 제작이 있는가?」[20]

몸이 화기를 잃을 때는 몸이 비틀어지고, 마음이 화기를 잃을 때엔
마음이 비틀어지고, 한 집이 화기를 잃을 때엔 한 집이 비틀어지고, 한
나라가 화기를 잃을 때엔 한 나라가 비틀어지고……하고 보니 모든 것
이 화기가 안목이란 말이야. 그런데 이 화기가 사우(調和)로써 지니게
되는 법이요, 사우는 절로(自然) 이루어지는 법이요, 절로는 제 빛깔
(自己本色)로써 들어가는 법이요……그러고는 모든 것이 제 길수(自然
之理)를 얻어야 하는 것인데, 이제 길수란 곧 사우를 맞게 하는 그것이
야. 그래서 사람의 생각대로 완전히 사우가 맞을 때, 그것이 제작(天人
妙合)이란 거야. 이 지경에 가면 아무 거칠 것도 막힐 것도 없는 것이니
말하자면, 그냥 터져버리는 것이야.」[21]

백결선생은 또다시 말을 이었다.

「가만히 보아하니 그 儒道란 말이야, 우리 물계자님 말씀 가운데 "제
빛깔을 지니라"하신 그것이 가장 가까울 것 같아. 임금이 임금질 하고,
신하가 신하질 하고, 애비가 애비질 하고, 자식이 자식질 하고, 남편이
남편질 하고, 아내가 아내질 하고, 그래서 마음이 바르고, 몸이 바르고,

20) 김범부, 「물계자」, 『花郎外史』, (이문사, 2011), 124-5쪽.
21) 김범부, 「百結先生」, 『花郎外史』, (이문사, 2011), 160-1쪽.

집이 바르고, 천하가 발라진다는 것이니, 이것이 곧 제 빛깔을 지녀서
제 길수를 얻은 것이요, 제 길수를 얻어서 사우를 맞아진 것이라, 역시
화기가 안목이란 말이야, 과연 물계자님은 大聖人이야. 그리고 老子,
莊子를 말해도 내가 들은 바 같아서는 물계자님께서 절로(自然)를 말
씀하셨으니 이 절로야 말로 노자, 장자의 天言萬語가 그 안목이라, 아
닌 게 아니라 이 절로가 아니곤 제 길수도 얻을 수 없고 사우도 이뤄지
지 않는 법이야. 그리고 또 仙道를 말해도 숨을 고루는 데서 시작해 가
지고 절로에 이르고 이 절로가 화기를 이루고, 이 화기가 제작에 이를
때 이것이 神仙이지[22].

　音樂은 다른 것이 아니라 「장단」입니다. 「장단」이 아니면 音樂이 안
되거든요. 장단이라는 것은 調和요, 장단이 안 맞는다는 것은 調和가
깨진다는 것이요, 장단이 꼭 맞는다는 것은 調和가 잘 이루어졌다는 것
입니다.[23]

　범부의 사우(調和)→'절로(自然)'→제 빛깔(自己本色)의 흐름은 효
당의 다선일체(茶禪一體) 경지에서 찾아진다.

　차를 간수하는…그 용심이 그대로 선(禪)에 직결되도록 하는 것이
차인의 자세가 아닐 수 없다.
　이러한 경지를 거쳐 간 놀라운 차인들이 이렇게 읊고 있다.

22) 김범부,「百結先生」,『花郎外史』, (이문사, 2011), 162쪽.
23) 김범부,「國民倫理 特講」,『花郎外史』, (이문사, 2011), 231쪽.

정좌(靜坐)한 자리에
차(茶)를 반쯤 마셨는데
향기는 처음 그대로 일세
묘용(妙用)의 시각에
물은 절로 흐르고
꽃은 홀로 지고 피네
(靜坐處 茶半香初 妙用時 水流花開)[24]

묘용, 절로 절로라는 표현법은 범부의 제 빛깔, 절로(自然), 제작(天
人妙合) 등과 통한다.

맹물과 같이 덜 끓은 물이라 하여 이것을 맹탕(萌湯)이라고 이르는
것이다.
'맹탕'이라는 것은 미숙하다는 뜻으로 여기에서는 덜 끓은 물을 말하
는 것이요, 완전 뜸이 돌아져 끓었다는 말이 아니다.[25]

(초의선사의) 밑구멍이 빠져버리고 없는 바루(그릇) 속에 뭇 향기로
운 밥이 있다고 하는 안목이야말로 어떠한 사물에서도 그것의 제작(天
作)과 제 격(格)을 말하는 차인의 눈이며, 귀청마저 떨어져버린 귀로서
더구나 말없는 진리의 소리까지 들을 수 있다는 것은 아무래도 놀라운
깨달음이다.[26]

---

24) 蔡貞福 편,『효당 최범술 문집』2권, (민족사, 2013), 311쪽.
25) 蔡貞福 편,『효당 최범술 문집』2권, (민족사, 2013), 313쪽.
26) 蔡貞福 편,『효당 최범술 문집』2권, (민족사, 2013), 322쪽.

도(道)는 생활에 있고, 생활 그것은 중정을 잃지 않는 온전한 것을 말한다. 중정을 잃지 않는 온전한 생활이란 제 빛깔(自己本色), 제 질수(自然의 妙理)로 제작(天作)에 이르는 것이다. …(원효의) "옳은 이치가 아닌 듯 하면서도 이치가 지극하고, 그렇ス디 않은 듯 하면서도 크게 그러한(無理之至理, 不然之大然)" 바로 그것을 말함이다.[27]

생활의 대상이 되는 그 모든 멋이 어떤 장소, 어떤 때에 꼭 맞게 잘 어울릴 때 '멋있다'하고 그렇지 못한 때 '멋이 없다'한다. 이럴 경우의 멋이란 아무래도 조화(調和)나 제 격을 의미하는 것 같다.[28]

만약 제 구색, 제 장단, 제 가락이 아니면 이는 '설멋'에 흐르고 마는 것이니 '맹탕(萌湯)'이나 '얼간이'가 되고 말 뿐이다.[29]

제작(天作), 제 격(格), 제 빛깔(自己本色), 제 질수(自然의 妙理), 조화(調和), '멋있다', 제 구색, 제 장단, 제 가락, '설멋'이라는 어휘는 일찍이 범부에게서 속출하는 어휘이다. 효당은 범부의 어휘와 사상에 연동하면서 자신의 세계를 펼쳐내고 있다.

예컨대 효당의 제작(天作), 제 격(格), 제 빛깔(自己本色), 제 질수(自然의 妙理), 조화(調和), '멋있다', 제 구색, 제 장단, 제 가락, '설멋'에 대한 논의는 아래에 총괄되어 나타나고 있다.[30]

---

27) 蔡貞福 편, 『효당 최범술 문집』2권, (민족사, 2013), 323쪽.
28) 蔡貞福 편, 『효당 최범술 문집』2권, (민족사, 2013), 334쪽.
29) 蔡貞福 편, 『효당 최범술 문집』2권, (민족사, 2013), 336쪽.
30) 蔡貞福 편, 『효당 최범술 문집』2권, (민족사, 2013), 337-341쪽.

지ㆍ정ㆍ의(知ㆍ情ㆍ意)를 골고루 조화롭게 갖춘 사람을 전인(全人)이라 하듯이, 정적인 방면의 생활만을 절대적인 것이라고 말할 수 없다고 하더라도 까다로운 이유없이 우리의 삶이 감사와 환희의 멋진 산 사람으로서의 생활이 되기 위해서는 정서적인 안정이 절실해지기 때문이다.

이제 그 감정의 실마리를 풀어 읊어보기로 하면

눈을 떠 눈이 열리어
間이 터져 어간이 터져
귀가 트이어 귀문이 열리어
숨을 쉬어 숨구멍이 터져

계란이 병아리가 돼
間이 터져 껍질이 터져
깨침이 돼 解脫이라네
道通이라네 見性이라네

어느 것에도 제작을 봐
상우를 알아 제작인 구색을 알아
모든 不正은 상우 안 맞고
제격이 못되어 설멋져 안타까와라

멋을 알고 멋이 되고
구색이 맞고 가락이 된다
羅代의 聖母는 차례를 하고

화랑을 낳아 갸륵하여라 멋지게 살도다

멋은 大衆의 것 私有는 못돼
道가 되고 禮가 된다
도는 신봉하는 것 예는 행사하는 것
信은 참되고 알뜰하며 禮는 성스러워!

알뜰한 禮는 범절이라네
범절은 차례에서 오고
차례는 멋에서 난다
멋은 차에서 빛나고
차는 멋에서 산다

멋은 제구색인 것 제작을 이루고
멋은 한없어라
크고 넓고 깊고 奧妙해
그 어느 것의 合算이 아니며
그 온건함을 말하느니

사람은 가도 예절은 살아
범절은 살아 반야바라밀이라
멋은 영원한 生命
터지고 깨치고 自由로워라
우리들 살림살이 멋진 살림살이
그 누구도 하질 못해 敬仰일 뿐이지

花郎은 살아 있다
멋의 넋을 이어 받은 四月獅子는

石窟庵을 보라!
生命은 영원한 것 멋있어라
유마(維摩)의 오막살이 이러하단다

모르고는 안돼
멋을 모르고는
철몰라 못써 철이 나야지
私心은 망하고 공동의 멋은 살아라

내사 좋아요!
차 맛이 나는 좋아요!
순박한 그 맛은
내 멋을 자아내 내사 좋아요!

멋은 원효대사 아닌 밤중에
촉루도 마시고 創作의 차도 마시고
차는 멋에서 나고
멋은 차에서 산다
그는 確信이기에 위맹스럽고
正邪는 빨라 대담코 용감코 슬기로워라

멋은 어느 것에 나도

다른 用數를 허용 않으니
어떠한 조각이나 요사는 이룩되지 못해

차 맛이 좋아 어쩐지 좋아
作爲 없이 질박한 것
정답고 마음에 들어
차맛은 써 좋아 떫어도 좋아
신 것이 달고 달아도 시어

짜잖은 것 싫어요, 내사 싫어요
잔 솜씨 여러 양념 군맛이 싫어
구성없이 짜잖은 것 열없어 싫고
싱거우면 못써 간이 맞아야

제 가락 제 구성에 제 청이라오
장단이 빠져선 안 돼 장단이 맞아야
가야금 열두줄에 두리 둥덩실
우리 멋님 내리시나 신이 나는다

얼싸! 이것이 산 이로구나
산 사람 이로구나
멋있는 분이 산 이[31]로구나
멋진 대중이 산 이로구나

---

31) 무당의 뜻.

멋은 혼자서도 대중의 것
대중은 멋을 좋아하나니
멋없어 못 써 설 멋져 죽어

산 이로구나 멋의 大衆은
산 이로구나 열반이로구나

효당은 '지 · 정 · 의(知 · 情 · 意)를 골고루 조화롭게 갖춘 사람=전인(全人)=감사와 환희의 멋진 산 이'을 시에 온전히 담아 읊고 있다. 시에서 효당이 말한 '숨', '숨 쉼', '터짐', '제작', '가락', '맛', 장단, '화랑', '멋님', '산 이(무당)'는 범부의 『화랑외사』, 『국민윤리론』, 『풍류정신』의 도처에 발견되는 어휘이자 정신이다. 이 부분은 무엇을 의미하는가? 공동 우물과 같이 공동의 정신에 두레박을 담그고 있으면서 필요에 따라 그것을 길어 올리는 모종의 정신적 합의가 있었던 것으로 보인다. 여기서 합의란 조선민족이 가진 멋–풍류의 정신에 대한 의견 일치이거나 공감을 의미한다. 그 뿌리는 신라–화랑–경주라는 문맥이 될 수 있다.

4. 결어

효당과 범부는 다솔사에서 함께 10여년을 함께 하며 일제강점기의 어려운 시절을 함께 하였다. 위에서 논의한 내용 가운데 재론이 필요한 핵심적인 내용을 정리하자면 아래와 같다.

첫째, 효당과 범술 두 인물의 행적을 살펴보면서 범부의 연보를 정리한 주요 연구자인 진교훈(범부의 막내사위)과 김정근(범부의 외손자)의 범부에 대한 연보 기록과 『효당문집』에서 정리한 범부-효당 관련 연보 기록 사이에 간극(＝오류)이 보이며 이 점은 앞으로 재검토할 여지가 있다고 본다. 특히 범부의 약력에 대해서는 『花郎外史』(이문사, 2011) 부록 「김범부 선생 약력」[32] 때부터 충분히 고증되지 않은 내용이 실린 탓이기도 하다.

둘째로, 효당이 사용하는 어휘들 예컨대 '숨', '숨 쉼', '터짐', '제작', '가락', '맛', 장단, '화랑', '멋님' 등등은 범부의 『화랑외사』, 『국민윤리특강』, 『풍류정신』 등에서 자주 발견되는 것이었음을 알 수 있었다. 이것은 다솔사 시절의 교류가 상호 영향을 미친 것이 아닌가 추정되며, 조선민족에게 고대 이래로 전래되어 오는 신라-화랑-경주라는 문맥을 포함한 '멋-풍류' 정신에 대한 두 사람 사이의 사상적, 미학적, 언어적 공감을 의미한다. 효당과 범부 사이에 연동하는 '멋-풍류' 정신에 대한 미학적, 사상적, 언어학적 내용과 의의는 추후 한국사상사 내지 지성사라는 차원에서 다시 깊이 있는 탐구할 필요하다고 본다.

---

32) 김범부, 「國民倫理 特講」, 『花郎外史』, (이문사, 2011), 241-2쪽.

참/고/문/헌

〈1장〉

- 『老子』
- 『莊子』
- 『大學』
- 『中庸』
- 릴케, 『형상시집 외』(릴케전집2), 김재혁 옮김, (책세상, 2000)
- 릴케, 『보르프스베데 · 로댕론』(릴케전집 · 10), 장미영 옮김, (책세상, 2000)
- 릴케, 『보르프스베데 · 로댕론』(릴케전집 · 10), 장미영 옮김, (책세상, 2000)
- 릴케 글 · 로댕 그림, 『황홀한 순간』, 김재혁 옮김 · 해설, ((주)생각의 나무, 2002)
- 릴케, 『말테의 수기』, 문현미 옮김, (민음사, 2013)
- 릴케, 『릴케의 편지』, 안문영 옮김, (지식을 만드는 사람들, 2014)
- 김상환 외 편, 『동서의 학문과 창조』, (이학사, 2016)
- 김윤섭, 『독일문학과 동양사상-동서문학 비교론-』, (예림기획, 1998)
- 김재혁, 『릴케와 한국의 시인들』, (고려대학교 출판부, 2011)
- 노발리스, 『푸른 꽃』, 김재혁 옮김, (민음사, 2009)
- 막스 피카르트, 『침묵의 세계』, 최승자 옮김, (까치, 2013)
- 명법스님, 『미술관에 간 붓다』, (나무를 심는 사람들, 2013)

- 보들레르,『파리의 우울』, 윤영애 옮김, (민음사, 2014)
- 스테판 말라르메,『시집』, 황현산 옮김, (문학과 지성사, 2005)
- 野田又夫,『自由思想の歷史』, (河出書房, 1957)
- 엘렌 피네,『로댕』, 이희재 옮김, (1996, 시공사)
- 앤서니 스토,『고독의 위로』, 이순영 옮김, (책읽는 수요일, 2011)
- 유홍준,『나의 문화유산 답사기 : 일본편 3 교토의 역사』, (창비, 2014)
- 이유영 · 김학동 · 이재선,『한독문학비교연구 1 - 1920년대까지 독일문학의 영향을 중심으로 -』, (삼영사, 1976)
- 이한섭,『일본어에서 온 우리말 사전』, (고려대학교 출판부, 2014)
- 장 마르크 드루엥,『철학자들의 식물도감』, 김성희 옮김, (알마, 2011)
- 조철제,『(증보개정판)독일문학사』, (경북대학교출판부, 1990)
- 주광순,『대문화시대의 상호문화철학』, (부산대학교출판부, 2017)
- 지명렬,『독일문학사조사』, (서울대학교 출판부, 1993)
- 진상범,『독일문학과 동양의 만남』, (한국학술정보(주), 2011)
- 차봉희 엮음,『한국의 독일문학 수용 100년』1 · 2, (한신대학교 출판부, 2001)
- 클라우디아 비커만 외 지음,『상호문화 철학의 논리와 실천』, 김정현 엮음, 주광순 외 옮김, (시와진실, 2010)
- 프로벤 엮음,『릴케의 프로방스 여행』, 황승환 옮김, (문학판, 2015)

- Fred Dallmayr, Beyond Orientalism:Essays on Cross-Cultural Encounter, New York: Sate University of New York Press, 1996
- Paul A. Cohen, Discovering History in China : American Historical Writing on the Recent Chinese Past, New York : Columbia University Press, 1984
- 박홍규,「상호문화 철학에 대한 제언」,『퇴계학논집』20집, (영남 퇴계학연구원, 2017.6)
- 정현종,「세상의 영예로운 것에로의 변용-젊은 시인에게 보내는 편지-」,『유심』VOL.82, (유심, 2015.2)
- 최재목,「'東'의 誕生 - 水雲 崔濟愚의 '東學'과 凡父 金鼎卨의 '東方學' -」,『陽明學』26, (한국양명학회, 2010.8)
- 최재목,「心學の東アジア的展開」,『日本思想史講座3-近世』, (ペリカン社, 2012)
- 최재목,「중국철학의 새로운 '방법론'에 대한 번민과 모색- 나성 교수의 〈창조의 변증법: 중국철학을 중심으로〉에 대한 논평 -」, 김상환 외 편,『동서의 학문과 창조』, (이학사, 2016)

〈3장〉
- 『聖經』/『論語』/『莊子』/『華嚴經』/『後漢書』/『通書』/『近思錄』
- 『三國遺事』/『三國史記』/『高麗史』/『朝鮮王朝實錄』/月印千江之曲/月印釋譜
- 崔南善,『少年』(影印本)上 下, 서울: 문양사, 1969.
- 諸橋轍次,『大漢和辭典』, 東京: 大修館書店, 1984(修訂版).
- 中村元 福永光司 田村芳朗 今野達,『岩波 佛敎辭典』, 東京: 岩

波書店, 1989.

• 사회과학원 언어연구소 편, 『조선말대사전』, 평양: 사회과학출판 사, 1992.

• 洪思誠 주편, 『佛教常識百科』上, 서울: 불교시대사, 1996(3쇄).

• 檀國大學校 東洋學硏究所, 『韓國漢字語辭典』권1, 서울: 檀國大學 校出版部, 1997(5쇄).

• 조항범 『다시 쓴 우리말 어원사전』, 서울: 한국문원, 1997.

• 조항범, 『註解 순천김씨 묘출토간찰』, 서울: 태학사, 1998.

• 中村元 · 久野健 監修, 『佛教美術事典』, 東京: 東京書籍株式會社, 2002.

• 한국민속사전편찬위원회 편, 『한국민속대사전』, 서울: 민중서관, 2002.

• 사사키 겡이치, 『미학사전』, 민주식 옮김, 서울: 동문선, 2002.

• 陳觀勝 · 李培茱 編, 『中英佛教辭典』, 北京: 外文出版社, 2005.

• 許雄 · 李江魯 공저, 『註解 月印千江之曲』, 서울 : 新丘文化社, 1963,

• 金亨奎, 『古歌謠註釋』, 서울: 一潮閣, 1968.

• 김성배, 『韓國 佛教歌謠의 硏究 - 그 史的 展開를 中心으로 -』, 서 울: 문왕사, 1973(재판).

• 柳宗悅, 『宗教とその眞理』, 『柳宗悅全集』, 東京: 春秋社, 1990.

• 世祖, 『月印釋譜』(卷21, 23), 서울: 弘文閣, 1983.

• 김용옥, 『아름다움과 추함』, 서울: 통나무, 2000(중판).

• W. 타타르키비츠, 『미학의 기본 개념사』, 손효주 옮김, 서울: 미술 문화, 2001(3쇄).

• 이진경, 『노마디즘』1 · 2, 서울: 휴머니스트, 2002.

• 아라키 켄고, 『불교와 유교』, 심경호 옮김, 서울: 예문서원, 2000.

• 周憲, 『美學是什麽』, 北京: 北京大學出版社, 2002年.

• 마르티나 도이힐러, 『한국사회의 유교적 변환』, 서울: 아카넷, 2003.

• 오병남, 「동양미학의 기본개념에 대한 반성」, 『미학강의』, (서울: 서울대학교출판부, 2004(3쇄)).

• 章啓群, 『中國美學史略』, 北京: 北京大學出版社, 2005年.

• 신은경, 『風流 – 동아시아 미학의 원류 –』, 서울: 보고사, 2005.

• 최재목 기정희, 『미의 법문: 야나기 무네요시의 불교미학』, 서울: 이학사, 2005.

• 馬書田, 『中國佛神』, 北京: 團結出版社, 2006.

• C.A.S. Williams, *CHINESE SYMBOLISM and ART MOTIFS - A Comprehensive Handbook on Symbolism in Chinese Art through the Ages with over 400 illustrations*, Tokyo · Rutland · Vermont · Singapore, Tuttle Publishing, 2006.

• 최재목, 『글쓰기와 상상력의 유비쿼터스 네트워크: 늪』, 경산: 知&智, 2006.

• 최재목, 「林希逸 『三子鬳齋口義』 韓國版本 調査」, 『廓店楚簡の思想史的研究: 古典學の再構築』제5권, (東京大 文學部 中國思想文化研究室, 2001.2.1)

• _____, 「朝鮮時代에 있어서 林希逸 『三子鬳齋口義』의 受容」, 『陽明學』제10호, (한국양명학회, 2003.8.25).

• _____, 「불교미학, '발우공양'과 '건달'에 주목해야」, 『생각과 느

낌』36호(2005 겨울), 대구: 생각과 느낌사, 2005.

• 허균, 「비천」, 『불교신문』제2096호, 2005.1.14.

• ___, 「보원사터」, 『불교신문』제2127호, 2005.5.6.

• ___, 「주악인물상」, 『불교신문』제2129호, 2005.5.13.

• 김영민, 「건달 인간론」 『批評』 『교수신문』제392호, 2006.4.3.

• 증보판 CD-ROM 국역 조선왕조실록[Copyright ⓒ 1995, 1997 서울시스템(주) 한국학데이타베이스연구소]

• CD-ROM 고려사(누리미디어)

• http://www.encykorea.com/encyweb.dll?TRX?str=51674&ty=2

• http://sillok.history.go.kr/main/main.jsp

〈4장〉

• 元曉, 『金剛三昧經論』

• 元曉, 『大乘起信論別記』

• 一然, 『三國遺事』

• 義天, 『大覺國師文集』

• 朱熹, 『朱子語類』

• 王守仁, 『陽明全書』

• 贊寧, 『宋高僧傳』

• 고영섭, 『위대한 한국인』(서울: 한길사, 1997)

• 고영섭 편, 『원효』(서울: 예문서원, 2002)

• 김상현, 『역사로 읽는 원효』(서울: 고려원, 1994)

• 방인, 『다산 정약용의 『周易四箋』, 기호학으로 읽다』(서울: 예문서원, 2014)

• 張學智,『明代哲學史』(北京: 北京大學出版社, 2003)

• 陳來,『有無之境－王陽明哲學的情神』(北京: 人民出版社, 1991)

• 野田又夫,『自由思想の歷史』(東京: 河出書房, 1957)

• 원효,『大乘起信論疏別記』, 은정희 역, (서울: 일지사, 1990)

• 진래,『양명철학』, 전병욱역, (서울: 예문서원, 2003)

• 최재목,『내 마음이 등불이다: 왕양명의 삶과 사상』(서울: 이학사, 2002)

• 최재목,『東アジア陽明學の展開』(東京: ぺりかん社, 2006)

• 테오도르 아도르노(홍승용 옮김),『부정변증법』(서울: 한길사, 2010)

• 荒木見悟,『佛敎と陽明學』(東京: 第三文明社, 1979)

• 『두산백과사전』(http://terms.naver.com/entry.nhn?docId=1226335&cid=40942&categoryId=32972)(검색일자: 2015.1.3)

〈5장〉

• 『周易』
• 『論語』
• 『禮記』
• 『孟子』
• 『圃隱集』
• 『三峯集』
• 『三一神誥』
• 『燕巖集』

• 김탄허, 『부처님이 계신다면』, 서울: 예조각, 1980.

• 탄허불교문화재단, 『피안으로 이끄는 사자후』, 서울: 교림, 1997.

• 김탄허, 『탄허강설집 - 懸吐譯解 新華嚴經合論(卷一) -』, 서울: 불광출판부, 2003.

• 김탄허, 『탄허록』, 서울: 휴, 2012

• 甑山宗團親睦會, 『甑山宗團槪論』, 甑山宗團, 1971.

• 李正立, 『甑山敎史』, 甑山敎本部, 1977.

• 洪凡草, 『甑山敎槪說』, 創文閣, 1982.

• 고영섭, 「呑虛宅成의 생애와 사상- 한국불교사적 지위와 한국불학사적 위상」, 『한국불교학회학술발표논문집』, 한국불교학회, 2012.

• 김광식, 「탄허의 시대인식과 종교관」, 『한국불교학회학술발표논문집』, 한국불교학회, 2012.

• 김범부, 「國民倫理特講」, 『花郎外史』(삼판), 대구: 이문출판사, 1981.

• 김범부, 「崔濟愚論」, 『風流精神』, 진교훈 교열, 경산: 영남대학교 출판부, 2009

• 김범부, 『화랑외사』, 대구: 이문출판사, 1986.

• 김범부, 「風流精神과 新羅文化」, 『凡父 金鼎卨 단편선』, 최재목 · 정다운 엮음, 서울: 도서출판 선인, 2009.

• 금장태, 『『聖學十圖』와 퇴계철학의 구조』, 서울대 출판부, 2003.

• 山下龍二, 「陽明學の宗敎性」, 『陽明學』第7號, 二松學舍大學陽明學硏究所, 1995.

• 유권종, 「儒敎 圖像의 분류체계에 관한 연구」, 『儒學硏究』제20집,

忠南大儒學硏究所, 2009.12.

• 조셉 캠벨, 『천의 얼굴을 가진 영웅』, 이윤기 역, 서울: 민음사, 2004.

• 최재목, 「李退溪의 陽明學觀에 대하여 - 退溪의 독자적 心學 형성 과정에 대한 一試論 -」, 『퇴계학보』제113집, 퇴계학연구원, 2003.

• 최재목, 「朝鮮時代における経書の暗記,身体化,唱劇化の一面-『春香伝』の中の『千字文』プリ(唱)を中心に-」, 『經書解釋の思想史-共有と多樣の東アジア』, 東京: ぺりかん社, 2010

• 최재목, 「漢文の訓讀,階層性,トポス-『春香伝』の「千字文プリ(唱)」を手掛りとして-」, 『續訓讀論-東アジア漢文世界の形成-』, 東京: 勉誠出版, 2010.

• 최재목, 「朝鮮時代の「儒教」と「樂」について」, 『동북아문화연구』 28집, 동북아시아문화학회, 2011.

• 최재목, 「범부 김정설의 〈최제우론(崔濟愚論)〉에 보이는 동학 이해의 특징」, 『동학학보』21호, 동학학회, 2011.

• 최재목, 「어울림, 한국인의 심성에 흐르는 강물」, 『한국인의 문화유전자』, 서울: 아모르문디, 2012.

• 풍우란, 『중국철학사』하, 박성규 옮김, 서울: 까치, 2007.

• 풍우란, 『간명한 중국철학사』, 정인재 옮김, 서울/대구: 형설출판사, 2007.

• 한성구, 「中國 近代哲學에 나타난 神秘主義 경향 연구」, 『中國學報』56, 한국중국학회, 2007.

• 함석헌, 『함석헌전집20: 씨올의 옛글풀이』, 서울: 한길사, 1990.

• 탄허공식웹사이트(http://www.tanheo.com/home/bbs/board.

php?bo_table=01_1)(검색일자: 2013.5.31)

• 위키백과(http://ko.wikipedia.org/wiki/%ED%83%84%ED%
97%88)(검색일자: 2013.5.31)

• 불교닷컴(http://www.bulkyo21.com/news/articleView.
html?idxno=20482)

• 네이트한국학(http://koreandb.nate.com/history/people/
detail?sn=12630)(검색일자: 2013.5.31.)

⟨6장⟩

• 蔡貞福 편, 『효당 최범술 문집』1-3권, 민족사, 2013.

• 金凡父, 『花郎外史(부록:국민윤리특강)』, 이문출판사, 2011.

• 金凡父, 『風流精神』, 영남대학교출판부, 2009.

• 정다운, 『범부 김정설의 풍류사상 멋·和·妙』, 선인출판사,
2010.

• 김정근, 『풍류정신의 사람, 김범부의 생각을 찾아서』, 한울 아카
데미, 2013.

• 김필곤, 「凡父의 風流精神과 茶道 思想」, 『茶心』(창간호), 1993.
봄호.

• 申炯魯, 「내가 만난 凡父선생과 曉堂스님」, 『茶心』창간호, 1993,
봄호

• 진교훈, 「범부 김정설의 생애와 사상」, 『風流精神』, 영남대학교
출판부, 2009.

• 최재목, 「근현대기 사상가 凡父 金鼎卨과 朴正熙의 이념적 연관
성」, 『日本思想』24, 한국일본사상사학회 2013.6.

찾/아/보/기

최 재 목

현재 영남대 철학과 교수로 재직 중이다.

일본 츠쿠바(筑波)대학에서 문학석사·문학박사 학위를 취득하였고, 전공은 양명학·동아시아철학사상·문화비교이다. 그 동안 동아시아의 양명학(근세, 근대, 현대)에 대해 전반적으로 연구를 해오고 있다.

주요 저서로는『동아시아 양명학의 전개』(일본어판, 대만-중국어판, 한국어판이 있음),『노자』등 다수가 있다.

동경대, 하버드대, 북경대, 라이덴대(네덜란드)에서 객원연구원 및 방문학자로 연구하였고, 한국양명학회장, 한국일본사상사학회장을 지냈다.

상상의 불교학
릴케에서 탄허까지

초판 인쇄 | 2017년 11월 30일
초판 발행 | 2017년 11월 30일

지 은 이 최재목

책임편집 윤수경

발 행 처 도서출판 지식과교양
등록번호 제2010-19호
주 소 서울시 도봉구 삼양로142길 7-6(쌍문동) 백상 102호
전 화 (02) 900-4520 (대표) / 편집부 (02) 996-0041
팩 스 (02) 996-0043
전자우편 kncbook@hanmail.net

ISBN 978-89-6764-103-0 93150   정가 17,000원